インスパーク株式会社 代表取締役
Maruho Israel Innovation Fund & Labs 創業共同経営者
小川 政信

「破壊的イノベーション」と「進化」の経営

# DISRUPTIVE STRATEGY

ディスラプティブ ストラテジー

# はじめに

いま、日本の経営者にとって最も重要なことは「進化」である。それも「破壊的」といえるほどの進化である。なぜならばいま世界の戦略の土俵が完全に「破壊的イノベーション」に移ってしまっているからだ。

本書は、日本企業がこの「破壊的イノベーション」というゲームに参戦するための鍵について書いたものである。鍵は意外に身近なところにある。「破壊」すべきは「外の敵」や「外の何か」ではない。「私たちの内側の何か」をこそ「破壊」することが鍵となるのだ。

具体的には、日本企業は、次のような一連のことにより、成果を大幅にあげていくことができる。

第一が、「攻め」と「スピード」。事業でも人生でも、攻めればボロボロになるものかもしれない。だが攻めとスピードということの向こうにこそ、成功と、味わい深い深遠な発見がある。

第二は、「認識の壁」。特に「市場の本当の反応」について誤解していることがものすごく多い。誤解した上で経営努力しているものだから、成果が上がらないのだ。だがその誤解は、N＝3というくらいに驚くほどのスピードで打ち崩すことができる。通常、経営改革への最大のテコはここにある。

第三が、「思考パターンの打破」。私たちは、よく考えろ、と言われて育ってきた。だが、本当のところは、考えるというクセこそが停滞をもたらすのだ。思考には知らずしらずにパターンが作られていく。そのパターンが現実の壁を作り出しているものなのだ。

第四は、「作戦思想の進化」である。私たちは、個人としても組織としても、「こうしたら成功する」ということを暗黙のうちに身につけてしまっている。そして自分では意識しないうちに、「その暗黙の」いわば「作戦思想」というべきものが自動的に「作戦」を繰り出す。ところが多くの場合にその作戦思想自体が古いのだ。すると作戦思想が進んでいる企業に負けていくのだ。破壊すべきは古い作戦思想である。進化させるべきは作戦思想である。

第五は、生き方、哲学、宇宙観の進化である。通常、日本企業の中で、これらが語られたり意識されたりすることは滅多にない。だが宇宙観が経営に与えることが極めて大きいことは、ギリギリのところで経営危機を乗り越えた経営者や、イノベーションを次々に繰り出し成功してきた人たちに接しているとわかる。もはや時代は待ったなし。生き方、哲学、宇宙観が極めて大切であることはもう、語られ始めてもよい。

以上の五つが、どの日本企業にとっても、現状を超えて進化を始めるための鍵の「全て」である。五つしかない。そしてこの五つのどれかで「破壊的なイノベーション」という「土俵」に上がることができる。

経営の鍵は、考えることにはない。気づくこと、感じること、行動することにある。

本書でお伝えすることをヒントに行動し始めると、現実の手ごたえと同時に生き方や宇宙観が揺らぎ始めることに気づくだろう。

さて、私は過去3年強で20回以上イスラエルに出張してきた。このイスラエルこそ、いまや世界の中ではシリコンバレーと並んで「破壊的イノベーション」の中心地なのだが、日本企業を「破壊的に進化させる」ためのテコとなりうるものである。

それはどういうことか？　いま、世界の最先端は、シリコンバレー、ボストン、イスラエルを代表とするエコシステムで次々に生まれている。それら「イノベーションのエコシステム」を舞台にスタートアップ企業とグローバルな大企業が驚くほどのスピードで打ち出している。だがシリコンバレーなど世界の「戦略の中心」の内側に日本企業は入れていない。

けれどもイスラエルは違う。私は2018年に、ある日本企業とともにイスラエルにイノベーションファンドを作り、併せてイノベーションラボも開設して、それらのマネージングディレクターに就任した。そしてすでにいくつかのスタートアップ企業に投資も実行したのだが、それらの中に、日本企業以外では絶対に入れなかったような案件がある。また、遅れてきた日本だからこそ可能にできた、非常に有利な条件で交渉ができたものもある。

シンプルに言うと、日本はイノベーションに遅れている。しかも日本企業は意思決定に時間がかかるというか、ほとんど意思決定ができないくらいに思われている。

しかし、日本人のことは信頼されていて、もし本当に本気になってくれるなら、日本と組んでの戦略展開は楽しいだろうと思ってくれるまではいける。

そう思ってくれるから、こちらも本当に真剣になる。イスラエルでの第一級の交渉力は必要不可欠である。

だがそういう経営力を身につければ、世界で最先端にあるイスラエルのイノベーションの力を、日本の産業界は一気に活用できる。逆説的だが、日本はいま、遅れているからこそ最大限に魅力的な条件で協力ができるのだ。そして「戦略」というものはこういうものである。

常識的な感覚や判断、思考を打ち破ることで一気に世界の最先端に躍り出る。これこそ「破壊的」な経営力の真髄なのだ。。

2019年12月

小川　政信

## 手探りで体得したイノベーションへのエッセンス ―― 在イスラエル日本大使　相星孝一

小川政信氏は、私と同様に理科系から方向転換し国際関係論を専攻した学友であるが、私が在イスラエル大使に発令されたとき、毎月のようにイスラエルに赴いていることと、その魅力について熱く語ってくれた。最近、日本企業の注目を集めているイスラエルのエコシステムやイノベーションであるが、彼のように現地に乗り込み、手探りでもがいて体得した日本人は希有だと思う。

好奇心旺盛でスピードのある行動力とは彼のイスラエル人評だが、これはご本人にもそのまま当てはまる。彼の夢であるイスラエルと日本にイノベーションの Strategic Bridge がかかることを切に願う。

## 世界観と澄んだ感性に共鳴 ―― 古河電気工業株式会社　顧問　林田収二

本書を読み進めながら、しらずに筆者の感性と世界観に共鳴している自分に気づいた。それは日本企業が攻めとスピードのある経営を実現して、世界の最前線に再び躍り出るまでの「進化」への願いである。

その進化が可能なことを、経営コンサルティングだけでなく、イスラエルでの投資ファンドの設立と経営からつかんだ気づきも総動員して訴えてくる。経営とは利益でもガバナンスでもない、宇宙の可能性との共鳴なのだと書いてしまうところに、筆者の澄んだ感性を感じた。

## 情熱と夢と行動の「経営の最新のエンタテイメント書」として

――日本生命保険相互会社　代表取締役副社長執行役員　赤林富二

本書は、経営を題材にとった「最新のエンタテイメント書」である。イスラエル関連の話は新しくて刺激的である。GEのジャック・ウェルチ、イメルト、アップルのジョブズに始まり、海軍と攻めの話を経て、米長邦雄氏、マックスウェル、ダライラマ、般若心経、さらに脳と情報エネルギーとの共振や宇宙と空との関係にまで及ぶ。随所に驚きがある。

さて著者の小川氏は情熱と夢と行動の人である。30年前ご一緒にHBSにいた時からそうだった。その後、コンサルタントとして活躍していた小川氏が一週間で三十社のイスラエルのベンチャーキャピタルを訪問して垂直的に立ち上げたイスラエルと日本をつなぐプロジェクトに情熱を注いでいる。グローバル企業がとんでもないスピードで進化する中、日本企業は二周三周回遅れている。ところが、イスラエルの先端ハイテクベンチャーは波長が合うからそんな日本企業と一緒に戦略的なパートナーとして世界を目指したいと言う。

ここに千載一遇のチャンスがある。議論で時間を徒に費やすのではなく、いまこそ情熱と攻めの行動によって非連続的な事業展開を実現するときなのだ。

## おもしろい！

――東京理科大学理事　ITバリューアソシエイツ株式会社代表取締役　中谷幸俊

実に面白い。イスラエルを語り、イノベーションの奥深さに、企業勃興の真髄に、そして感性との関わりに迫っている。ベンチャーエコシステム追求のヒントがある。

## 日本にイノベーションを引き起こせ　――　マルホ株式会社　執行役員海外事業担当　浜田順一

「日本はイノベーションが苦手だ」この言葉をよく耳にする。これは本当か？

埼玉県とほぼ同じ経済規模、人口でありながら世界にノベーション大国として名を馳せている国がある。イスラエルだ。北はシリア、東はヨルダン・イラン、南はエジプトと緊張関係に、そして西は地中海に面している。大陸の中にあるが、日本と同じ島国だ。中東にありながら石油はない、しかも国土は砂漠に覆われ水すら不足している国だ。このイスラエルにあっても医療やITの分野は圧倒的な強さで世界をリードしている。この国は昭和40年前半の日本のように私には映る。土埃と活気がある。人々はイノベーションの成功は希望・志の強さ、これだと口々に言う。

本書は今起こっているイノベーションの神髄、特にイスラエルで起こっている世界を体現することで、日本でのイノベーションを引き起こすことができると確信する。

## 「攻め」への「勇気」の書　――　アプライドマテリアルズ元日本代表 岩崎哲夫

世界を日常の活動領域とし、多様な人々、業種、業態と深くかかわってきた小川氏の、「攻める」ことの重要さを説く勇気の書である。本書の指摘の多くは、かつて、倒産寸前だったアプライドマテリアルズで「イノベーション&コマーシャリゼーション」の標語を掲げ、世界断トツに導いた経営チームメンバーとしての体験と合致する。

## イノベーションは進化させられる　――　JICC日本イスラエル商工会議所　会頭　塚本弘

著者は短期間に頻繁にイスラエルに赴き、信頼されて、日本企業のための投資ファンドとラボを設立した。その経験から、いま、日本の産業界がイスラエル全土をあたかもR＆Dセンターとして手を組めば、イノベーションを大胆に進化させられるとビジョンを描いている。

また、JICCの理事でもあるが、彼の行動力と可能性を見るエネルギーに満ちたプレゼンを聞いたとき、嬉しく思うとともに、「オープンにして多くの企業に役に立つ方がいいよ」と発破をかけたものである。本書はその宿題に対する一つの回答であるらしい。

## 日本がTOPを創出する「迫力」と「説得力」
### ――　ハッソ株式会社　代表取締役／東洋インキ株式会社　元イスラエル事業担当役員　渡邊武道

この30数年間、新しい世界のTOP20に日本企業はいない。その根本的な問題点も、新しいTOP20を日本が創出する解決策も、これまでまったく提示されてこなかった。本書ディスラプティブ・ストラテジーは、体系的に網羅的に解りやすく〝日本企業〟の抜本的な対応を教えてくれる。

特に、世界的に先端技術とそのエコシステムで有名なイスラエルを具体的な例にあげ、迫力ある説得力を示してくれる。日本は将来を見据えた本質的経営戦略へと舵を切らなければならない。いま本書はベストです。

## 日本企業の可能性を信じて行動 ―― 株式会社セルム　代表取締役　加島禎二

「小川氏以上に、心底、日本人と日本企業の可能性を信じ、そこに気づかせようと懸命に行動を起こし続けている人は、誰もいない」、これが最初に浮かんだ言葉です。本書を読んで、心が軽くなり、いま目の前にあることの可能性に夢中になりたいと感じました。

さて、小川氏と20年来のおつき合いをさせていただき、小川氏の存在が近くにあって、私も創業者もセルムも、たくさんの学び、気づきを得て、ここまで来ました。間違いなく、セルムも小川氏のプロジェクトの成功例（可能性に意識を向ける）の一つだと思っています。心から感謝しております。

## 進化は外では必ず起きる ―― ＮＥＣマネジメントパートナー株式会社　業務改革推進本部　中西　律子

「進化は外では必ず起きる」という当たり前のことに恐怖も感じました。大きな改革の最中です。構造壊しが必要なときです。内部理論に引っ張られます。ですが「ビジネスのシーズ、その育て方に社内を優先してはいけない。人登用もしかり」この言葉に迷いが吹っ切れました。意識は常に外へ、未来へ。思考を止めて前へ進むことを「型」とすべく心を磨いていきたいです。

## 己の勇気を再生してくれる一冊 ―― 株式会社ＩＨＩ　技術開発本部　江口武芳

突破力とスピード感がいかに重要でいかに足りないか、思い知らされる。小川先生とリアルに接しているときの高揚感がよみがえり、己れの勇気を再生してくれる。

## 「Energy Follows Intention」は、何回聞いても気持ちがよくなる
### ―― 株式会社カネカ　エグゼクティブ・フェロー　永野広作

世界の産業構造がディスラプティブに変化した中で、我国産業のステイタスは凋落の道を辿っている。本書はこれへの処方箋を独自の宇宙観と共に提案している。

コンジョイント分析で「ちょっと深い深層心理」を知り、思考のノイズと壁を消去し、その渦から抜け出し迅速に行動する。「Energy Follows Intention」で破壊的イノベーションを。

## 対ディスラプター戦略　―― 東京ガス株式会社　アドバイザー　山上伸

いま、既存事業を根底から覆してしまうディスラプションがあらゆる分野で起きようとしている。そのディスラプションはものすごいスピードで襲い掛かるので、既存の企業がそれに対抗するには、①外部を使う、②外部を取り込んで協業する、③素早くコピーする、④自前でがんばる、とい4つの方策しかない。しかし、大企業の場合、③と④は体質的に無理があり、①または②の手段しか選択できない。

そこで、ここ数年多くの企業がシリコンバレーを中心とする北米や欧州に進出してスタートアップに投資しようと試みているが、残念ながら欧米人は日本を見ていないし、相手にしてはくれない。

その点、イスラエルは日本に対して好意的であり、筆者はイスラエルのスタートアップと協業する戦略を早くから提唱されている。対ディスラプター戦略を検討される企業は、欧米への進出の前に本書を一読され、イスラエルを視野に入れることをお勧めする。なお本書からは小川氏の宇宙観がよく伝わってくる。

黒船来航の衝撃 ── HR LLC. 代表 渋谷浩幸

幕末期の人々が受けたであろう黒船来航に近い衝撃である。もはや、世界は変わってしまっている。従来のビジネススタイルを破壊し、大きく意識変革しないと、我々は滅びてしまう。幕末の志士のような行動力が、いまの日本にこそ必要であることに気づかされる1冊。

経営戦略、マーケティング、ファイナンシャルから、宇宙論、仏教、スピリチャルまで、どこまでも広がり深まっていく知識量と分析力にただただ驚愕する。

日本国への想い、愛 ── 株式会社コスモスイニシア 常務執行役員本部長 高智亮大朗

本書は、小川先生がかねてより提唱しており、私も学ばせていただいた「N=3で知る」「顧客ニーズ、市場を立体感をもってつかむ」「攻めとスピード」という基本をベースにした本ですが、その根底にグローバルに活動されながらも日本国への想い（愛）を持たれている小川先生を感じました。

冒頭の日本の現状分析から、これはもうただ普通に頑張っていたのでは当然、衰退していくのだ、日本企業は自らが変革にチャレンジし勝負し続けていくしかないのだと感じました。それもタイトルにあるような「破壊的な」変革が求められていくのだと。

本書はビジネス、事業戦略のことを教示しながらも、人生の根底に、信じる心、愛、というような目に見えない大切なものがあるということを思い起こさせてくれる一冊でもあります。

## 凄まじい圧力の「バイブル」── エネルギーワールド・パートナーシップ代表幹事　藤原ヒロミ

著者は「本が出すエネルギー」について述べているが、この本はまるで彼がそばで熱く語りかけている様な凄まじい圧力を読む人に感じさせ、起業を志す人にとっては　まるで『バイブル』だ。

「パッション」「直観力」「行動力」「破壊力」といった言葉が読む者を奮い立たせ、日本の再生に役に立つなら、それは著者の密かに狙う『思う壺』かもしれない。

## 強烈なエネルギーを感じる読書体験からはじまる「進化」── 経済ライター　馬場隆

エネルギーがいっぱい詰めこまれた本である。日本企業が世界の最先端に出るためにはどうしたらいいのか。

著者は、世界の最先端に出るにはまず、企業人としての意識を変えることだという。心を磨いて生き方や世界観を進化させていくと、発想や解決策が広がって見えてくる。そのプロセスがあってこそ、世界の最先端で戦えるということなのだ。

私は著者と30年以上のつき合いをしてきたが、戦略コンサルタントの著者がいつも追究していたのは、クライアント企業の経営幹部の「意識の進化」ということだったと感じている。そして著者自身、実にさまざまな直接体験から自分の戦略観を進化させてきたことを私は感じている。

本書から、読者はある種の強烈なエネルギーを感じるはずだ。そのエネルギーを感じ取る読書体験は、意識や宇宙観を進化させる第一歩になるにちがいない。

本書に私はライターとして参加させていただいた。著者の前著作である『マーケティングは「3人」に聞きなさい！』は、N＝3というほどの少ない数での顧客の深層心理から一気に戦略展開まで読み切るという衝撃的な内容だった。

当初はそのリライト改訂版を急ぎ出す企画だったが、著者はそれをさらに練り上げただけでなく、イスラエルのエコシステムのダイナミズム、意識や心のあり方、宇宙観のテーマなど最新の内容を盛り込んで、「新しい時代の経営戦略書」としてまとめ上げた。編集チームの一員として著者とともに本書を送り出すことに、喜びを感じている。

## 正に企業経営層必読の書 ―― 株式会社リンレイ 専務取締役 中上孝文

当社は数年前、経営上の岐路に立っていた。成長戦略に向けての思いはあるものの、焦点が定まっていなかった。顧客基盤は充実しているもののヒット製品に恵まれず業績が低迷していた。そんなとき三菱銀行と三菱総研の友人から、いまは私が敬愛する経営コンサルタントである小川政信氏を紹介された。

プロジェクトはシンプルなところから始まった。「多数の新製品戦略が失敗したのなら」「自分たちの考えで製品を投下する前に、全力で『市場の反応の立体感』を見にいこう」、と。そして「その結果が一般でいうマーケティングになるのか、R＆Dや製品開発につながるのか、新しい事業モデルになるのか、それはわからない。けれども鍵と戦略は必ず浮かび上がらせることができる」と言われた。尋常一様なコンサルタントを以て何かを試す余裕はもはやなかった。私は最後にそれを信じて、社内の声をまとめてプロジェクトをスタートさせた。

プロジェクトは役員10名総出で、週末を中心に3カ月間。最初は深夜に及ぶ100本ノックの合宿から始まった。社内のアイデア出し、他業界の実証事例研究。そうして数日後に、当社の「顧客の真の願いや本当の購買行動」を正確につかむための調査分析を実施した。わずか顧客N＝14名の、小川氏の独特のコンジョイントの設計によるサンプル調査の結果を得た。

驚きがあった。結果は、既存製品群やこれまでの新製品には殆ど反応せず、高性能・高額製品を求める顧客が多く存在するというものだった。社内からはうなる声もあがった。我々はN＝数十、100以上、と調査を繰り返しながら議論と検討を深めていった。最初の発見は揺らがなかった。役員会で議論する内容が変わっていった。こうしてその他の事業についても検討したりして、納得のプロセスを経るのに3カ月を要した。

プロジェクト終了後、速やかに製品開発に着手。完成まで幾多の苦労もあったが、高性能・高額クリーナーを開発。大きく市場のニーズを捉え、V字回復を果たすことができた。

本書には当社が経験したすべての事項が網羅されている。「虚心坦懐」で経営に取組み、「市場の立体感を掴む」ことの重要性。それが最先端への戦略進化へと導いてくれる。我々も破壊的イノベーションということの現実感を味わった。正に企業経営層必読の名著と言える。

推薦者の肩書は
2019年6月現在のものです。

【ディスラプティブ ストラテジー 目次】

## 第9章 急成長市場を見逃すな！――市場の立体感から Disruptive Technology に迫る

## 第10章 エコシステムの大局感



## 第11章 ディスラプティブな仕組みで挑む

## Part.4 最先端への進化

### 第12章 「破壊的戦略力」への五つの鍵



### 第13章 「生き方」と「宇宙観」の進化

# Part.1

# 「作戦思想」こそ世界の最先端に

# 第1章　戦略論の最前線——40年の遅れを取りもどす！

## 日本企業最大のパラドックス

日本企業は大きなパラドックスを産み出した。

かたや株価の好調に見られたように、日本企業の利益の総額はこの数年、連続して記録を更新し続けてきた。その一方で、世界の中での存在感は年々低下している。それもそのはず、図1で日本企業の活動結果の集計ともいえるGDPを見てみると、2000〜2017年の17年間で、OECD36カ国中、唯一日本だけがまったく伸びていない。ギリシャ、英国、メキシコ、イタリアでも1・5を上回っており、OECD全体では1・82。ほとんどの国が約2倍以上、なかには3、4倍という伸びを示す中で、日本だけが1を切って0・997なのだ。

何かがおかしい。日本企業の経営力に疑問符がつくが、いったい何が起きているのか？　それはなぜなのか？　そして本来、日本企業はどうしたらいいのか？　これがここでのテーマである。

簡単に書いていこう。日本企業が、企業収益では歴史的に絶好調を謳歌した一方で、世界の中での競争力が低下したのは、一言で言うと、日本の経営者が「利益」を追いかけていて、競争力も、その根元となるイノベーションも後回しにしてきたからだ。

「Energy follows intention」という言葉がある。これは大自然の中で体を癒やしていくようなナチュラ

【図1】2000～2017年　国別成長率（GDP、OECD比較）

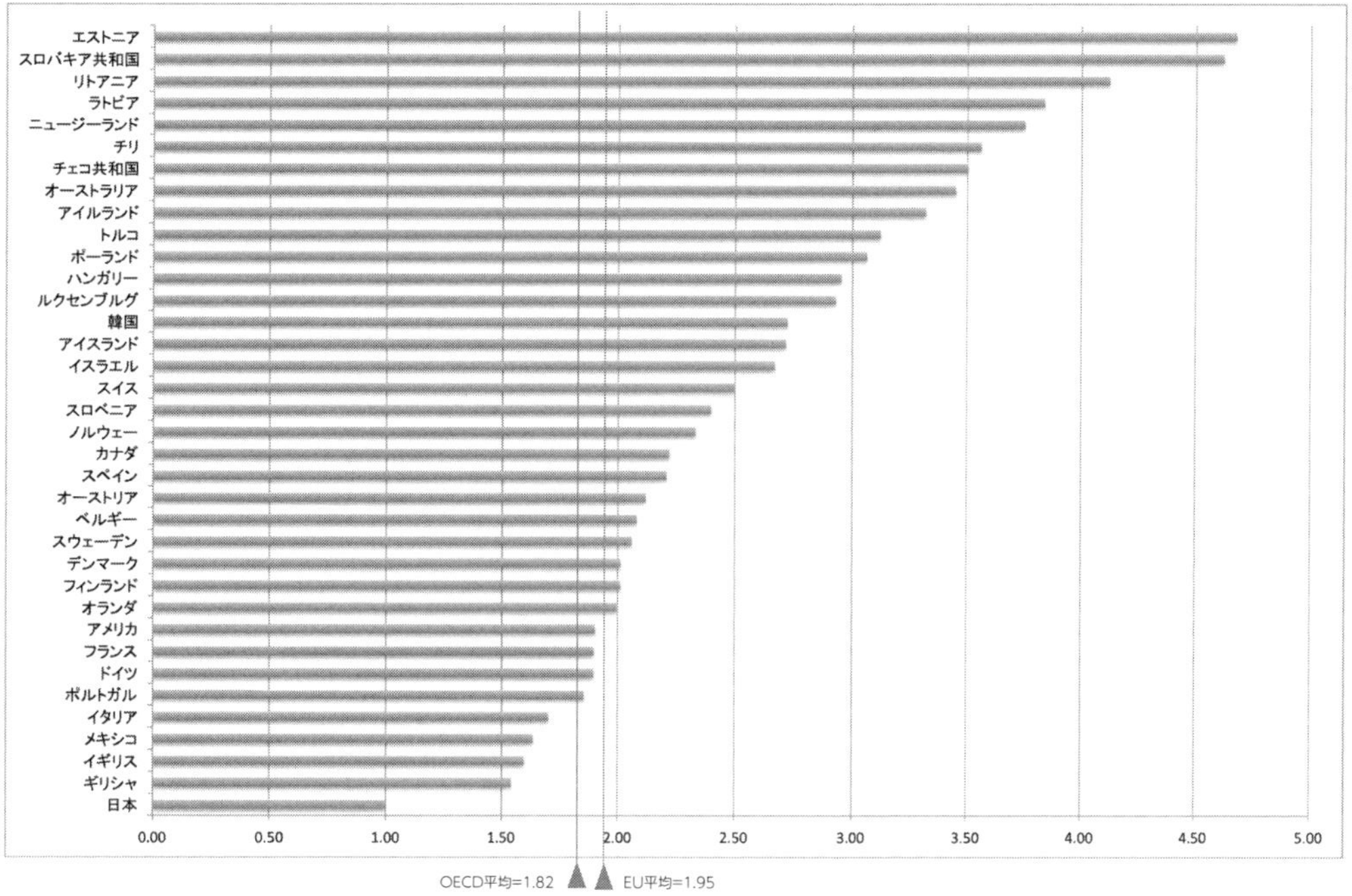


出所：日本生産性本部提供の資料を参照して筆者作成

ルヒーリングのワークショップなどに北米や英国で参加してみるとよく聞く概念だ。「Energy follows intention」、宇宙のエネルギーは意図にしたがって流れていく。意図した方向に結果は生まれる。まさにこのことが起きている。

たとえば、私の知り合いのある技術系のヘッドハンターは、「いま日本企業は利益確保に忙しくてイノベーション関係に人を回せない」と言う。また日本の役員会ではすぐ「ガバナンス」というような言葉が出てきて、戦略をチェックし、コントロールしようとする。それらがうまくいって、日本企業はキャッシュを産み出すようになったのだが、その反面、戦略とイノベーションでは世界でどんどん遅れてきているのだ。いまや世界のイノベーションの最先端は、日本が産み出していない。

それからもう一つ、日本企業は攻めていないのだ。攻めないから負けていく。こういうことである。シャープがなぜ陥落したか。陥落した時点でのシャープの主力事業を見るとわかる。第一が液晶、第二が太陽光発電だ。いずれもR&Dと経営資源投下の中心は、2000年よりも前の話なのだ。液晶ディスプレイの市場が立ち上がらなくてシャープの経営が悪化したのは、2002年頃の話だった。野村総研が市場予測を行い、なにやらlogから始まる複雑な数式に情報をあてはめて市場が大きく立ち上がるという予測を示した。「その想定が大幅に間違えていたのではないのか?」、そういう特集記事が日経ビジネスでも出た。経営陣、経営幹部は肝を冷やした。

結果としてほんの数年遅れで市場は大きく成長して、主力事業として花が咲いていく。これは、無謀なのか勇気なのかわからない、ごく少数の経営幹部が攻めて、そういう種が蒔かれたという例だ。優れた事例であるが経営陣が肝を冷やす状況を見て、頭のいい後輩の日本人幹部は慎重になり、思考し、ガバナンスに走る。そして企業は、収益は出しても未来がない、という状態に陥る。

言葉を換えて言うと、日本企業が見ている世界が古いのだ。利益、キャッシュがあろうがなかろうが、追いかけている世界が古い。イノベーションを追いかけていないのだ。

アインシュタインはかつて、「同じことをやり続けながら、いまよりよい結果を求めることを狂気という」と言った。よい結果を出すためには違うこと、いまより優れたことを追いかけないとならない。つまり、イノベーションである。このことを、企業戦略論の進化、という切り口で浮かび上がらせていこう。

## 企業戦略論の進化

この20年間、日本の大企業が次々と崩れてきた。なぜそうなったのか。追いかけている世界が古かったのだ。

このことを、世界のグローバル企業の企業戦略思想をごく簡単に振り返ってみよう。驚くなかれ、日本は世界に何十年も、数え方によっては30~40年も遅れているのだ。

30頁の図2を見て欲しい。

これは世界の作戦思想をごく簡単にまとめたものである。1960年代はCFO（最高財務責任者）出身の経営者の割合が最も高かった時代である。M&Aも盛んだった。そのころはいまの日本と様相が似ていて、各企業とも年次の予算会議で予算配分と戦略を議論していた。

1970年に入ると、その世界にGE（ゼネラル・エレクトリック）のレグ・ジョーンズが風穴を開けた。GEの利益率は5%ほどもあったのだが、そこに危機感を覚えた。利益なき成長、成長はしていた。だが利

【図２】グローバルな戦略思想の進化

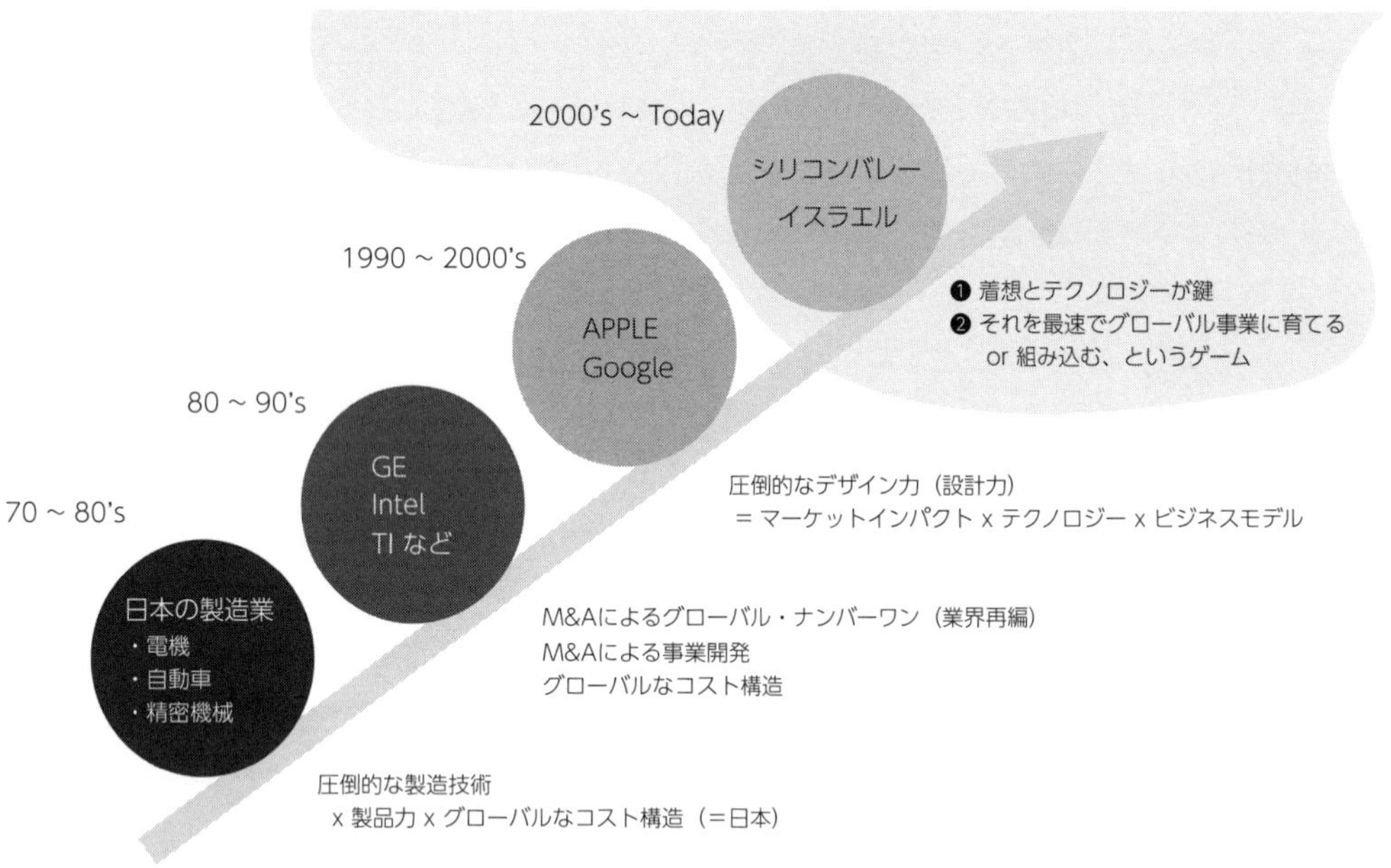


出所：筆者作成

益率が年々下がってくる。ＧＥほど巨大な企業が、これでは機動力のあるベンチャーや中堅企業に負けていく、というわけである。これに対してマッキンゼーとＢＣＧ（ボストンコンサルティンググループ）から出された戦略回答が、「戦略的資源配分」だった。成長分野で、勝つか負けるかがいまから決まる事業分野に対して、勝負をかけるのかかけないのか見極めよ、という考え方である。「そこそこ資源投下して攻めても意味はない。とことん経営資源を投下して勝ち抜くのはどの分野だ？　これを幹部諸氏に問いかけよ」、こういうわけだ。

１９８０年代に入ると、そこにジャック・ウェルチが登場する。彼はレグ・ジョーンズが心の中では密かにＣＥＯ候補として早くから筆頭に考えていたスター中のスターだった。ＧＥといえば、重電機、エンジン、エレクトロニクス、これらが思い浮かぶ。だが、彼の出身はプラスティックス。それがよかった。つまり化学合成の世界は、医療などと並んで特許が圧倒的に効く。製品特許、製法特許、そして同じような製品でも、たとえば有機合成、無機合成、植物由来、と異なる製法により創り出すことができるが、大幅にコストが異なる。それらの結果、業界内で利益が出せるのは、ごく少数の企業に留まる。

したがって、ジャック・ウェルチは、自分がＣＥＯになったときに、ＧＥという会社が、ナンバーワンか、ナンバーツーの事業の集合体になったらいいのだ、とふと思ったのだ。こうして彼は、「どういうふうにバトルフィールドを定義してもかまわないが、とにかく、ナンバーワンか、ナンバーツーになれる戦略を書いて持ってこい、数字はいらない、向こう3年間、売上から純利益まで10だけ。つまり10×３年分で30しかいらない、それは一ページだ。議論するのは、業界のトップに躍り出るための戦略だ。その大前提の業界の競争環境だ」と、全軍に指令を出していった。

さて、そのジャック・ウェルチの采配でGEは何を行ったか。業界で上位に入れない事業は撤退、売却。そしてトップか2位につけるためのM&Aも果敢に行われた。業界内再編は次々に行われた。

ここまで俯瞰してきて、一旦、日本企業がどこにいるか、考えてみたい。1980年代のジャック・ウェルチ時代に到達できていないことは明らかである。

日立製作所のことを考えてみるとよくわかる。日立は2009年に7000億円の巨額の損害を計上したが、川村隆氏・中西宏明氏の体制で日本の大企業の中では優等生に返り咲いた。そして中西氏は2018年、経団連の会長に就任。その中西氏の戦略はいくつかあったが、うち一つが業界再編のM&Aである。世界の強豪がいる中で、日立の火力発電は規模が小さい。こういうわけで、三菱重工業と統合したのだが、そのときの株式交換比率は概ね2対1。これは両社の海外事業の事業規模が、三菱重工業は2に対して日立製作所が1だったことに呼応しているように見える。海外勢の中で有利に戦いたいがためのM&Aであったので、話を持ちかけた中西氏は、最初からマイナーのM&Aでよいと考えていた。だが、その結果生まれた合併企業は、世界の中ではナンバーワンかツーではなく、5位か6位だった。ジャック・ウェルチ戦略には簡単には追いつかない。

そのジャック・ウェルチはさらに戦略を進化させる。

ジャック・ウェルチがCEO在任15年を過ぎ、1990年代半ばにはGEの成長スピードが翳ってきた。彼は2年間ほど原因も対策もわからず、自社の幹部、他社の経営者、経営コンサルタントらと話をしていたが、あるとき、陸軍将校が核心を突いてきた。

「ジャック、君のナンバーワンか、ナンバーツーという経営会議のスタイルが、皆の意識を狭くしているんだ。バトルフィールドを狭く定義して、その中で勝つことを奨励してきたじゃないか」

ジャック・ウェルチは直ちに経営会議のスタイルを抜本的に変えてしまった。自分の事業がシェアで15%以内になるように、バトルフィールドを広く再定義せよ、そのうえで、成長戦略を構想せよ、というわけだ。

こうしてGEは再び成長をはじめたのだった。

## 最先端を走り続けたGEはどこで間違えたのか

そのGEは、2018年に赤字に転落した。それはどこで間違えたのか。「誰が何を間違えたか」ははっきりしている。それは2001年にCEOに就任したイメルトである。そして彼の戦略である。彼のものの見方と、持ち込んだ経営プロセスである。彼がCEOに就任した直後に不幸にも9・11のアメリカ同時多発テロ事件があって、全米の景気も企業の業績も悪化した。GEの企業価値は一気に3分の2から2分の1になった。だが以来、イメルトはジャック・ウェルチ時代の価値に一度も戻せず、2017年に退任した。

何が悪かったのか。これは日本企業にとって大変参考になる。

最大のことは、イメルトが打ち出した経営判断の基準が、利益、ROE（自己資本利益率）だったことだ。イメルトは、GEはいいところまで来ていると判断した。また彼はひところ担当する医療事業で利益が出せず、危うく次期CEOどころか首になりかけるほど怖い思いをしたことがある。そのため彼の目が自然と利益に向かっていた。そうしてGEを全事業、ROE 20%の集合体にする、と打ち出した。自然と経営戦略会議は、ROE 20%をどうやって実現するのか、ということになる。

私には「Energy follows intention」に、たった一つだけ宇宙の中では例外があるように思えている。それは「利益」である。ここに意識を合わせると、企業は一定の期間を超えると衰退していくのだ。イメルトのGEがまさにそのよい例である。また同じころ、ソニーのCEOとなった出井伸之氏もそうである。基本的にはROEと同じようなものであるEVA（経済的付加価値）という米系コンサルティング会社が作り出した指標で経営管理を行い始めて、ソニーはイノベーション力を失ってしまった。

人間は、経営指標と評価に敏感である。大多数の経営幹部は、今年か来年の利益のことばかり考えるようになるのだ。

GEの失敗に話を戻そう。イメルトは他にも改悪を打ち出した。もう業界再編のM&Aとして大きなターゲットが見当たらなくなったからということなのか、GEには内部に有力な技術ソースが沢山あるので、これからはそれらを活かして成長させると謳い上げた。これもまた人の目を内側に向けさせる。ジャック・ウェルチが「組織の壁を取っ払え、自社と業界の壁も取っ払え、取っ払って、ナンバーワンかナンバーツーを考えろ、取っ払って成長戦略を考えろ」と、バウンダリー・レス（組織内外のあらゆる境界を越えて戦略を考えること）を始終唱えていたのと好対照だ。

そういうダイナミックな意識の向け方と好対照で、イメルト以下のGEの幹部諸氏は目が自社内に向かい、利益に向かい、そうして賢く慎重で臆病になった。

そういう意味では、出井氏率いるソニーと、それに影響を受けた日本中の大多数の大企業は、イメルト氏率いるGEと肩を並べていた。2000年代というと、キャッシュフロー経営とか、成果主義という言葉が大流行りだった。その時代には、組織を細かく分け、経営指標を与えて、それを経営だと勘違いしたのだ。こうしてやはり日本人の目が内側と利益に向かって、世界の戦略の最先端が見えない状況に陥っていった。

## 「イノベーションのエコシステム」が最前線

では、2000年以降の戦略思想の最前線は何か。

第一が、アップルとグーグルである。「世界でトップを最初から目指す」、最初から世界でトップとなるものを考案して、一気にトップとなってしまう。iPodやiTunes、iPhoneもよい例で、顧客が潜在的に欲しいと願っているようなものを生み出している。けれども頭ではハッキリ描けない、口では言い表わせないようなものに気づき、デザインし、世界中の経営資源を使って一気呵成に事業を世界中に広げてしまう。いわば「Designed in California」という戦略である。

第二が、「イノベーションのエコシステム」という戦略思想とダイナミズムである。

これは、二つのレベルで起きている。まず一つめのレベルはスタートアップチームで、アイデアや基本的な技術を元に一気に世界に出て行ける事業構想を描いて、それを一早く産み出すという動きである。アイデアや基本技術が果たしてものになるのか、通用するのか、それは解らない。解らないから、資金を5000万円、1億円、数億円、という単位で徐々に入れていき、これをＰｏＣ（Proof of Concept）と言うが、コンセプトが通用するのかどうか、段階的にテストしていくのだ。ＰｏＣが証明されたら、直ちに次の段階の技術開発、事業開発に進んでいく。こういうスピード感溢れるダイナミックな動きが、シリコンバレー、ボストン、ニューヨーク、それからイスラエルなどを中心に世界中で起きている。この全体のダイナミズムを生態系にたとえて「エコシステム」と称している。

もう一つのレベルでは、グローバルな大企業が絡んでくる。一気呵成にグローバルな事業展開を試みる価値があると判断した段階で、投資を行う、事業の権利を交渉して手に入れる、また場合によっては完全に買収してしまう。そこまでのスピードが非常に早い。早くて、一般的には日本企業が組織的に判断できる動きを超えてしまっている。

これが「イノベーションのエコシステム」という作戦思想であり、戦略のダイナミズムである。エコシステムの登場プレイヤーは、アイデアにひらめき、根幹技術を開発した研究者や事業家のチームがまず最も重要である。一人では間に合わない、成功しない。必ず数名のチームでスタートしていることが現象論として判る。そこに大学、アカデミアが関係してくる。さらにＶＣ（ベンチャー・キャピタル）も、またそれよりも早い段階の案件に投資しはじめるインキュベータも登場する。さらにインキュベータ段階ではリスクが非常に高くなるので、イスラエルなどでは政府も支援していて、その機能が有効に働いている。意外なことに、インキュベータ段階のものの発見・投資で、上場までした企業もある。

これが「エコシステム」と呼ばれる所以である。生態系よろしく、さまざまなプレイヤーが登場し、世界で最速、最大インパクトのイノベーションを産み出しているのだ。

## 最高水準を更新している日本だが?!

世界中に起こっているこのゲームに、先に述べたイメルトのＧＥはまったく乗れていない。技術シーズとして社内を見ることとしたために、エコシステムで続々と生まれる技術革新を無視してしまった。また経営指標としてＲＯＥを持ち出したため、投資が慎重になって後手に回ってしまう。その結果、イメルトが２０００年までに成功させたと言われている医療事業でも、デジタルエレクトロニクスでも、ありとあらゆる分野で後手に回ったのだ。

２０１７年に、ついに役員会はイメルトを更迭し、そして本社をコネティカット州からマサチューセッツ州のボストンに移転した。それはなぜか？　ボストンにはハーバード大学もＭＩＴもある。ヘルスケアの分野でボストンというエコシステムは無視できない。エコシステムとの距離感を縮めるための一方策が本社移転なのだ。だが、20年間の組織カルチャーを一気に打破し、つくり替えるには至っていない。そうして赤字に転落してしまったのが、ＧＥの今日である。

これとまったく同じことが、日本企業で起きている。たとえば、ソニーをはじめとするかつてのエレクトロニクス分野の寵児たち。シリコンバレーでのＣＶＣ（コーポレート・ベンチャーキャピタル）の活動は盛んである。イスラエルですら、スタートアップ企業と面談していると、Ｓ社と話をしているということを、誇りを持って語ってくれる人に何人にも出会った。

だが一方、９カ月間も話してきたのに、話が振り出しに戻ってしまったのは、なぜなのだろうかと首をかしげるチームにも数多く出会った。

日本で、シリコンバレーのＣＶＣに出向していた人たちの話を聞くと、何が起きているのかもっと如実に判る。多くのＣＶＣに意思決定権がない。決定権がなくて、事業を所管している部署に訊ねないとならない。すると何が起きるか。ＲＯＥかそれに類似する指標で評価されるということが判っているから、事業部では投資に慎重になる。こうして日本は最初に見たように、世界のイノベーションからは大きく立ち後れながら、現金や利益で見た場合には、歴史的に最高水準を更新している。こういうことが起きているのだ。

## 「利益」より「成長戦略」

経営指標について書いておこう。日本では「利益」と「ガバナンス」が役員会で意識されている最大の項目である。これに加えるとしたら、「顧客満足」と「効率」だが、最後の二つは「利益」につながる重要な項目だと認識されている。ともかく「利益」と「ガバナンス」。両方とも困ったものである。なぜかというと、その指標自体ではない、役員会のメンバーが、この二つを見ることが自分たちの役割だと勘違いしてしまうからだ。

特に「利益」と「ガバナンス」を同時に意識すると、攻めの打ち手に対して慎重論が正論に聞こえるようになってしまう。これが企業と産業に停滞をもたらすのだ。

## 利益追求型の企業は衰退する

ただ、いま日本の産業界で変化が生じ始めている。「成長戦略」を唱える企業が増えているのだ。この背景には、キャッシュ、利益をたたき出せるようになった、それをどこにどう使って、次の時代につなげるのか、成長させるのか？　という経営課題がトップから下りてきているということがある。

利益より成長戦略。これは正しいのだ。40〜41頁の図3-①から図3-④を見て欲しい。

これはマッキンゼーが２００９年にまとめた「成長戦略」の実証研究の結果から言えることである。米国籍を中心にグローバル企業のトップ１００社を追跡研究した結果、何が判ったか。

一つは、平均的に彼らの成長率が非常に高い、ということである。簡単に言うと、金融緩和分を除いて日本のGDPがほぼゼロ成長なのは、日本を主導する企業たちの業績が伸びていないからということに直ちに気づく。

もう一つは、景気のサイクルが終わり、次の景気のサイクルに移ったときの企業の業績を追いかけてみると、利益重視の企業は、利益がとても悪い企業と同じくらい失敗している、という驚きの結果が出ていることである。

逆に、最初の景気のサイクルで、成長も利益力も優れていたトップ4分の1の企業群と、成長にのみ重点をおいた企業は、次の景気のサイクルでいずれも同じくらい良い結果を得ている。

この結果から、長期的には「成長重視の戦略」が企業力を決めていることが証明されたのだ。

**成長の三つのエンジンは最低二つ吹かせなければならない!!**

マッキンゼーの成長戦略の研究は、もう一つ大事なことを浮き彫りにした。事業の成長を産み出すエンジンを三つに分けて、実証研究をしたのだ。その三つとは次のとおりである。

①シェア獲得
②M&A
③成長分野への投資

①は文字どおり、マーケットシェアの獲得である。だが、これは全体の中ではウェイトは高くはない。ど

【図3 - ①】成長VS利益——実証研究対象企業の分類

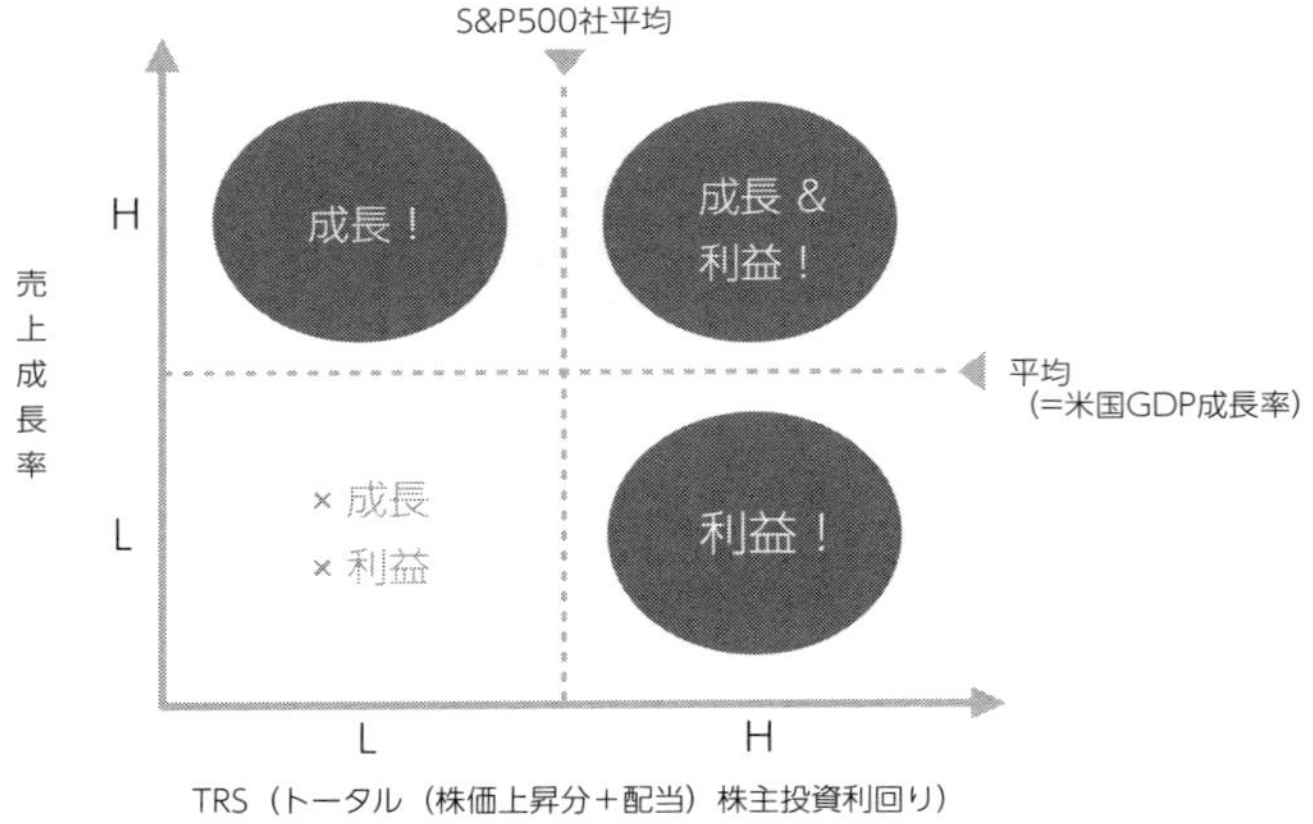


出所:筆者作成

【図3 - ②】景気の1サイクル目での米国優良企業の分類

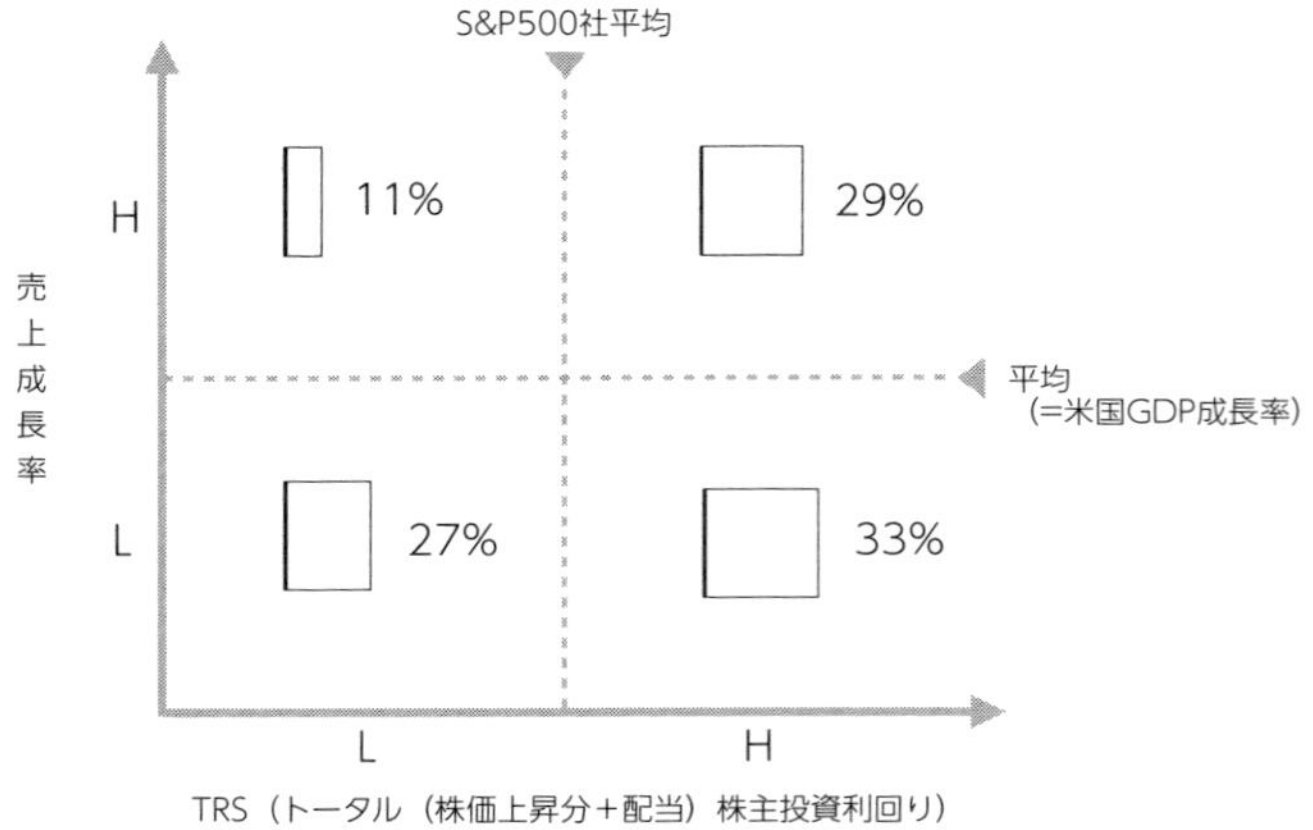


出所:マッキンゼー研究 公表資料を基に筆者加工を元に筆者作成

【図3 - ③】それら企業の2サイクルめでどうなったか？→利益重視の企業は苦戦！

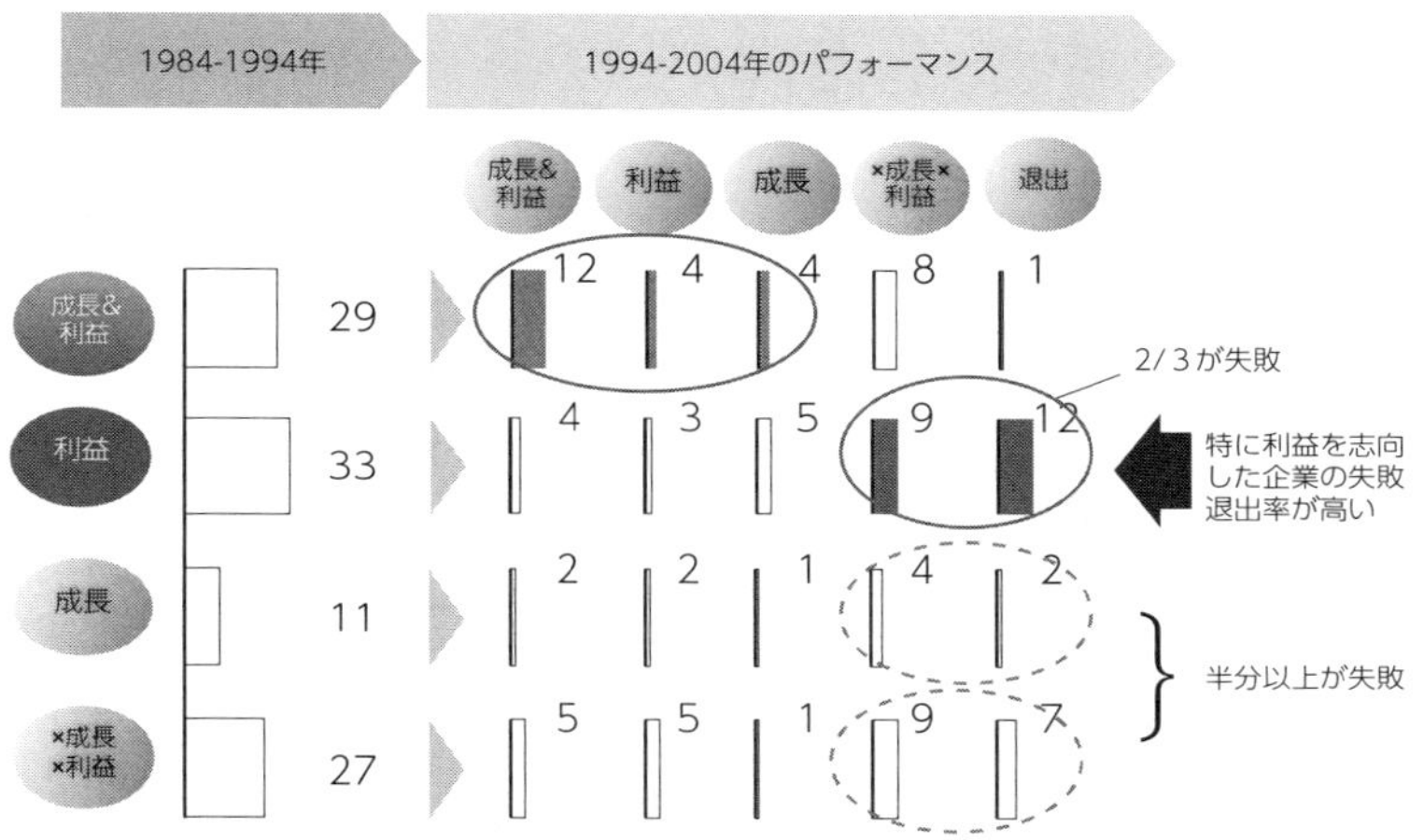


出所:マッキンゼー研究 公表資料を基に筆者加工を元に筆者作成

【図3 - ④】優れている企業は「成長の３つのエンジン」を吹かせている

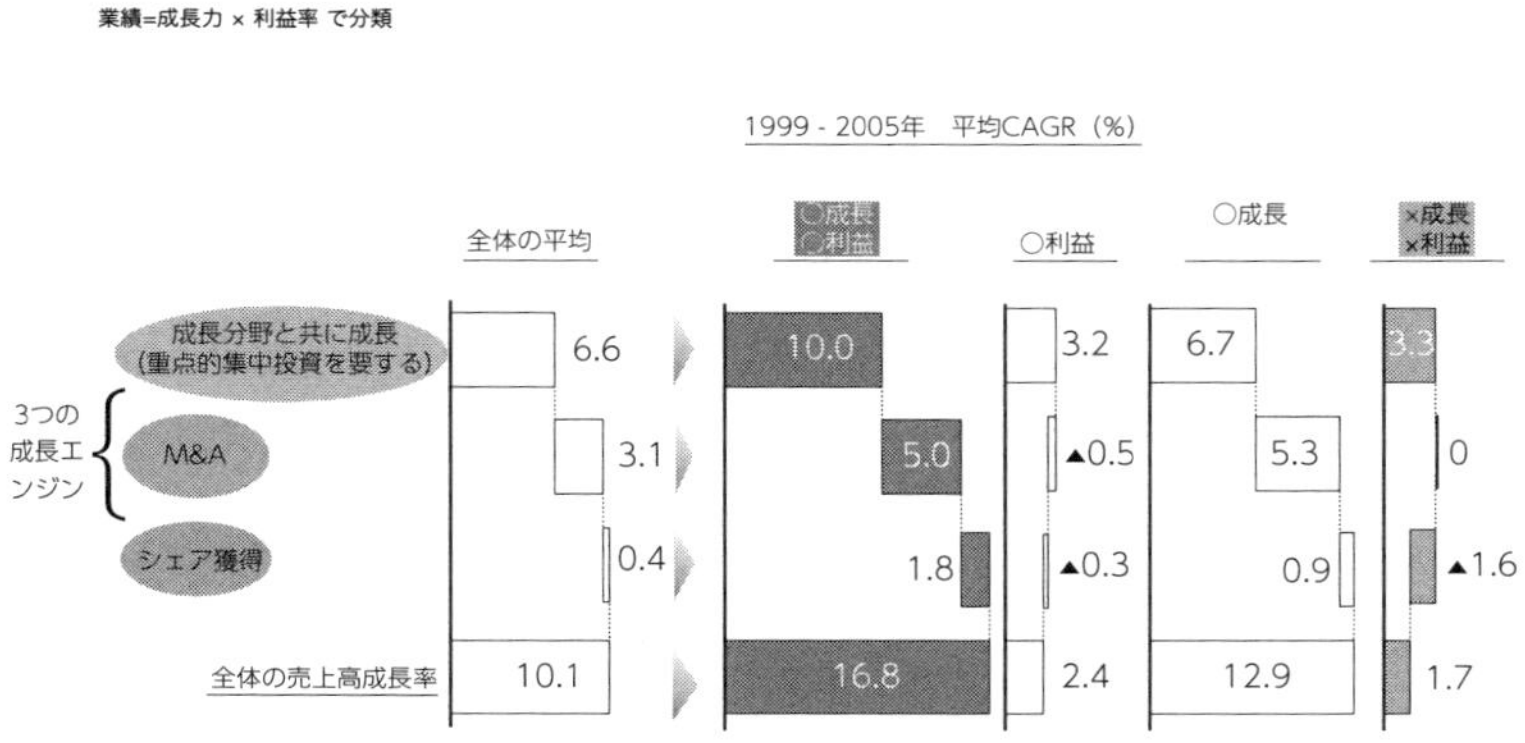


出所:マッキンゼー研究 公表資料を基に筆者加工を元に筆者作成

んなにがんばっても一年間に1～数%しかシェアは増やせない。
②のM&Aは、既に他企業が持っている事業そのものを買収する。すると一気にその分が事業のトップライン（売上）に加わることになる。
③は、成長分野とともに成長する、という成長の仕方である。どういうことかというと、人間社会では常にマーケットとして急速に成長する分野があるものである。産業分野そのものが起きつつあることもある。また地政学的にもだ。それらの分野とともに成長する。ということはいち早くそれらに入り込んで、投資に次ぐ投資を行わないとならない。回収の前に投資なのだ。当面のキャッシュや利益は当然無視。もちろん無視ではなく、自社の企業価値が上がればキャッシュも事業利益も獲得できるのだが、粗っぽい攻め手とはなる。
これら三つの攻め手が大事であることをマッキンゼー研究は示した。そのうえで、もう一つ大事なことを示したのだが、それは、三つのエンジン全部が得意でなくてもよい、ということである。だが「三つのうち二つのエンジン」を吹かせることができないと、「成長企業」カテゴリーには入れない、というのだ。

つまり、マーケットシェアをどんどん取っていくことができるか、どんどんM&Aに成功することができるか、あるいは成長分野にあたりをつけながら先行投資、先行投資で攻めていくか。これらのうち、少なくとも二つを得意手とできなければ、企業というものは衰退していく、というのだ。すると少なくとも積極的なM&Aか、投資につぐ投資のいずれかは必須となる。ここにアグレッシブさを感じてほしい。そのような攻める感覚が弱ければ、衰退して撤退するか、M&Aの対象となるか。これが日本でもすでに過去10年間、起きている。

## 「成長戦略」から「破壊的イノベーション」へ

さて、「利益重視の経営」から脱却して「成長戦略」に意識を向けよ、と述べた。つまりいま、日本の企業群でトップが「成長とは」と、問いかけ始めていること自体は正しい。けれども、これは下手をすると周回遅れの戦略を産み出しかねない。

思い出してみて欲しいのだが、１９６０年代の米国での戦略思想は、ファイナンスと会計にもとづく経営コントロールであった。その結果ＧＥは、成長力は高かったのだが、利益率が減少していて、利益なき成長に陥ったのだった。

つまり「成長」というのは、どう成長することが大切なのかを抜きには考えられないのだ。成長は「もっと大切な戦略」の、その結果にすぎないのだ。

いま、グローバルな経営者たちには、「成長」ということ自体よりも圧倒的に大切と意識されている「戦略感覚」がある。それが「破壊的イノベーション」である。

しかし、２０１６年のＩＢＭの調査によると、グローバル経営者では、78%が「破壊的テクノロジー」を最重要経営課題と考えていたのに対して、日本ではわずか26%、しかも12項目中最下位だったのだ（図４）。

グローバル企業の経営者たちの頭の中はいま、利益でもなければ、顧客満足度でもない、ましてやＥＶＡでもＮＰＶ（正味現在価値）でもない。そういうことよりも、自社が事業として参戦しているバトルフィールドがどう変化していくのか。その根底になる技術進化はどうなっていくのか。その中で、ビジネスモデルはどう再設計していかないとならないのか。それらを行って成功させるための、経営会議のあり方はどうし

【図４】テクノロジーとディスラプションが世界のCEOたちの間で主たる関心事だが、日本での関心は非常に低い

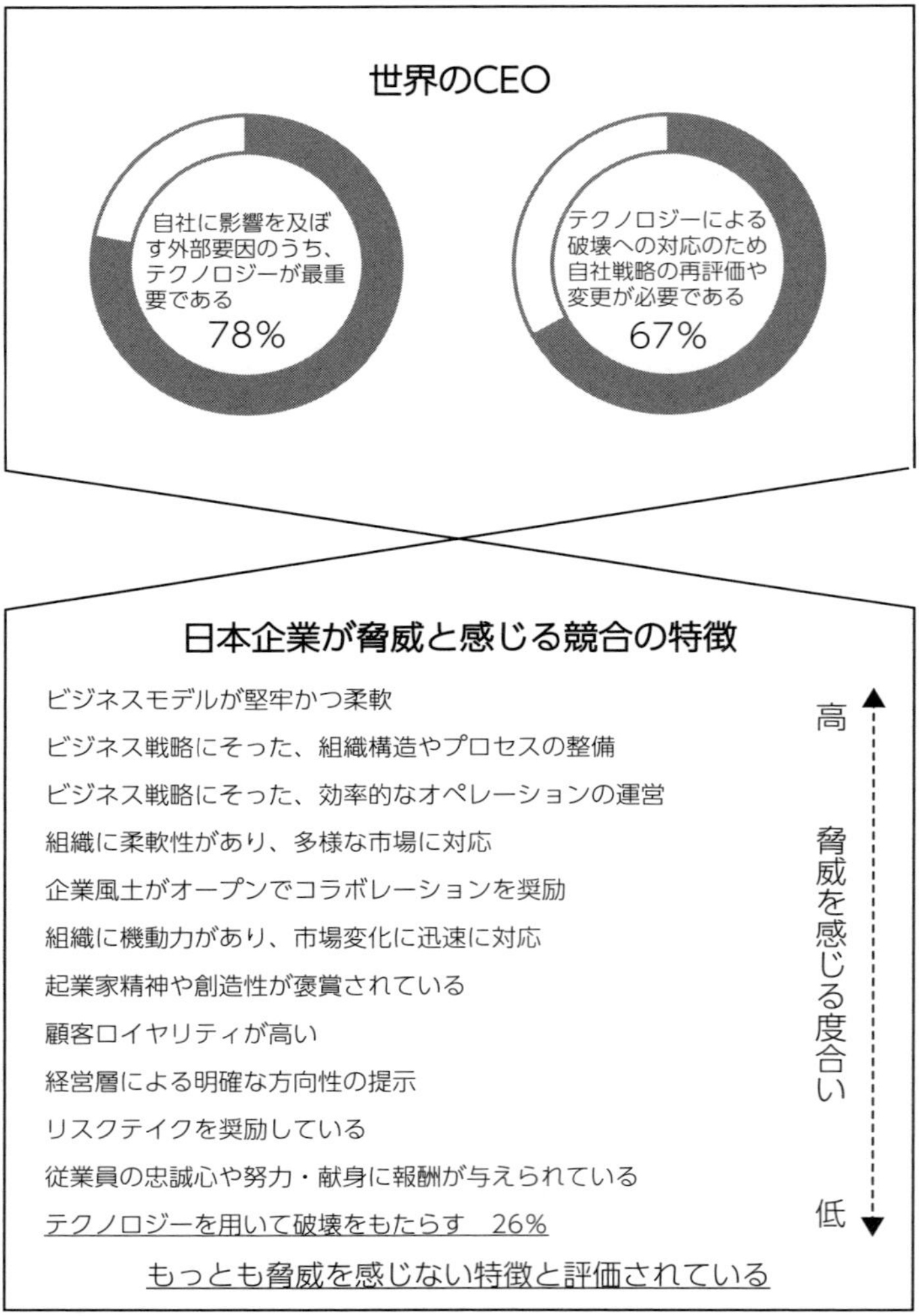


出所：IBM IBV Global C-Suite Study、2016 IBM IBV Future of Japan Survey を元に筆者作成

たらいいのか。

彼らの最大の関心は「破壊的テクノロジー」と、「事業モデルの破壊的イノベーション」というゲームに勝て、ということである。では、そのための「破壊的経営力」をどうやったら手に入れられるのか。個人として、また組織として。

## 「進化」こそ、宇宙の本質

なぜ「破壊的経営力」がそれほど大切なのだろうか。それはおそらく次のような理由から来ている。

私たちは、宇宙の一部である。そして事業のバトルフィールドも宇宙の一部である。その宇宙自体はビッグバン以来、時々刻々と「進化」している。だとすれば、私たち自身も事業戦略の進化している状態が当たり前なのではないだろうか。

言い換えると、宇宙の本質としては、最初に来るのが「進化」なのではないだろうか。移ろいゆくのが宇宙。変化し続けるのが、バトルフィールドであり人生。だから、私たちは根底では「進化」ということをひとときも忘れず意識していたいのだ。

次に来るのがおそらくは「愛」。だが、「愛」は高級すぎて私には語れない。語れないのだけれども、次の二つのことだけ引用させていただきたい。

最初は、アインシュタインが娘に宛てた手紙。死後50年間は公開してはならない、と言明して書いた手紙に何と書いていたか。いまの物理学では解明できていないが、いずれ解明されるものがある。それは宇宙の「愛」だ。ここからは無限のエネルギーを取り出すことができる。余談だが、現物がエルサレムのヘブライ大学に保管されているとのことなので訪問したが、２０１８年12月時点では、残念ながらアインシュタイン・ミュージアムは改装中で見ることができなかった。

次は、ダライ・ラマ法王の言葉である。両国の国技館で講演をお聞きしたとき、最後の言葉が、「こういうわけで、私たちの心の最も深いところは宇宙そのものと繋がっているのです」だった。私は偶然、スタッフに誘われて講演に行ったのだが、最後の言葉を聞いて、今日はこの「一言」を聞くためにあったのだ、と思った。

心の最も深いところが宇宙そのものの最も深いところと繋がっているのだとしたら、宇宙は何でできているのだろうか？　それは「愛」に他ならない。手前ではいろいろなことはある、戦いも、勇気も、悲嘆も、別離も、ありとあらゆる苦しさもあるだろう。けれども、一番深いところでは、人の心の一番深いところは、ピュアな愛であろう。

だが、「進化」のほうがいまの私たちには大事かもしれないと思える。「進化」している中に、愛が大切だな、と少しだけ意識して、戦略を考える。人生を考える。これをとことん全力でやっていれば、企業経営というものはかなり「進化」するのではないだろうか。

## 一気に世界の最前線に躍り出る

本書は、日本が世界の最前線に乗り出すための戦略書である。

事業としては、世界市場をねらっていなくても、戦略の土俵で、どう戦うかを決するのは、実は私たちのものの見方であり、考え方である。それらが古ければ経営は問題なのだ。常に最新でいるためにどうしたらいいのか。

ここから、鍵を述べていく。

第一は、世界の最前線に出ることを心でイメージすることである。イメージできなければ、現実に最前線に出ることは絶対にできない。

第二は、現実の物理的なことは、私たちが「考えて」「行動する」ことの結果である。したがって、「考えること」「行動すること」が世界の最前線でなければならない。では、いったいどうしたら「最前線」ということがわかるのだろうか。実は、その答えはない。最前線かどうかは私たちには判らないものなのだ。だから答えは意外だけれども「最前線を気にするな」ということである。「最前線を気にするのではなく、毎日毎日、自分が進化しているかどうか。最善の進化をしているか」を個人としても組織としても意識し続けること。つまり、「日々の進化」が答えなのだ。

これ以外に非常に大切な鍵が二つある。

## 考えることが可能性を狭くする

その宝物のような鍵の第一として、まずイスラエルの初代首相、ベン・グリオンの言葉を引用させていただこう。

それは「If you can not believe in miracles, you can not be a realist（奇跡を信じることができない者には、現実を創ることはできない）」である。彼は砂漠の上に国家を作り上げた政治家である。彼が言うのは、「奇跡はある」ということである。これはどういうことか？　このことは考えてもよく判らない。奇跡を生み出す、出会うノウハウなど、家でも学校でもビジネススクールでも学んだことはないだろう。

言い換えると、「考えること自体が可能性を狭くする」、という驚くべき話である。どういうことかというと、偉大な業績をあげた人たちを紐解けば、あたかも奇跡といっていいような「出会い」や「できごと」に支えられているということがわかる。出会いやできごとには、一見していいものもあれば、悪いものもある。だがそれらは関係がない。あとで振り返ってみると、あのときあの出会いがなければ、これはできなかった、ということが必ずある。これは事前に頭でいくら考えても出てこない。

ダライ・ラマ法王の言われるように、もしも私たちの心の最も深いところが宇宙そのものと繋がっているとしたら、奇跡的な出会いも、できごともあるだろう。

それは事前にはわからない。アップルのスティーブ・ジョブズも、有名なスタンフォードの卒業式でこうスピーチした。「事前にはわからない。けれども、カルマ、ガッツ、運命、なんと呼ぶかはさておき、私たちは何かを信じなければならない。そうして進んでいくと、後を振り返ると、点が結ばれていくのだ。人生はそういうものなのだ」。同じことである。

事前にはわからない、いくら考えてもわからないものなのだ。

## イメージは時間軸を超える

大事な第二のポイントは、イスラエルとの関係である。

2018年の初夏に、我々の「日本企業との投資ファンド」は、「もう投資資金が要らない」と言われていた案件に投資を実行することができた。初回の投資が、0・5億円であり、このあとPoCの証明が段階的になされるにしたがって、追加投資が許され、初夏に設定したオプション価格、認定された価格で、有利に追加投資や、事業権の取得ができるという投資を行った。

このケースは、ヘルスケアのある分野の案件だったのだが、成功すれば、現代の治療法に大きなインパクトを与えると考えられている。そして、これを発見したのは、当該分野でかつても業績を上げてきた著名な科学者なのだが、その発見されたきっかけや方法から、関係者たちは非常に有望と考えている。したがって、事業の推定価値（期待値）はものすごく高い。

さて、問題は、我々日本企業がここに目をつけて、投資により経営に参加したいと考えたときのことである。それは2018年の2月にさかのぼる。この案件は我々のレーダーに入っていた。そして、関係する人々、つまり日本企業のために、最初はリサーチプロジェクトのために集まったチームがそこにいた。それからいざどうやって責任を持って日本企業のための投資や交渉を行ったらよいのか、その仕組み、方法の構想とフィージビリティスタディを行った仲間である。皆、非常にエキサイトしていた。

だが、この案件を投資対象には入れなかった。「なぜか？」と私は訊ねた。なぜ全員がこんなに盛り上がっている案件を投資対象として考えていないのか、素直な疑問である。

答えが返ってきた。

第一に、彼らはまさに投資をいま募っていて、それをラウンドというのだが、そのラウンドの締め切りがすぐで間に合わない。第二に、我々の日本企業が事業として関係がある分野について、エビデンスがまだまったくない。だから、我々は間に合わないし、向こうも待ってくれないだろう、というのだ。

私は訊ねた。その世界的に天才的な科学者自身は、この我々のクライアント企業の分野について、どう思っているのだろうか？　私が前に会ったときのミーティングを思い出してみると、彼にもパッションがあったのだ。

答えは、可能性は高いと考えている。関心が高い。「だったら、うまくいくかどうかの最低限のＰｏＣのプロセスの分だけ投資して、あとは成果が出たら、オプションで事業権をもらうような交渉はできないのか？」とチームの中の、この手のことのプロ中のプロに尋ねた。彼は、「やってみよう」と言ってくれた。

こうして、我々は投資ができたのだが、その背景は何だったのだろうか？

## イスラエルと日本のエコシステムの親和性

まず、イスラエルの主要なリーダーたちが、「日本はイノベーションの国だ」と考えていることである。この科学者自身、あるとき「世界でトップのアイデアや技術シーズを見たければ日本に行け」と語ったことがある。大切なのは、日本に対する期待がまだ高い。さらに、日本と波長が合う、日本が好きである、ということだ。

私は、２０１７年の秋にイスラエルのＶＣ30数社のパートナーたちを訪問してインタビューをして回ったことがある。イスラエルにいったい幾つＶＣがあるのか、どこが優れているのか、そんなことさえ判らず、ある統計によると、２５０ほども投資ファンドがあるという状態しかわからなかったのだが、足で稼ぎ、信用してもらって、少しずつ輪が広がって、その結果、有力な投資ファンドは、50以上はあるが、１００まではない。60~80を考えれば十分ということがわかった。

そうして、それらの現地訪問を、一週間、つまり5日間に27社訪問、しかもその前後を入れると、30数社と面談。そのうち、渋滞で時間が20分しかなくなったときの、たった1社の創業パートナーを除いて、本書でも解説するconjoint（コンジョイント）分析をとらせてもらった。つまり深層心理で日本とどうつき合いたいのか、その本音中の本音がわかるという心理テストである。

趣旨を話して、その場でコンジョイント分析の数値を取らせてもらい、私の日本人パートナー女史にコンピュータ解析してもらって、その結果を相手に見せる。見せながら、「あなたはもう資金は日本から要らない、要らないが日本の大企業の事業開発のためのパイプが本当にできるなら、どこまでも協力したいと考えていますね」、などということが判るのだ。

あるいは逆に、「まずうちに投資をしてくれ、そうしたら自分たちの投資先の情報を教えてもいいよ」というのが本音であるところもわかる。言葉でのミーティングだけでは絶対に判らないことほど、深く本音の情報が取れるのだ。

こうしてわかったのは、有力なVCや投資ファンドは、資金よりも、事業開発を一緒にやろう、ということへのパッションであり、リーダー個人の姿勢であり、会社としての体制だった。つまり日本企業が本気でイスラエルの技術シーズを元に、それが一定以上のPoCが成功した暁には、一気呵成に世界に打って出たい。少なくとも日本やアジアパシフィックで事業展開をしたい。こういうつもりであるならば、とてもよい関係が彼らと創れるということである。

そして我々は、その実際例をすでに産み出しつつある。

意外なのだが、日本は遅れているから、有利な条件で交渉できる場合がある。それはどういうことかというと、彼らスタートアップの経営者は、事業展開の主戦場は、アメリカとEUだと思っている。日本やアジアは二の次である。中国は投資との関係で無視できないけれど、やはり本音では信用できないと考えている。

そういう状態の中で、日本については、判りやすく言ってしまえば、「個人やチームが真剣であるかどうか」が、まず大切なのだ。そこが信用できるとなると、日本を攻めるのは、なかなか自分たちではできない。だから、信用さえしてもらえれば、日本をどうするかは、彼らから見ると誤差の範疇に入ってしまうと考えてもよい。熱心な個人やチームとの出会いを無視して、より有利な相手と組めるのではないか、などというような面倒くさいことは一切考えない。

「君たちが好きになった」「信用できる」「一緒にやっていきたい」、こうなると、欧米の投資家とまったく肩を並べる好条件で手を組むことができる。

しかも、タイミングが遅れてでも、ギリギリ半年も待ってくれた例がある。スタートアップは展開が早い。だから半年さかのぼるというのはものすごく有利であり、滅多にできることではない。

つまり日本は、いま世界の戦略の土俵の最前線で大きく出遅れていて、シリコンバレーなどでは一番手としてまったく相手にされてはいない。けれども、遅れているからこそ、イノベーションを産み出す世界最強のエコシステムであるイスラエルにおいては、真剣でありさえすれば、世界の最前線に躍り出ることができる。GEですらできないことを、日本の産業界、有力企業群は行うことができるのだ。

Colum 1

# 総合商社の夜明け前

## 厳冬期の時代を経て、こうしてプライベートエクィティに転換した

本書の図1（27頁）と比較して見ていただきたいのが54頁の図Aである。これは総合商社が真冬の時代と呼ばれていった1990年代の10年前の、日本の産業界全体の産業分野ごとの粗利益を出したものである。東証一部二部の全上企業、当時で約1900社の財務データからマクロを組んで粗利益を取り出し、すべて合計して作ったものである。なんと真冬の時代に突入する前に、総合商社は日本の産業界で最下位に近いところに位置している。日本企業が世界を席巻した80年代の9年間の伸びをCAGR（年平均成長率）で戻すと一年間の伸びは2%を切ってしまう。この図を当時見た人がいたとしたら大きなショックを受けたことだろう。作った私自身も驚いた。いまの日本に非常に似ている。

なぜこうなっているのか？　これが1990年代の総合商社にとっての最大の経営課題だったのだ。そのことに気づいていた企業と気づいていなかった企業があったことは想像に難くない。

ポジションが最も良かったのは三菱商事である。三菱グループには、三菱自動車も、電機も、重工も、化学もあった。たとえば他の商社である三井物産には、自動車も電機もない。三菱商事は輸出入で落ちる口銭は基本的な収入源として重要だった。そこにブルネイのLNGがあった。資源への資本参加、資本投下はしやすかった。

伊藤忠では、伊藤忠アメリカの社長だったJ・W・チャイ氏から、こう聞いたことがある。コンサルティング会社M社から、マーチャントインベストメントバンクになれ、と言われ、その資料が部分的に回ってくることがある、と。当時私はビジネススクールの院生だったが、日米の将来のシナリオ分析のために、チャイ氏

【図A】産業別付加価値の伸び率

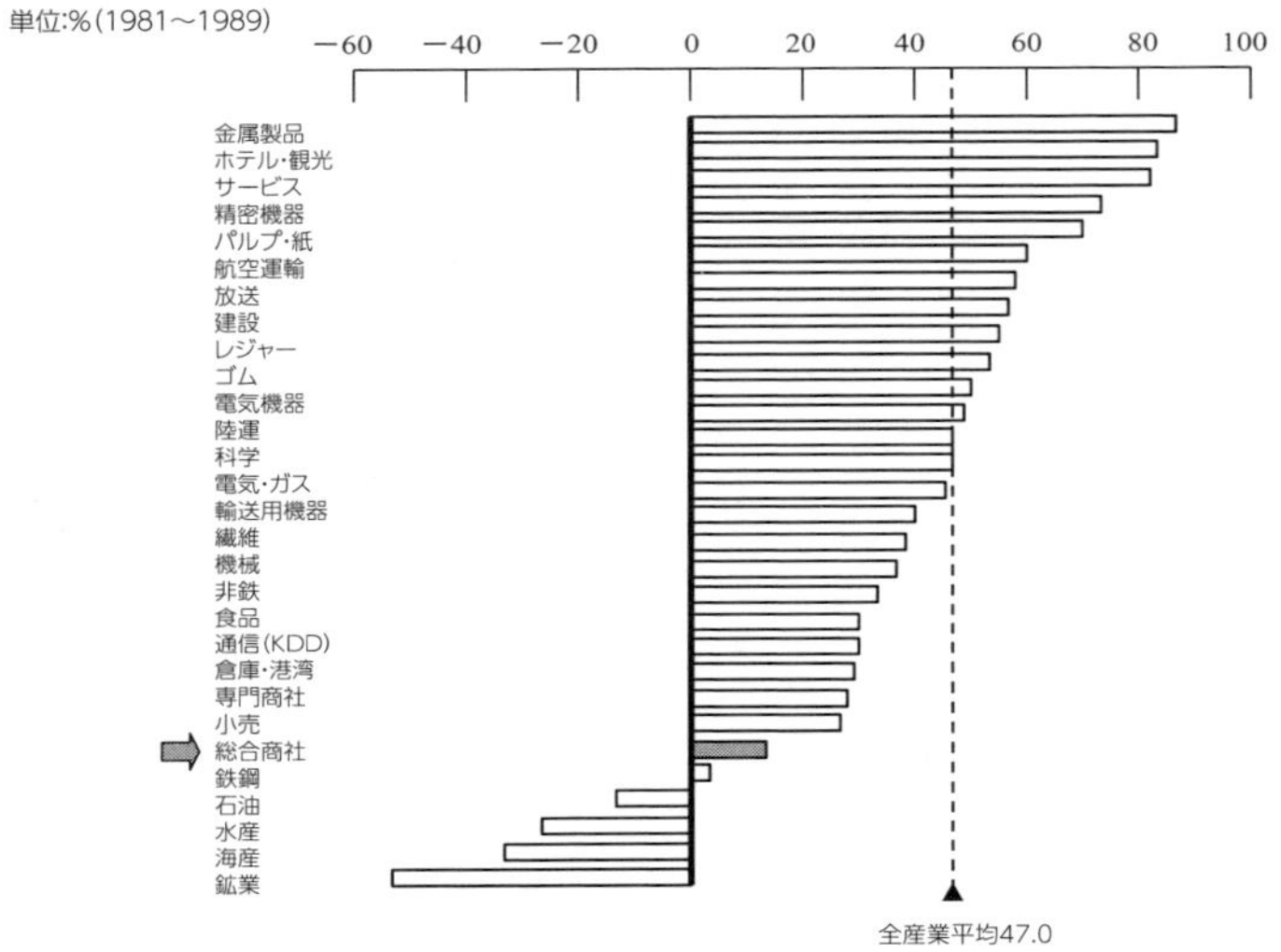


出所:アナリストガイド(大和総研)全上場企業に統計より筆者作成

は私たちのグループに調査プロジェクト費用を提供してくれて、応援してくれていた。

マーチャントインベストメントバンク。伊藤忠はのちにそのシナリオどおりに、過去の大型投資の失敗というトラウマから抜け出てプライベートエクィティに転換した。

私は、この図の中で、総合商社よりも規模が小さく、資本力がなく、知名度もブランド力も劣るはずの専門商社の粗利の伸びがなぜ、総合商社より高いのかが気になった。答えはおのずと見えてくる。専門商社は総合商社と違って、下流分野に進出していたのだ。たとえば半導体工場を持っている、つまり投資している。粗利益は口銭からではなく、事業から産み出していたのだ。

こうなると戦略シナリオはハッキリしてくる。事業への投資とそれを成功させる経営力である。大前提として事業への投資を阻む社内の制度は打破されなければならない。改革されなければならない。将来のある事業に積極投資して事業基盤を創り出すことができる戦略性を身につけなければならない。経営プロセスは改善されなければならない。

私たちはこれを行った。俗に言うヒト・モノ・カネを再投資する仕組みを創り上げた。抵抗は激しかった。なぜなら事業部門はどこも莫大な粗利を得ていて環流していたからである。そこに危機感はない。なのに、そこに手をつけることになるのだ。いまの日本には莫大なカネが回っているが、国際的な競争力もイノベーション力もプレゼンスもどんどん落ちているという、その姿と似ている。

そのあと何が起きたか。90年代の末についに多くの総合商社は持たなくなり、全社員の何分の一とか、間接部門の四分の一などという激しいリストラと、救済またはこれをチャンスととらえてのM&Aが起きた。名門の名前が次々に消えていった。

そのような敗戦を経て、いま総合商社は高い収益率を誇っている。その利益は、自社の資本を外の事業に投下するというプライベートエクイティ事業から来ているのだ。プライベートエクイティは、過去20年間でみると、先進国での最大の成長産業なのである。こういうものの見方をしている日本人ビジネスパーソンはほとんどいない。みな自社の事業をどうするかを考える土壌に育ったからだ。だが、社外を先に観る土壌にいる人たちが、世界の最先端にいることもまた事実である。

経営の考え方を進化させることができた総合商社は、結果として成長と利益を手にしたのだ。

さて、他の日本の大企業はどうするか? 日本国の経営はどうするか? 一人ひとりはどうするか? いまのカネや利益は土台ではあるが、そこから進化が始まらないと価値がないことだけは明らかである。土台からどう進化させるか、なのだ。利益より成長、成長より進化そのものなのだ。

# 第2章　すべては「攻め」に始まる

## 「進化」と「攻め」

宇宙の美徳の中心に「愛」があることは間違いない。また「美」もある。なぜなら宇宙は美しい。けれどもそれら以外で、経営や戦略や人生で大切なことの中には、間違いなく「進化」や「攻め」や「勇気」ということがあがる。それは、宇宙は不断に進化していて、私たちもその一部だから、私たち自身も不断に進化するのでなければ停滞してしまう。そして進化のためには、攻めや勇気が必要となるからだ。

このことは、宇宙の美徳を考えてもこのような結論となるが、経営や戦略の現実事例を研究していっても、同じ結論となる。ただ、経営や戦略の現実事例の研究からだけでは、「攻め」が美徳の一つと言えるほど大切なことだということに気づかないおそれがある。頭で考えるだけでは気づきにくいのだ。ギリギリの局面で、挑戦する、攻める、勇気か無謀かわからなくなる、だが行動する。そういうような体験を通してうっすらと感じることができるようなものでもある。

だからここで、経営や戦略の事例から「攻め」を説く前に、一旦このことに触れた。では、「攻め」に関する事例研究に入っていこう。

## 一点集中

アサヒビールの中興の祖は樋口廣太郎氏とされている。スーパードライを成功させたときの経営者である。しかし私が注目するのは、アサヒが不可能なほどの逆転劇を成功せしめた最大の功労者としては、のちにアサヒ飲料の会長となった中條高徳氏である。

アサヒビールは、戦前は日本のビールシェア7割を誇った大日本麦酒が、ＧＨＱから企業分割を命じられて、東日本がサッポロビールに、西日本がアサヒビールになったものであった。しかし、戦後じわりじわりとシェアが落ちていく。その原因が解らない、打開策も判らない、どんなに営業がキリンの営業以上に努力しても一本調子でシェアが落ちていった。こういう状態にあった。

その中で、「ビールは生で飲むのがいちばん美味しい」ということを技術者から聞いて、鬼の首をとったようなものだ、と感動したのが中條氏。ところが「濾過技術の制約で生ビールが提供できない」ということから、生涯を「生中心の戦略」に一点集中して生きた。その結果、アサヒでシェアを戦後はじめて０・１％上昇させたのが中條氏だった。

さらにマッキンゼーの大前研一氏を起用して戦略プロジェクトを行い、「ビールは蔵から出たときにはどの製品も大差はない」「しかし日ごとに味が落ちる」「新鮮さこそが勝負の要だ。ここに命をかけろ、必ずアサヒはエクセレントカンパニーになれる」という戦略構想を描いたときの中心人物でもある。

さらに「営業では売れない、酒屋の親父までしか売れない。消費者はイメージで買う。消費者に直接イメージが伝わるようにせよ」。こういう発見をすべて統合して、スーパードライ戦略に統合していったのが中條氏だったのだ。実質的に、彼こそがアサヒの中興の祖である。

ちなみに私は、その中條氏から直接間接に非常に大切なさまざまなことを教わった。責任感、現実感覚、そしてMBAやマッキンゼーでは接することのなかった戦略の本当の要諦のようなものなど。その一つが「勝ち戦ではもっと攻めよ」、である。

## 十分に追撃しないことが、戦略上の最大の誤り

「十分に追撃しないことが、戦略上の最大の誤り」とは具体的にはどういうことか？

中條氏が「生戦略」を出してシェアを0・1％上昇させたとき、彼は直ちに、あたかも援軍を送るべく、その生のビールを、スタイニーというボトルに入れて、商品をさらに市場に出すという追撃を進言した。しかし、中條氏の生戦略を支持した経営者、山本為三郎氏は病の床に倒れており、東京の本社本部はその積極策を退けてしまったのだ。

彼は言った。「戦いというものは、勝ちかけたときに援軍を送り込んで一気呵成に勝つことが大切なのだ。また勝ち始めたら兵站が広がるのだ、資源投下がより大変になるのだけれども勝負というものはそういうものなのだ」、と。当時私はおもしろい、味わい深い戦略の叡智を聞いたと思っていたが、そういう攻めができるかどうかこそが、いまの日本企業に重要なのだ。

なお、本章の後半で紹介する真珠湾を含めての大半の海戦で、日本が苦戦・失敗した最大の原因の一つが、この感覚がなかったことにある。アメリカの司令官にはこの感覚が強くあった。日本のほとんどの司令官にはなく、常に慎重に考えて判断していた。「慎重」な姿勢、「考える」姿勢は、大きなチャンスを逃すのだ。

## ピンチをチャンスに置き換えよ

その中條氏はさらに言う。「指揮官というものは明るくなくてはならない。そして、ピンチでもチャンスに置き換えることができるくらいではないと指揮官にしてはいけない」。そう統帥要綱に書いてあるらしい。統帥要綱というのは将官クラスのみ、つまり大将、中将、少将のみが目を通せた戦略と戦闘指揮の要諦書である。

言葉の意味はわかる。いい表現だなと共鳴もする。だが、少なくともこの言葉をはじめて聞いた当時の私には、まったく判らなかった。「ピンチをチャンスに置き換えるということは常にできるものなのか？」「果たして自分はそういう能力があるものなのか？」「そういう力は後天的に身につけることができるのか？」、そういうことを考えていた。

しかし、それから20年以上経って、判りかけてきた気がしている。

新規事業も、マーケティングも、営業戦略も、ロジスティックス戦略も、R&Dもいろいろな経験をしてきた。赤字会社の建て直しも、事業の撤退も、売却も。また買収も、アライアンスも、投資も、投資のストップも、である。コンサルティングもあるが、自分で事業を買って経営したり、立て直したりしたこともある。さまざまな経営経験の結果、何が判りかけてきたか。

第一に、「ピンチをチャンスに置き換える」ということは、基本的には「攻め」の局面で現れる、ということである。次々に問題が起きる。それに対していちいちへこんでいては仕事にならない。なにも達成できないのだ。

果敢に攻めているときというのは、可能性を心に描いているときだ。可能性があると思っているときには、たびたび障害が起きても、いちいち落ち込んでいるヒマがない。障害をどう乗り越えるかにひたすら意識が向かわないとならない。

ピンチが次々に起きる。だがすぐに、「先週のピンチのお陰で、その100倍か1000倍も強い今週の『生きるか死ぬかの』大問題がなんとか乗り越えられるかもしれない」などということに気づくことがある。

第二に気づいてきたことは、ピンチをチャンスに、「直ちに今」置き換える戦略を探さなくてもよいということである。「今」は、それはないかもしれないのだ。けれども時が刻々と経ち、情勢が変化していくと、ピンチがチャンスの種になっていることが現れてくるものなのだ。

第1章の最後に、イスラエルの世界最先端のテクノロジーの結果については、日本は世界の中でイノベーションに遅れていて、しかもマーケットとしての重要性からみて欧米ほど大きくないからこそ、世界でもっとも有利なアライアンスが可能だ、と書いた。これもそういう現象がいま現れたということである。

松下幸之助は「困っても困らんこっちゃ」とよく言っていたという。「困っても困らんこっちゃ」「ピンチをチャンスに置き換える」、同じ叡智を指しているのではないだろうか。

## 「攻め」と「スピード」

三番目に言えることは、もちろん、問題や解決策を見る「角度」の柔軟性、思考の柔軟性・多様性、発想の柔軟性である。クリエイティビティというものが大切だということなのだが、これらを産み出す一歩手前の「大切な要件」のようなものがある。

それは、「攻め」と「スピード」、「行動力」、「逆にあまり考えないこと」、なのだ。「考えないこと」がクリエイティビティを産み出す。これはパラドックスに聞こえるかもしれないが、かなりの真理であることは間違いない。

こういう例から入っていこう。かつて将棋の米長永世棋聖は、弟子をとるときに、「じっくり手を考えて指す子」より「どんどん攻める子」の方が伸びると言っていた。言い換えると「攻め」と「スピード」が「思考」に勝るのだ。

考えるというのは、現代人にとって、特に日本の知識層や社会の幹部にとっては「中毒」のようになっている。この「中毒」は他の中毒よりも害が大きい。すなわち、知らず知らずに同じことを考えて同じことを繰り出してしまう。つまり「他の解決策を見えなくしてしまう」。

将棋の世界においてすら、「攻め」と「スピード」は「考えること」に勝る。ましてや事業戦略を含む現実の世の中ではもっとそうである。それは「行動」から、新たな出会いや偶然のできごとが生まれるからである。現実なのか泡沫なのか、この世では、将棋の盤上にない大切なことが二つの次元で起きるのだ。

一つは、感情レベル。パッションの共鳴共振、つまり人との感動の共振である。

もう一つは、魂レベル、インスピレーション。ダライ・ラマ法王が言うように、あるいはそれは真言密教や天台密教の教義とまったく同じなのだが、人の心の一番深い部分が宇宙そのものであるならば、一人の人が夢を描いて一所懸命に動き始めたときには、必ず宇宙のどこかで何らかの別のことが起きている。宇宙はそういうものであるに違いない。だから何か考えていても出てこない。いいことが起きて、ものごとはうまく行くかもしれないのだ。

ともかく、「攻め」と「スピード」。「考える」より「行動」せよ。こういう思考様式、行動様式、意識の向け方生き方をしていると、だんだんピンチをチャンスに置き換えるということが少しずつ実感を伴ってつかめていくのではないだろうか。

## 失敗の本質

『失敗の本質』（ダイヤモンド社）という本のことを知っている人は多いだろう。これはもともと戸部良一氏ほか5名の研究者たちが1984年に著した本である。

私がこの本に触れたきっかけは、その年、農林水産省に勤務しはじめていたことが関係している。そのときの長官が真剣に読んでおり、よい本で参考になると言っていて、先輩たちが読み始めたのだ。アメリカ帰りの合理的な長官、頭脳明晰、部下に余計な残業をさせない。国会答弁など「はいよ」とすぐOKを出す。なにせ自分が一番判っていると思っているからというのが、幹部の評だった。

昔軍部、今政府。政府の問題解決力の無さとそのメカニズムが書かれている、と。私は「問題が書かれている」ということは、「解決策がいつか生まれるだろう」と期待してやはり読んだのだ。しかし果たしてどうか？　役所の組織的な問題は解決しただろうか？

この本はその後、いまに至るまで日本の大企業でもよい文献とされることが多い。ということは、いま気づくのだが、日本の組織の戦略問題が一向に解決していない、ということにならないだろうか？

ではなぜ解決しないのだろうか？

実は問題に目を向ける人には、なかなか問題が解けないものなのだ。人生は短い。こんなにいっぱい問題を見つけてどうするのか。おまけにこんなに問題が書かれたら、私たちの頭脳では、問題が解けているイメージがまったく描けなくなってしまうではないか。

これは冗談でも皮肉でもない。問題が解決できる人は、問題が解決されている状態がイメージできる人なのだ。それを助ける本なり、視察旅行なり、体験なり、実験こそが役に立つ。だが、問題を頭で議論する土壌は害の方が大きい。

では私たちは、問題を解決しているイメージを描いてみよう。そのためには、日本に勝ったアメリカがどうだったのかを見てみるのが一番手っ取り早い。すると意外にシンプルで、現代の戦略論に通じる鍵が浮かび上がってくる。戦略の叡智が見え始める。それはシンプルだ。

要は「攻め」と「スピード」だ。そして無茶・無謀だ。大胆か無謀かわからない攻めと成功のイメージだ。それがアメリカにはあった。しかし、日本の司令官と参謀、幕僚たちは常に「考えすぎ」るクセが身についてしまっていたのだ。そしてこれらのことはいまの日本企業の戦略判断についてまったく同じことが言える。

## それでも飛び立って敵に向かっていった

推薦したい本や映画がある。まず、『太平洋の試練』（イアン・トール著 文藝春秋社 上・下巻）だ。

なぜアメリカは勝ったのか。答えはほとんどの日本人の知識や頭で考えることとは違うところにある。そしてその答えからは、いまの日本の産業界の事業戦略の遅れに通じる点が浮かび上がる。

ミッドウェイでなぜアメリカが勝ったのか。いまでは、アメリカが必然的に勝てたくらいに思われている。また情報戦、暗号解読に負けたのだから仕方がないとも思っている。だが史実は違う。あの段階では、太平洋に日本は空母を6隻持っていて、アメリカには2隻と半身創痍といっていい、わずか3日間の応急修理で戦線に送り込まれたヨークタウンが一隻あったに過ぎない。日本が圧倒的に有利だった。だから、アメリカの資料でも映画でも、軒並みミッドウェイは奇跡的に勝ったとしている。

なぜアメリカは奇跡的に勝ったのか。

「それでもアメリカ軍の攻撃隊は飛び立って、敵に向かっていた。敵はまだ応戦していなかった。結局のところ、そのたった一つのことがほかのなによりも重要だったのである」

（『太平洋の試練』引用）

やはり、「攻め」と「スピード」だったのだ。

## 共鳴共振

宇宙の中では、本質的には、「意識＝エネルギー」である。

さて、この「意識＝エネルギー」を別の観点から説明してみよう。私たちは最新の物理学の数式のような難しいことは判らなくても、本質的なこと、つまり人の意識のエネルギーを感じとることはできて、それを日常に活かしている。組織についても、チームについても、燃えているチームであるか、停滞している組織であるか。そういうことを実は感じとっている。

未来を作り上げることのできるようなリーダーのエネルギーも感じとっている。そして感じとっているだけではなく、影響を与え合っている。共鳴共振してさまざまな衝突も、協力も、ダイナミズムが生まれている。

そして、魅力のあるエネルギー場には惹かれるものである。私たちは本能的に、このチームにいれば、またはこのリーダーの近くにいれば、人生が充実していくだろう、事業をなんとか成功させることができるだろう。そういうことを感じとり、計算を超えてなんとかしたいと願うものなのではないか。

それが共鳴共振である。人のスピリットは、目に見えないエネルギーの振動からなっていて、共鳴共振して、自分にとっての魅力を感じとることができる。

たとえば、『プロジェクトX』（NHK）のエンディングで音楽が流れ始めると、なぜ涙ぐむ人が出るのか。それが共鳴共振作用なのだ。ここからが大切なことなのだが、共鳴共振が起きるということは、実はその描かれている世界の要素と同じものが、私たち一人ひとりの体の中にやはりある、ということになるのだ。そうでなければ、共鳴作用はまったく起きない。

では何に私たちは共鳴するのか。それは世界最高峰の技術開発を行った人たちの人生、夢、覚悟、行動、失敗、障害、克服。彼らの多くは数十年をかけてなんとか成功させていった。あるいは、突然発生した未曾有の自然災害、危機。やはり人生をかけてきたかのように挑戦した。こういうとき、番組の中では「共鳴して」人が集まっていって、チームが力を出す。そしてあとで番組を見る私たちも共鳴を感じる。

つまり、意識の深い部分のエネルギーを、私たちはそのことを意識するしないにかかわらず、感じとっているのだ。

## 創出するエネルギー

本が描きだすエネルギー場というものもある。私たちはそれも感じとっている。問題点をいくつも書きだして、詳細な事実からそれを検証していく力作。だが読了するにも疲れてしまう。またそこから議論をしていっても、莫大な頭脳のエネルギーを使う。その創り出すエネルギー場は、現実にものごとを産み出している場と同じものが流れているか？　こういうことを私たちは感じとることができる。私は違う、と感じるのだ。

私は、２０１６年6月6日、イスラエルのネタニア市にいた。

ネタニア市には、斑目力曠氏が寄贈したプラネタリウムと瞑想センターがある。日本庭園も備えた非常に美しい建物だ。私はそれらがある斑目記念宇宙科学文化センターのオープニング・セレモニーに参加していた。斑目氏は田中角栄元首相から、「斑目君、長岡に電子の灯を灯すと思って長岡でやってくれ」と言われて、長岡に創業した日本電子メモリ（のちにネミック・ラムダ、現ＴＤＫラムダ）を東証一部に上場させた。また、日本人ではじめてイスラエル企業を買収して経営に成功した人でもある。

それ以来2年強、基本的には毎月イスラエルを訪問しながら、調査し、作戦計画を練り、現地のテクノロジーの価値を知ろうとし、日本の産業界をなんとか格段に進化させるテコにつかうための仕組みを構想してきた。仲間が増え、共鳴してくれる日本企業も少しずつ現れ、少しずつ現実も変わってきた。その結果が、何本かの調査と戦略プロジェクトであり、投資ファンドの設立であり、イノベーションラボの設置、専門チームの採用と発足であり、現実の数本の投資と事業権利の契約（独占権についてのオプション契約など）として開花した。

これについてはとても時間がかかったと感じているが、現地イスラエルでは、異例の速さと受けとめられており、こういうスピードで動けるならば、中国より魅力的であるだけでなく、「速い」とすら受けとめられた。

その間、問題だらけだった。文化が違う。会社の意思決定のスタイルがものすごく違う。誤解もある。M&Aの対象について詳細な調査を進める段階で、ものすごく面倒くさいことが起きる。しかし、私たちはそれらを乗り切っていく。

イスラエルの主力メンバーたちの動きを見て感じていると、住んでいる世界のエネルギーが違うのだ。たとえば、イスラエルのプロジェクトに関して前提や準備が大きく崩れる出来事があった。だが、イスラエルの私の仲間たちは、自分たちは世の中になかったことを産み出している。簡単にはいかないと思っているから、信頼は揺るがなかった。却って難しい事態が次々に生まれる中に身をおいてくれていてありがとう、とすら言われた。

そこから先は、「次はどうする?」「どの角度で挑戦するのがいいのか?」「どう攻めるのか?」、そういうエネルギーである。

そのエネルギーと同じものは、実はいたるところで感じるのだが、それはいまの大方の日本企業の役員会の場にはない。「今年か来年の利益やROE」とか「ガバナンス」が全面に出る場にはなかなかない。ではどこで感じるか。日本でも世界初を目指しているプロジェクトの場や、先に紹介した『太平洋の試練』や、映像に投影される圧倒的に不利な立場にあった中で攻めるアメリカ海軍の中には感じられるのだ。

## 圧倒的な技量の差が覆される

アメリカは暗号解読には成功した。だが、航空機そのものと航空隊の技量は圧倒的に日本が優勢だった。

「アメリカ軍の攻撃隊はとにもかくにも飛び立った。その朝の日本軍の空母作戦とは対照的に、それは混乱としてあたふたとした過程だった。友永の百八機のミッドウェイ攻撃隊は機動部隊の四つの飛行甲板から集団で飛び立つのに十五分しかかからなかったし、いったん上がると、すばやく会合して、一つに統合された巨大な編隊となってミッドウェイへと向かった。一九四二年六月には、そうした芸当はアメリカ軍の能力を完全に超えていた。ホーネットとエンタープライズは攻撃隊を空に上げるのにまる一時間かかった。いったん飛び立つと、攻撃隊は会合しようとしなかった。同じ方角に飛び去ることさえなかった。各航空群は指揮官独自のまったく異なる航法解にしたがって、べつべつの進路を取った。さらに事態をややこしくするように、攻撃に向かった各航空群はいずれも離ればなれにならないようにしようとはしなかった。アメリカ軍機の多くはまったく的を発見できず、それ以外はばらばらの小さな編隊で日本艦隊上空に到着し、そのせいで零戦や敵の対空砲火の集中攻撃に無防備だった。

（中略）

それでもアメリカ軍の攻撃隊は飛び立って、敵に向かっていた。敵はまだ応戦していなかった。結局のところ、そのたった1つのことがほかのなによりも重要だったのである。」（『太平洋の試練』より引用）

暗号が解読できていたから、日本がミッドウェイを攻撃に来ることは判っていた。けれどもそこから先の戦いはまったく別の話となる。当時空中戦をやれば、圧倒的に零戦が勝っていた。世界最高性能の航空機と、最高に鍛えられたパイロットたちと、世界最大の航空機数を日本は備えていた。それは盤石だった。

ミッドウェイで日本を攪乱したのは、たとえば有名な第八雷撃隊の15機である。その隊長、ウォルドロン少佐の前夜の訓示は来るべき戦闘がものすごく激しいものになることをハッキリと予言していた。日米どちらが先に攻撃に入るか判らない。だがいずれ雷撃隊は攻撃のため飛ぶことになる。飛べば日本の空母を護衛している零戦隊と交えることになる。それはわかっていた。

「近づく海戦は戦争最大のもので、おそらく転換点となる。これはミッドウェイ海戦と呼ばれることになる。これは歴史に残る、そして私の願いでは栄光ある出来事となるだろう」

「訓練の時間は非常に短く、わが隊は最も過酷な困難のもとで取り組んできた。しかしわが隊は人間の力で可能な最大限のことを成し遂げた。こうした条件下では、わが隊は世界一と確信している。いちばんの望みは、好ましい戦術状況に恵まれることだが、もし万一そうならない場合には、諸君の一人一人が全力を尽くして敵を撃滅してもらいたい。もし最終進入をするのに一機しか残らなかったら、その一機が突撃して、命中させてもらいたい」

この第八雷撃隊は、ホーネットから飛び立ったものの、援護してくれるはずの戦闘機隊と編隊を組むことができなかった。だが、それでも敵に向かっていくことを選択した。十中八九、戦闘機隊と編隊が組めないことは判っていた。そこまでの技量がなかったこともわかっていた。他の雷撃隊も同様の状態にあった。けれども隊長以下、デッドマンの雰囲気であったが士気は高く、転換期になる戦いになることは判っていて、とにもかくにも、バラバラの方角にしたがって、飛行した。

日本の空母を見つけた隊は幸運だったか、不運だったか。戦闘機に守られていないので、次々に撃墜された。ようやく雷撃できる体勢に入った雷撃機も技量が低かった。

空母赤城から見ていた日本の航空参謀、源田実の目にはへっぴり腰に見えた。「あれではだめだ、雷撃機というものは空母と差し違えるくらいのつもりで攻撃しないと」。

真珠湾の攻撃隊長だった淵田美津雄には、まずい、と映っていた。次々に攻撃される。どこから来るのか、なぜバラバラに少なく来るのか、つまり100機、200機とまとめて攻撃してこないのか判らなかった。

空母飛龍の参謀、山口多聞には、効果的な攻撃だと見えていた。日本の空母は攻撃を受けている間は、攻撃隊を飛ばせない。

それらバラバラに敵に到達した雷撃隊は、魚雷を放つ前か、後かは別にして、すべて零戦隊から打ち落とされた。放った魚雷もすべて外れた。ギリギリ空母に迫れなかったのは確かかもしれない。彼らにはそこまでの技量がなかった。

だが、一機一機の熟練度は低くても、隊全体としては、圧倒的に不利な状況の中で、最後の一機になってでも差し違えて命中打に結びつけたいという悲壮な願いを込めて飛び立っていた。つまり差し違える覚悟が彼らにはあった。

日本から見れば、バラバラに攻めてきた第一次攻撃隊、全機撃墜。第二次、全機。……第七次、全機。こうして混乱の中、零戦は海面近くに下りてきていた。

第八雷撃隊は最後の一機の放った魚雷も外れ、撃墜された。けれども、ちょうどそのとき急降下爆撃隊が上空に飛来した。エンタープライズから発進した攻撃隊だった。

上空に艦爆。しかしそれを邀撃できる零戦は一機もなかった。艦爆の一番機は外した。源田実は下手だと思った。しかし淵田は、一番機は外れても、後続の艦爆は照準を合わせてくる、と思った。二番機も外した、三番機も外したが、照準は合ってくる。果たして四番機の放った爆弾は赤城の甲板に命中した。七番機、九番機と命中。

気づくと日本の空母4隻のうち3隻の甲板が炎上していた。こうして日本はわずかな時間に攻撃力を75%失ってしまった。

## 司令官こそが最もアグレッシブに「攻め」を選択

この事例から浮かび上がる成功の本質も「攻め」と「スピード」。それが、「圧倒的な技量の差」を覆した、ということである。

まず、「攻め」と「スピード」はなぜ実現できるのか。それは結局、司令官によるものだ。アメリカの司令官はスプルーアンス。ミッドウェイ直前に司令官に任じられたのだが、その理由は、珊瑚海戦で慎重だったフレッチャーよりも機動部隊の攻めに性格と能力が向いているというものだった。

日本の空母発見という索敵機からの打電を受けて、距離的には攻撃の時間を考えると無事もどれるかどうか、相当無理があったのだが、ともかく直ちに攻撃隊を発進させた。ところが発進させた後、距離をさらに100マイルも間違えていたことが判明して、攻撃隊が空母に絶対に戻れないことが判明した。幕僚から攻撃隊を呼び戻す進言がされる中、スプルーアンスは攻撃させた。そして帰還する航空隊を収容するためには、自らの空母を日本空母に近づけるという決断を下して、乗り切った。

非常にアグレッシブな司令官である。アメリカ海軍は日本と違って、司令官が幕僚よりも最もアグレッシブであることが多い。

次に、アメリカの関係者は皆、非常に困難な決戦になることは判っていた。それに勝つことを皆、必死にイメージしていた。戦力は日本にはまったく敵わない。航空機も技量も経験も敵わない。攻めはバラバラで、拙い攻めだらけ。それでも攻め続け、スピードもあった。

こうしてみると、日本の失敗の本質が浮かび上がる。

第一に、攻めとスピードがなかった。敵空母発見の入電のあと、攻撃隊の発進まで4時間を要した。

第二に、「そのような攻めを遅らせる判断」ではダメだ、「いますぐ攻撃隊を飛ばせ」、という「アメリカのスプルーアンス並の判断」が下せた司令官はいた。アメリカはミッドウェイ海戦後、山本五十六の采配能力をさほど評価しなかったが、飛龍にいた山口多聞少将は高く評価した。つまり、その人物に戦略の采配をとらせていなかったのだ。上層部でガバナンスの声が大きい、いまの日本企業に似ている。

第三に、日本はミッドウェイだけでない、多くの海戦で攻撃の判断が瞬時にできなかった。なぜか？　いつも考えてしまって、さらに幕僚たちが議論してしまう。常に「負けないように勝つ」ことを考えるのだ。

もちろん、日本海軍の司令官たちがそうなったには歴史と背景がある。

工業力が劣っていた。貴重な艦、貴重な飛行機。加えて、頭での勉強のしすぎが悪かった。海軍では日米開戦がもしあった場合にということを想定して、日露戦争後、毎年毎年、机上演習が行われてきた。その結果は、ただの一度も日本が勝てていない。普通にサイコロを転がして戦えば量が勝っている方が必ず勝つ。だがその机上演習で高級将校たちが何を考えていたか。それは、「失う損失を最小にしながら勝つ」。

勝つイメージをしてありとあらゆる戦略を総動員する、という頭の作業は真珠湾作戦以外、行っていない。艦を失わないように勝つ。飛行機を失わないように勝つ。まるで今日、利益のことばかりを気にして攻めが弱い日本企業の高級幹部ではないか。

アメリカとの対比はクリアだ。アメリカは、質量とも劣っていたのに、損失を省みず積極的に攻めて、大局を押さえたのだった。

## 追撃できるときに十分追撃しないのが、戦い上での最大のミス

日本の空母三隻が沈んだとき、スプルーアンスは幕僚から、もう十分勝った。帰還するのがよいのでは、という進言を受けた。だが、「I want them all（徹底的にやる！）」と退けた。

そして最後に飛龍を沈めたとき、さらにどこかにいるはずの戦艦を中心とする主力艦隊を追撃すべきかどうかを考えた。「自分は追撃できるときに十分追撃しないという、戦略上最大のミスを犯そうとしているのではないか？」、これが彼の頭の中にあったことだと、手記に残している。だが、直感的に追撃はここまでかと感じ、艦を引いた。

果たして、米国海軍内では追撃が不十分だったという声もあがった。だが、最高司令官のニミッツも限界だったと判断していて追撃しすぎるなと願っていたので、むしろ彼の判断に卓越性を認め、彼を擁護した。

アサヒビールの中條氏は勝っているときには、「兵站が広がる、経営資源を投入しないとならない」「勝ち始めたときには援軍を送り込まないとならない」、と言った。シェアが０・１％上がったときに、真剣勝負に打って出るべきだとして作戦計画をすぐに練った。どうだろう、中條氏の感覚がスプルーアンスにいかに

近いことか。

この感覚が、日本の海軍の司令官クラスにはなかった。南雲中将にはなく、山本五十六にも弱かった。真珠湾、珊瑚海、ソロモン沖、レイテ湾。すべて追撃せずに逃げた。なぜそうなったのか？　それは、失いたくなかった。負けたくなかった。さらに、もしかしたら密かに褒められたかったのではないかとも思う。そして、攻撃が非常に重要だということが理解されていなかった。さらに、知らず知らずに、戦うべきかそうでないのか、逐一「考え」て「検討する」ことが大事だと誤解していた。

ビジネスの現場での「攻め」と「スピード」の重要性については、このあとも本書でいくつかの章で事例をあげながら述べていく。

## 攻めのM&A——マッキンゼーの「ものの見方」を超えて

ここからは、M&Aを取り上げる。第1章で、マッキンゼーの成長戦略を紹介した。

あの実証研究には、もう一つ大事なメッセージが込められている。それは、M&Aに関するかつてのマッキンゼーのファイナンスグループの主張を覆したことにある。それはどういうことか。

マッキンゼーのファイナンスグループは、数多くのM&Aのケースを調べていて、3分の2以上のケースで、買収したあと、買収した企業の株価総額が落ちるということを再三再四指摘してきた。株価が下がる、すなわち失敗というわけである。なぜそうなるのか。それにはいくつかハッキリとした要因がある。

第一に、買収というのは基本的に買い物である。経営者がM&Aを考え始めると、どこかの段階でどうしてもお金を出しても欲しい、という真理になりがちなのだ。

東芝がウェスティングハウス（ＷＨ）を６０００億円強で買収して失敗した事例がある。ＷＨ社は原子炉を作っているのだが、世界で原子力発電所の事故は、実はすべてがゼネラル・エレクトリック社（ＧＥ）型で起きていた。ＷＨ型では起きていないのだ。そう聞くと、ＷＨの買収をしたい企業が沢山ありそうだということが判るだろう。

ところが東日本大震災の前から、実は世界の先進国ではチェルノブイリではなく、なんとスリーマイル以来、原子力発電は新規の建設の決定がゼロで（リスクが高いので採算がとれない）、世界的には、２０００億円くらいが妥当だと考えられていた。東芝以外の日本企業群でも、日立や三菱重工が買えるものなら買いたかった。だが、そこに東芝は、４０００億円出すのではないかという噂が流れた。しかし、４０００億円は到底払えない。蓋をあけてみると、６０００億円強だった。これがＭ＆Ａの買収価格の算定の現実例の一つである。どうしても手に入れたいと思う企業は、どうしても高値で買ってしまいがちなのだ。

第二に、第一の理由を補完して悪くするようなメカニズムとして、沢山の企業が買いたいといって入札に参加する。すると、入札に成功した企業はすなわち、最も楽観的な企業か、計算間違いをした企業か、ということになる。

第三に、Ｍ＆Ａの案件を持ち込んでくる投資銀行や証券会社にとっては、取引が成立してはじめて成功報酬が入る。だからなんとか自分が応援する企業がＭ＆Ａの入札に勝つことを願う。そのため、ＮＰＶの計算などを通して、入札金額を高め高めに誘導してしまう。

第四に、買収後のマネジメントに成功するか失敗するか。買い物は好きだが、経営ができない経営者、経営陣がいる会社の事例が失敗確率を高めている。

このように、M&Aが失敗するということは、マッキンゼーのファイナンスグループは、いろいろなところで発表していた。それには、投資銀行ではなく自分たちに任せてください、というセールスメッセージも入っていたのだろう。しかし、それはおかしい、と別のマッキンゼーの戦略チームは見抜いていた。

短期的な失敗があろうが、なかろうが、M&Aに積極的な企業の方が世界で成功している。私にはこういう実感があった。例をあげてみよう。

## 2 大M&Aに失敗したのか、成功したのか——世界の第一線に躍り出る

1995年のある日、朝刊に韓国のLGグループが米国のTVメーカー、ゼニス社を買収するという記事が載った。その日たまたま私は韓国に向かっていて、しかも、ある財閥グループの戦略室長と二人でランチをすることになっていた。まったくの偶然である。

私は驚いた。彼は、その買収のことを知らず、オーナーが決めたというのだ。そして、浮かない顔で私に訊ねてきた。この買収はいい買収だろうか、悪い買収だろうか？　私は朝刊を読んで驚いた直後にそのことを自問自答して既に答えを出していた。「よい買収だと思います」。続いて、「グローバル化は悲願なのでしょう。通らなければならない道です」と答えた。

その数カ月前のランチで戦略室長から、サムソンのイ・ゴンヒ会長が、韓国内の講演で言っていたことを聞かされていた。韓国財閥企業群は、一様に日本企業からブランド力が15%低い。だがサムソンだけはそれらより5%高い。つまりサムソンはソニーとまったく同じ製品を仮に出したとしても、ソニーに比べて10%安くしか売ることができない。そのようなことだった。

もちろん当時は、ソニーと同等の製品を出す力はまだなかった。例外はDRAM（コンピュータの主記憶装置）だけで、DRAMが世界トップであることがサムソンのブランド力に5％プラスに効いていたのだ。この現象から、サムソンは展開する事業については、GEとは異なり世界トップを目指す文化を創り上げたのだった。

それで、私はこの話を引用しながら戦略室長に、「LGは米国でゼニスブランドを使うことができる。仮に5％効果があると置いてみましょう。直ちに利益率が5％分高まります」と言った。ブランド力と利益率の簡単な算式はこうなるのだ。ものすごいインパクトである。

かくして、戦略室長は、既に私のチームから30代半ばの優秀な韓国人スタッフを事業に回すことを決めていたのだが、彼を他の一人とともにただちに米国に投入することを決めた。人がとにかくいなかった。苦しい中での人事である。私は積極的に自分のチームから卒業させていった。

さて、それから10数年、私は再び、韓国の某財閥の若手M＆Aチームとミーティングをしていた。彼らは「今後5年間で日本のエレクトロニクス企業はどんどん脱落していくと考えている。世界で、韓国から2社、中国から1社か2社、欧州で1社、日本からせいぜい1社しか残らないだろう。あとはすべて戦線から劣後していく。自分たちは残る方に回ることは判るのだが、そして日本企業の事業部門も買いたいのだが、情報が果たしていち早くはいってくるかが気になるのだ」と言った。

そのミーティングは、ある優れた技術を持っている日本の中堅企業のために、私が開いたものだった。そのエレクトロニクス企業に、グローバルなエレクトロニクス企業から資金注入とアライアンスを実現するために設定したものだったのだ。そのM＆Aチームは意気盛んであった。

だが、驚いたことを言った。自分たちはかつて、フィリップスからブラウン管を買い、ゼニス社を買収した。だがいずれも彼ら自身のリストラを自分たちの資金で助けただけだった、と言うのだ。

読者に投げかけたい問は、そういうものの見方に立つのが正しいのか、それとも、やはり積極的にフィリップスから事業を買い、ゼニス社を完全子会社化したようなM＆Aの積極手がいまのサムソン、LGという2大ブランドを育てたのか、ということである。

答えは、やはり積極的な攻め手が常に大事なのだ。バトルフィールド、経営戦略、人生全般、もちろん事業においては、積極手を繰り出す個人、経営幹部が未来を創るのだ。

## 「攻め」とは可能性を感じる「心」

さて、はじめにでも書いたように、私は2016年の夏から頻繁に、イスラエルを訪問してきた。

それらの中で感じてきたのが、事業の立ち上げのことをスタートアップというが、イスラエルでスタートアップとその経営支援に成功している人たちが醸し出すエネルギーと行動パターンには、いまの日本になかなかないものがある。エネルギーが軽い。好奇心が旺盛で、それに忠実である。慎重に考え込むことはしない。うまく行かなければ、解決策の角度を変えてすばやく試して見ようとする。

スピードがある。常にいろんな角度から「攻め」ている感覚がある。「攻める」というのは、考えや行動の多様さ、クリエイティブさ、スピード、それらのことを指している。勝負が本当に決まって、倒れてしまうまで、生きる工夫をし続ける。そういうエネルギーだ。

では、なぜそうなのだろうか。正確にはわからないが、そのようなエネルギーや意識や行動様式が産み出している結果には明らかなものがある。ユダヤ人は地球上の人口比率で0・3％、ところがノーベル賞、数学のフィールズ賞、それからアメリカのナスダックに上場している企業の割合で、20％～40％を占めるというような成果を産み出しているのだ。

ではなぜ軽やかに、角度を変えながら攻め続けることができるのだろうか。

一つのヒントがある。私がイスラエルのテクノロジーを日本の産業界のために最大限活用したいということで活動を始めて以来、日本ではかなり苦戦した。実は、最初に相談した日本の某企業のCEO会長氏は、スパッと、「いいところに目をつけた、小川さん！」と励ましてくれて、現実の努力も始めた。だが、以来だいたい何をやってもうまくいかない、というくらい苦戦した。それ以来、家人がときどき私に尋ねる言葉がある。それは「楽しい？」の一言である。

「うまくいってる？」とか「どうしたの？」とか中身を一切訊かないで、「楽しいの？」「うん」「だったらよかった」、それだけである。

ここにヒントがある。家人の哲学は何か？　人生は楽しむためにあるのか？　挑戦こそ価値なのか？　楽しければうまくいくのか？　いろいろなことはあるだろう。だが、一つ言えるのは、「ハートが楽しいと感じているのは、宇宙に可能性があるからだ」というようなことをどこかで身につけているような気がしてならない。その可能性は、もしかしたら、期待どおりの成果が出るかどうかとは関係が無いかもしれない。成果には繋がらないかもしれないが、人生で経験しておくべき大事なことだ。だから「ハートが小躍りするんだよ」「センサーだよ」ということかもしれない。意味がある。だったらいまは全力でやったらいい。

イスラエルの仕事仲間たちから感じるものも、これと非常に似ている。彼らも私も、感覚を総動員している。「楽しい」「可能性がある」と感じることにどこまでもエネルギーをつぎ込もうとしてきた。すると、自然と次はどうしよう、いろんな角度からの解決策というか「攻め方」をつねに考えている。また困ったときに、「困ったな」と考えているヒマがない。

彼らは次々と襲いかかる失敗にたじろがない。仲間を責めない。もともと信頼できる仲間と組んでゼロから新しいものを産み出そうとする。そういうとき、うまくいかないのはある意味、当たり前なのだ。ギリギリうまく行きそうなところまでいって、ひっくり返る。それは日常茶飯事である。

時間軸を超えて可能性を見ようとする意識と、いまの現実から考えようとする意識は大きく違う。ケネディ大統領は、有名な「We choose to go to the moon」という演説で、ソ連に遅れている宇宙開発を10年以内に挽回することを宣言した。そのとき、「いまはない合金も開発して……」とスピーチした。逆に、いまある条件下で、頭で考えて最良の作戦を立てようとすると、どうしても可能性を狭く考えることになるのだ。

時間軸を超えて、仲間やまだ出会たことのない人と、なにかよいことの共鳴共振が、宇宙のメカニズムの中に組み込まれていることをうっすらと知っている心からは、「奇跡を信じることができなければ、現実主義者にはなれない。現実が創れない」というイスラエル初代首相ベン・グリオンのような味わい深い言葉が出てくるのではないだろうか。

# 第3章 「無から有」を生み出すイスラエルと日本の「心」

## 砂漠からの建国

破壊的戦略力について語るうえで、イスラエルは日本にとって非常に参考になる。２０１８年に建国70年を迎えた。しかし、70年前に与えられた地は国土の70％が砂漠だった。そのような荒野を開拓し、有名な水滴潅漑、つまりパイプから高度な技術でコントロールし、最小限の水を流すシステムを開発して、いまや国土の70％が逆に緑地となっている。地球上で砂漠比率を下げてきた唯一の国でもある。

そのイスラエルは、アップル、グーグル、インテルにとっては無視できない最重要な地域、生態系、つまりエコシステムとなっている。彼らは米国外では唯一、イスラエルにのみＲ＆Ｄセンターを置いている。なぜか？　独創性があって、スピードもある。それがなぜなのかは後で述べるが、つまり対費用効果もものすごく高い。したがって無視できない。

つまり質的な観点からは、地球上で、イノベーションを考えたときに無視できない地域はシリコンバレーとイスラエルなのだ。そこにボストンやニューヨークなど他の地域が来る。ボストンでは特に医療関係が強く、ニューヨークではメディアやそれに関連するＢ２Ｃにも特色がある。また資金も集まりやすい。一方、スケーリング、つまり成長戦略の観点からはインドも中国もはいるだろうが、ともかく質的価値からはイスラエルである。

したがって、現段階では、有力なグローバル企業300〜400社がリサーチやR&Dの拠点を置くに至っている。アリババも2018年の2月にR&Dセンターを設置した。そのヘッドはイスラエルでB2C用のセキュリティシステムを開発したスタートアップの創業経営者の一人である。現実感をつかんでいただくため、その経緯を説明しながら、いまイスラエルでなにがどう起きているのか描写させていただこう。

2017年にその企業が海外企業の投資を求めた。うち最も期待したのは日本企業であったのだが、数名〜10名のミッションが何度も訪問しても、決まらない。ついに6カ月後、彼らはアリババに売却することを決定した。10名弱の企業であるが、30〜50億円の間の企業価値だったと推定されている。

## イスラエルと日本のイノベーションの進化

そのセキュリティ企業の創業経営者兼CTO（最高技術責任者）は、実は私のイスラエルでのマネジング・パートナー仲間の息子である。つまり、ある製薬・医療分野で世界的な実績を有する科学者の息子である。その彼は息子から何度も「日本は結局遅いよ、本気ではないよ」と言われた。だがそれを退けて、中国からの誘いを脇に置いて我々と組んだ。その結果、彼が持つ有望なシーズも我々のファンドは手に入れた。ファンドに出資した日本企業はその果実を手に入れることができる。

この事例は非常に重要である。中国勢は資金もある、スピードもある、と世界中で言われている。イスラエルでも例外ではない。だが我々の動きは「十分速い」。ある意味「中国より速い」「楽しそうだ、将来の可能性がありそうだ」と思ってもらえた。つまりこの事例は、日本にチャンスがあることを証明している。

我々の事例は日本にとって、非常に重要な事例だと考えている。世界のイノベーションの最先端で、最先端のいくつかの案件を巡って、最先端の科学者の心と結びついたのだ。スピードも超えた。だが、実際には我々は、3カ月で投資を決められたわけではない。意向は示したが、投資をするスキームの設立まで6カ月はかかった。

ではどこに鍵があったのか？　どこで我々のスピードを感じてもらえたのか、一つだけ書いておこう。2017年のクリスマス、我々日本チームはクリスマスにイスラエルにいた。見い出したスタートアップ企業を訪問するため、ナザレにも行った。イスラエルの多くの人にとってクリスマスは関係がない。日本人にとっても関係がない。だから、ミーティングのアレンジがしやすかっただけである。だが彼らは、我々のそういう意識から真剣さを感じとっていたのではないだろうか。これは本当の話だが半分は冗談である。

しかし、我々の意識と書いた部分、それこそが鍵である。彼らとの間でもっとも重要なのは、我々の意識である。これを人は感じとる。真剣に自社、日本企業のイノベーションを進化させたい、事業を開発したい、そのために、いい案件がある場合ではあるが、イスラエルと真剣に手を組みたい。それはどうしたら実現するだろうか？

文化のギャップは大きい。企業の意思決定プロセス、GOの要件はものすごく違う。共通体験がないから、言葉では判っても現実がわからない。だがそれらを超えようとする当事者の真剣な意識は伝わる。そして、お互いに人生の少なくとも何割かをかけて一緒にものごとを産み出そうというような心を一緒に抱くようになるのだ。

だが、イスラエルではそこまで到達することができる。N＝1でも我々は証明した。本当に真剣であるならば、イスラエルには仲間として中に入れる。これは大切なことである。なぜならシリコンバレーや他のエコシステムでは聞いたことがないからだ。つまり日本のイノベーションの進化にとって、世界でもっとも大切なエコシステムは、イスラエルなのだ。

## 心の自立

なぜイスラエルはイノベーション大国となれたのか。その鍵に迫っていこう。同じ人間、日本人でも、日本の産業界でも、真剣になればイノベーションをいまよりも桁違いに産み出すことができると私は信じている。

さて、あるときエルサレムからテルアビブに向かう車のハンドルを握りながら、イスラエルのパートナーが私にこう言った。その彼は、2017年の秋に出会って以来、一緒にプロジェクトを行ってきた最初の仲間である。お互いに元マッキンゼー出身。彼はイスラエルで有力なVCの経営者として成功していたが、イスラエルと日本の間に、イノベーションの「Strategic Bridge」を作りたいという夢とパッションに共鳴して、多くの時間を費やしてくれていた。

その彼がハンドルと握りながら私にこう言った。旧約聖書の『出エジプト記』ではモーゼが40年かけて民をイスラエルの地に導いたことになっている。それを聞いたことがあるか？　と問いかけてきた。でも実際にはエジプトからイスラエルまで歩いても7日間もあれば行けるというのだ。

旧約聖書は子供用の本を読んだ記憶がうっすらとある程度だが、何十年かかかっていたイメージは残っていた。確かにそうだ。なぜなのか？

彼は、「イスラエル人はエジプトでは奴隷だった。だから一世代変わって、自立の精神を持つ民の集団に生まれ変わる必要があったんだ。そのためにあっちに行ったりこっちに行ったりしながら、代変わりする時間がかけられたのだ」と。

『出エジプト記』が本当なのかそうでないのか。自分の子供でも男の子はすぐに全部信じたが、女の子は「本当？」と疑ってかかっていた、などと教えてくれる。つまり歴史がどうだったのかはさておき、このエピソードは、根本的に「心の自立」を説いているということが大切なのだと私は受けとめた。

心が自立している、ということは彼らの文化の根底をなしている。彼らはハイアラーキーを好まない。軍隊経験はあるが、軍隊でも相当自由なのだろうと思量される。おもしろいエピソードがある。第二次世界大戦時に、イギリス兵がアメリカ兵を見ていて、彼らには秩序がない、ガムは噛むし、行列してもよそ見をするし、リラックスしているし、でも戦いになったらめっぽう強いんだと。でもイスラエル兵はもっと自由自在だ。たまに見かける街を歩く兵士たちをみても、男性も女性もリラックスしている。郊外など男性女性トイレが共通というところが多いが、並んでいるときに会話をしていても同じである。電車の中でぐでっと寝ている兵士もいる。不必要に人を縛らない。ましてやパワーや階層で人を縛るということはない。自立と自発性でものごとを進める。

軍隊ですら、マニュアルや上官の命令がおかしいと思うと、おかしい、もっといい方法がある、と素直に言う。ハイアラーキーはないのだ。自立と自発性は彼らの発想の自由につながり、実験、試行にもつながる。かくして彼らの問題解決力も独創性も、ものすごく高いのだ。そういうエピソードは山ほどある。

チームダイナミズムにもこの「心の自由」ということが反映される。役割分担はあっても、縦の命令系統という感じがまったくしない。納得したり、おもしろいと思ったら、ものすごい力を発揮する。納得しなければ参加してくれない。だからプロジェクトで新しい課題が生まれたときでも、「じゃ、彼に頼んでみるよ」という表現すらあまり聞かない。「訊ねてみるよ」となる。

日本企業が大規模投資した重要な案件で、送りこまれた日本人経営幹部と、スタートアップの経営陣との間に緊張関係が生まれた例がある。チーフサイエンティストが会社を辞めてしまった例もある。これらは彼らの自立という感覚と、日本人が自然に身につけている組織運営の感覚のギャップから生まれるのではないだろうか。特に、ガバナンスをしっかりやれなどと本社の経営陣から言われて送り込まれると、問題を創り出してしまうことになる。

本当はもっと簡単なのだ。一緒に苦労して、一緒に何かを産み出そうと思って経験すれば、自立した人間とのつき合いかたが判っていくのだが、と感じている。

「心の自立」と書いたが、これは仏教哲学でも根本にある精神であるらしい。「自灯明《じとうみょう》」。自らを灯火となし、他をよるべとすべからず。この言葉を、1996年に私がマッキンゼーを辞めて独立したとき以来、役員をしてくださっている斑目氏から伺ったものである。若くして亡くなる直前の父君からこれを言い聞かされたらしい。その父君は天皇陛下にご進講された高僧であった。また母君からは幼少時に「他人と比較をしない」とよく言われていたという。考えてみると、比較や評価は「自立」とは根本的に相反する。

私たちの文化の根底に、自灯明を説く仏教があるということは、イスラエルのイノベーションを担っている彼らと私たちは、もしこのことに気づいたならば、親和性が高いのではないだろうか。

## ゼロからの事業創造

イスラエルは、ゼロから1を産み出すことが得意だと言われる。彼らもそれを認識している。それはどういうことか。

彼らとミーティングしていると、アイデアという言葉がよく出る。「アイデア」、これは日本では軽くて吹けば飛ぶようなイメージがある。アイデア自体にはさほど価値はない、現実となってモノとなって価値が判る。

けれども、イスラエルでは、他の人にない発想というのはものすごい価値である。ミーティングでも議論がなされている真っただ中で、異なる角度から議論にジャンプインすることはよく行われるし、それは価値がある行為だと考えられている。日本とは正反対で、日本では話をよく聞き、流れを尊重するから、異なる角度に話を持っていくには多くの時間がかかる。イスラエルではその無駄は踏まなくていい。その結果、1時間の会議の密度がものすごく濃くなる。その密度が2・5倍というのが私の実感値である。

これは、1回のミーティングで、3回分がこなせる可能性があるということだ。したがって彼らは、1回ミーティングしたら、さらに話を続ける価値があるかどうかを見極めてしまう。価値がありそうな場合の進展も速い。逆に日本人にとってのリスクは、話は切り返す、悪く言うと、話の腰を折ることを前提に進められるから、おとなしく聞いていると、延々聞き続けることになってしまって、本質的な理解に到達するのが遅くなってしまう。

されど、彼らは発想がユニークなだけではない。アイデアに気づいたら、ものすごいスピード、最小限のコストや時間でそれを試そうとする。すぐＰｏＣに移る。

彼らにとって、価値と感じられるものは次の四つである。

第一が、アイデアの価値。異なるものでないと価値にならない。異なるバックグラウンドから来た異なる発想を大歓迎する。

第二が、実績。アイデアだけではやはり信用は大きくはない。実際の実績で裏打ちされていくことはものすごく大切である。また現実に、一つ二つのことを現実に実現していく人は、より多くのことを実現できる。彼らは「Serial Entrepreneur（シリアル・アントレプレナー）」という言葉も使うが、体験、実績を積み上げて成功させていく仲間を歓迎する。

第三が、人のネットワーク。信頼できる自分の仲間が、信頼できると言っていることは信頼する。人の信用のブロックチェーンのようなものである。

第四が、直感的に人が誠実で、一緒に何かをやるのに信用できて、楽しそうだと感じること。かれらは自分の感性を結局のところ非常に重視している。

さて、ゼロから1を産み出すのは、個人の力だけではできない。資金も必要になる、経営力も必要になる。それらの話に入っていきたいのだが、その前に、イスラエルでイスラエル人からも日本人からもよく聞く話に、次のようなものがある。イスラエルはゼロから1が得意だ。日本は1から10、いや1から１００が得意だ。だからイスラエルと日本が組んだら、凄いチームになる。

さて、私はこのようなものの考え方は、いま一つおもしろくないと感じている。同じ人間である。また日本人は世界ではじめてというものを山ほど実現してきた。したがって、私がイスラエルを日本のイノベーションの進化のために大きな価値を持つと考える最大の理由は、彼らの種を大きくして事業や利益を産み出したらいいということではない。

そうではなくて、私たち日本人も、本来、ゼロから1を産み出すことは長けている。それを彼らとの関係で、山ほど事例を見ることによって刺激を受け、参考にし、楽しさと可能性のものすごさをまずは感じ、そして共鳴共振で自分の体の深いところにある、無から有を生み出すエネルギー振動を思い出そう、と呼びかけたいのだ。

## 無一物中無尽蔵

自灯明を教えてくれた斑目氏からは、「無一物中無尽蔵」という言葉も教わった。これがまたイスラエルと日本のイノベーションに関係してくる。

いまの時代の私たちは、最新の宇宙論と、ささやかな仏教の知識などから、なんとなくこの言葉の意味がわかる。つまりこの宇宙は目に見える物質的な部分と、目に見えないエネルギーの部分から成り立っている。空即是色はこのことを指している。

最新の物理学ではまた、宇宙の全質量のうち、恒星や惑星や、宇宙のちりなどを入れても目に見える物質の質量が、前者の場合で2%、後者の場合で5%程度しかないという。さらに別の試算では、1立方センチメートルの中に封じ込められたエネルギーは、全宇宙のすべての恒星や惑星が有するエネルギーの量を上回るともされる。

少なくとも目に見えない「無」、すなわちエネルギーの世界は無視できない。そしてそのエネルギーの世界には、他にいくつか大事な特色があることが判ってきている。

一つは、人の心または意識の最も深いところとつながっている。意識、思考と宇宙とは何か情報が行ったり来たりしていることになる。

宇宙のうち目に見えない世界は、わかりやすく言うと「ものすごく微細なエネルギーの場」なのだ。そのエネルギーの場には、太古の昔、ビッグバン以来のありとあらゆる出来事によって生まれたエネルギー振動が畳み込まれている。エネルギー波は、振動を合成していくのだ。フーリエ級数的なイメージをしてみてほしい。エネルギー振動は合成することも、それを切り分けることも数学的にはできる。

さて、畳みこまれているのは物理的な出来事による波だけではない。ありとあらゆる感情、喜怒哀楽、思考のプロセスもその結果も、すべてエネルギー振動である。だからそれらもすべて畳み込まれている。すると今度は、それらの波が私たちの現実の物理的な世界に影響を与えるのだ。知らず知らずに私たちは膨大なエネルギー情報の影響を受けていることになる。空即是色はこのことを指す。

だから斑目氏は、宇宙からの膨大な情報のうち、何を拾い、何を捨てるのか、ラジオの共振周波数を変えるダイヤルを回すように取捨選択していくのだ、と言う。

「$f=1/(2\pi\sqrt{LC})$」が口癖で、これは、共振周波数はコイルとコンデンサーで決まることを示している。そうして彼の世界観の中では、インスピレーション、インプロバイゼーション（即興曲）、出会い。先に紹介したベン・グリオンの「奇跡を信じることができなければ、現実主義者にはなれない」という言葉にすべてつながっている。

ここでのポイントは、「ゼロから有を生み出す」のが日本人の伝統的な精神文化の中に本来、入っているのではないだろうか、ということである。日本に生まれ育っていれば、宗教心があろうが薄かろうが仏教徒であろうがなかろうが、般若心経に影響は大なり小なり深層心理では受けている。

それにこれはもっと大切かもしれない。たとえば、我々のイスラエルの投資ファンドが今年投資した、ある医療分野で画期的な技術開発を行っているスタートアップの経営者は、「世界で独創的なものを見たければ、日本を見ろ」と言った。私のイスラエルの仲間たちはそれに頷いた。

彼らが日本とつき合うことに楽しさや可能性や夢を感じてくれるのは、日本が1を10や100にスケールアップしてくれるからではない。実際のところ、そういうことはまだ起きていないのだ。そうではなくて、日本がやはり無から有を産む、世界一の何かを数多く成し遂げてきたというイメージ（実績）があって、いまでも可能性と好奇心を感じてくれているのだと、私は彼らと接してきて実感値でそう思う。

## イスラエルのエコシステムの価値

無から有を生み出すためには、つまりアイデアから現実を創り出すためには、経営資源を投下する必要がある。最初に投下する資金のことを、シードマネーという。彼らはそれを極力最小限ですませようとする。最小限でプロトタイプを作る。効果を証明しようとする。そうして当たりをつけて、次の段階に進もうとする。

そのシードマネーは、本人および3Fが投下する。「Family・Friends・Fool」。これが3Fである。Foolとは失礼な言い方だが、その内容をおもしろいと思って可能性に共鳴するのは、天才か達人かFoolか。私は、Foolはやはり天才か達人を指しているのではないかと最近思うようになってきた。

さて、プロトタイプが一定のインパクトを見せると、今度は、エンジェルか、インキュベータか、あるいは「例外的にごくごく早期の案件に投資をする小振りの」ベンチャーキャピタルの投資を求めていく。そのとき､典型では「次のもう一段階の証明を行うのに、いくら資金が必要になるか」を考える。その資金を「外部資金」で調達する。これが投資のラウンドである。

投資のラウンドに成功しなければ、手弁当で流出キャッシュを極力ゼロにしながら働き続ける。ただ働きしようがなんだろうが、キャッシュ・ニュートラルの状態をともかく目指す。彼らは、努力はとてつもなく行う。ランニングでの収入はこだわらない。国全体としてそこまで余裕がなかった時代が長いのではないだろうか。

一人あたりのGDPでは既に日本を抜いているが、彼らは所得から高い税金を支払っている。たとえば車には100%の税金がかかるが、それは防衛費に回されている。それでもランニングは気にしない。逆にこうしないと国も事業も成り立たなかったのではないだろうか。あるいは逆に、ものすごい努力と、工夫と、それらにランニングでの努力が相まって、世界有数というか米国外では最強最大のイノベーション基地、つまりエコシステムが成立したのではないだろうか。

このような動きの結果、何が起きているか？

第一に、斑目氏は「同じ技術なら米国の半額以下で手に入る」と言った。同じ技術、同じスタートアップはそもそも存在しようがないのだろうけれども、一定の時間をイスラエルでかけて、一定数以上のスタートアップ企業の現実を見ていくと、ある日、突然イスラエルのスタートアップの技術や企業は、米国の同等技術の半額以下で手に入る、という実感をつかむ。

例をあげてみよう。私のイスラエル側のパートナーは、元マッキンゼーであり、イスラエルで有力なVCの経営者を15年以上にわたって行っている。しかし、私とともに驚くほどランニングでの努力と時間のかけ方をする。我々がつき合う日本企業が真剣であるかどうかはとても気にする。だが真剣であると判断したならば、金額報酬の多寡はさておき、予想以上に努力する。

その結果、たとえば、その彼がかつて投資して手にしたものに、脊椎をいためた障害者のための歩行補助のロボット（Re Walk）があるが、これは総額13億円でFDAの承認まで取った。対して匹敵するロボットにはボストン発のスタートアップが開発したものがあったのだが、それは、90億円の資金調達が終わっていた。しかし、FDA承認はまだ取れず、動きも劣っていた。つまりイスラエルのスタートアップ企業は同等の技術を、実に5～10分の1で提供したことになる。こういうことが実感値として判ってくるのだ。

さて、イスラエルに起きていることの第二は、イスラエルが最も欲しいのは、事業開発にイスラエルのスタートアップを活用したいという、信用できる企業との本当のパイプである。本当のパイプは、イスラエルにとても価値がある。それはなぜか。

スタートアップ技術に価値があるかどうかは判らない。価値があると信じる本人と3Fは、判るまで、証明できるまで、あるいはもっと端的には、価値を認めてくれる人、企業が現れるまで、死にものぐるいでそれを示さないとならない。ところが、イスラエルは人口が少なくて小国であり、大企業がないのだ。テバファーマスーティカル社（TEVA）というジェネリックの医薬品メーカーがあるくらいである。

だから、イスラエルで生まれる最新の技術や、事業モデルの「価値」についての「情報パイプ」の価値が高い。情報パイプというのは双方向、有機的、太い、複数ある、人の往来・交流・触発のあるものほど望ましい。

そういうダイナミックなパイプは、シリコンバレーのスタートアップと、米国有数のグローバル企業との間には存在している。そこに日本企業が入り込める余地はない。けれどもイスラエルには余地がある。それは、まだ理想的な情報と人の交流が起きていないからだ。起きていない結果、イスラエル発の最新の技術や事業モデルに価値評価がつくまでに時間がかかっている。そこに、彼らイスラエルの事業家やプロフェッショナルたちの日本に対する憧れ、興味好奇心、世界一を輩出してきた現実の実績に対する敬意、それらからいくと、彼らから見れば米国発のグローバル企業と情報パイプを強化するのと同じくらいの価値を感じてくれるのだ。

## 「受けとめ力」の進化

20年ほど前、ナチュラルヒーリングの研究をしながら世界中を飛び回っていたとき、こういう話をよく聞いた。大自然からはいろんなメッセージが私たちに届いている。エンジェルたちも私たちを助けてくれる。だが、バイブレーションがあまりに違うから、彼らエンジェルたちは私たちのところまで下りてくる努力が必要だし、私たちも彼ら彼女らのバイブレーションに近づく努力が必要なのだ、と。

同じことが、イスラエルのスタートアップを活用したい日本企業に言える。受けとめる力を高めないとならない、それは戦略的進化の一つである。もちろんシリコンバレーの最新の技術を活用したい企業にもそれは言える。だが、シリコンバレーとイスラエルで大きく異なるのは、どういう目で、期待感で日本や日本企業を見てくれているかだ。私たちが進化しさえすれば、イスラエルの最新の力を手に入れテコとすることができる。

だが、障害はいたるところにある。それはいいことだ。なぜなら障害を最高のスピードで現実に解決できる企業には可能性が広がるからだ。障害があるからこそ、可能性が待ってくれている。

判りやすい例をいくつかあげてみよう。

イスラエルのスタートアップが、ある物流分野で進んだ仕組みを作り出して、それを世界で最も実証的に活用している。それを活用したいとある日本の大企業が考えた。イノベーションを強く志している企業である。その企業の執行役員とチームはイスラエルにまで見に行った。いよいよフィージビリティ・スタディである。ところが日本で使えるのか、ＩＴシステムに修正がいるのか、付随して使うハードウェアはどうするのか、電子機器の認証はどうするのか、日本で調達した方がいいのか、どう考えたらいいのか。わからないこと、クリアにしないとならないことが次々に出てくる。

その日本企業は、テストをするために、イスラエルから機材を日本に入れて、実験をしてみたいと言う。日本に人を送り込んでくれ、とも言う。それはスタートアップ企業にとっても将来への投資だと思うので、イスラエルのコストでやって欲しい。そこから先、事業化できるならば、また相談しよう、利益はなんらかのモデルで折半していこう、ということだった。

日本のロジックとしては非常に明解で、フェアに聞こえる。だがイスラエルのスタートアップ企業にとっては、それは簡単なことではない。彼らは投資ラウンドで資金を集めて事業の初期段階の展開をしている。それは投資家たちに説明した範囲内で行っている。さて、日本と組む、日本に事業を広げるということになると、それらに流用する資金はない。それがスタートアップなのだ。大企業とは違う。判断は速い、意思決定も速い、そこも日本の大企業とは違う。だが、資金がそもそもない。その代わり、初期段階の事業価値については、先に米国ボストンのベンチャーの数分の1ですむということを述べたが、非常に低く設定されている。世界で最も実証事業に成功していてもである。

おそらく、類似の技術を開発している日本のベンチャー企業の方が、資金が潤沢なのだ。日本にもVCはたくさんある。それらのバックには、大企業、金融機関、ファンドがついている。そして日本はアベノミクスで資金が余っていて、投資先を探している。ベンチャーには潤沢に資金が流れている。それら企業と比較すると、イスラエルのスタートアップの立場はわからないのだ。頭では解っても体でわからない。疑心暗鬼とまでは行かなくても、文化が違う、言葉が違う、わかり合えない（かもしれない）、時間がかかる、面倒くさい、こういう反応になりかねない。

## 日本の戦略的進化の一歩

こういう戦略についてのギャップは至るところにある。

日本では、キーワードで言うと、紙の書類、関係部署への広範な稟議、形式、ガバナンスが重要である。イスラエルは、キーデシジョンメーカー（組織の意思決定者）の理解と、口頭での説明が大事である。それが済めば、話はほぼまとまったと考える。だが日本ではそうはいかないのだ。

イスラエルは、文化が異なるから、大事なポイントはミーティングで3回説明している。日本はそれを聞いていて、なるほどと思っている。しかし、あとに紙、稟議、形式、ガバナンス、ボードミーティングが控えている。

だが、イスラエル人にはそのイメージはまったくない。キーパーソンが納得したら、組織的な合意は得られるものと考えている。巨大な日本組織を彼らは見たことがないのだ。もちろんインテルやアップルや、ノバルティスなど強大な米系のグローバル企業で働いたことも、彼らと仕事をしたこともある。だがそれら企業の文化はどちらかというと、日本企業よりは圧倒的にキーデシジョンパーソンに権限も予算も集中している。年次の予算会議を待たなくても機動的に資金も動かせる。この壁を日本企業は越えないとならない。あるいはイスラエルのスタートアップも理解して歩み寄らないといけない。これは大変なことだが真剣になりさえすれば可能である。我々は何とか可能にした。

## 問題は問題が作り出された思考と同じ思考では解決できない

日本では、ほとんどの企業でイノベーションに関しては、意思決定がコーポレート（イノベーション室などの本社機能）と、事業部門に分かれている。なぜ分かれているのかというと、事業部門だけでは基本的にイノベーションが弱い、という現象が起きているからだ。事業部門はＲＯＥや利益、キャッシュなど、短期の利益の最大化に意識を集中させてきている。そこでコーポレートが音頭を取って、アライアンスや、ＶＣなどへの投資や、ＣＶＣ（コーポレート・ベンチャー・キャピタル）の設立運営を考える。しかしその前に、そもそもスタートアップの技術やビジネスモデルに価値があるのかを見極めようとする。

だが最終決定権は、コーポレートだけにはないのがほとんどである。先にソニーなどのシリコンバレーのＣＶＣの例を述べた。投資への最終意思決定権が事業部門にあり、それら事業部門はＲＯＥ的な指標で始終評価されているために、投資には慎重な方が出世してきている。同じことがほとんどの日本企業で起きている。事業投資は、一部はコーポレートでもできるし、するつもりもあるとは言うが、大多数の意思決定は事業を司っている事業部門にしてほしいと考えている。

しかし事業部門は、そこまで徹底的に、シリコンバレーであれ、イスラエルであれ、事業と技術のシーズ（種）を見ないのだ。なぜかというと、最大のミッションが「ROE」や「利益」なのだからである。イノベーションは、どこかで二次的なものとしてとらえられてしまっている。

この意思決定権が、コーポレートと事業部門に分散されていることも、日本の大企業の文化である。だが、その結果が、判断ができない、意思決定ができない、遅いという現象・現実になっている。ここも乗り越えなければならないポイントである。

最後に、役員会の意識、ガバナンスと意識、慎重さ、考えることとチェックすることがよいことだと信じている。本当にそれでよいのか。

アインシュタインは、こう言った。「問題というものは、問題が作り出されたときと同じ思考によっては解決されない」。だから進化が大切なのだ、とイスラエルの経済省の某ディレクター女史は言った。まったく同感である。そして日本は、いまはなぜか進化を後回しにして、今日の利益の最大化を図るカルチャーが蔓延してしまっているのだ。ガバナンスというが、「イノベーションや進化の観点から見たガバナンス」も必要なのではないか。「ディスラプティブストラテジー・ガバナンス」が必要なのだ。そうでないといかにもバランスが悪すぎる。このバランスも取り戻されなければならない。それが、あたかも人間がエンジェルに近づいていく「たとえ話」に相当する動きである。

## 人の進化こそが事業モデルの進化を創り出す

なぜイスラエルはイノベーション大国になれたのか。一つには、イスラエルでは一人ひとりが進化しようとしていることを感じる。それはどういうことか。

たとえば、リタイアしたあとどうするか、考え方がいろいろあるだろう。イスラエルのことに詳しいある知人から、イスラエルでは成功した人は、40~50歳までに成功してリタイアして、あとは悠々自適ですよ、と聞いたことがあったが、それはまったく違っていた。

VCの経営者や、スタートアップ企業の経営者たちに会っても、スタートアップに携わっている大学の第一線で活躍している高齢の方がかなり多い。働ける間は働く、というカルチャーがある。すると何が起きるか。技術も社会も、いろいろなモデルも進化している。すると自分自身が進化していないと働けないことにすぐ気づく。そして心に忠実になってみると、人は何かを達成すると、次に新しいことを自然に試したくなるのではないだろうか。

たとえば次のような人がいる。VCの経営者として15年間成功してきた。大型のEXIT（投資回収）も何件か経験していて、さらに2件ほどは数年以内にEXITできそうだと考えている。しかしここから先は自分が当事者になって事業自体をやりたい。こう思って、VCを離れ、自らこれはと思う案件に投資をしながら経営支援を始めた。そのころ私と出会って、「日本との間」でイノベーションを加速するための仕組み作りならば、それが投資ファンドの形をとろうがなんだろうが、やりたい、創りたいと思った。

また別の研究者は、医療のある分野で新技術を次々に開発し、それらをグローバルな製薬会社が製品化した。つまり大成功してきたのだが、だんだん、自分が発案したアイデアに基づくものだけでなく、もっとイスラエル全体で生まれつつある新たな着想や技術の萌芽をいち早く開発し、世に出すことをやりたいと思うようになっていた。

こうして人が出会っていく。そこに日本企業が現れ、イスラエル全土で生まれつつある技術と、またキーパーソンについてスキャニングをかけた。それは偶然か必然か。日本市場は世界でメイン中のメインではない。だが無視できないほど十分に大きい。日本企業の事業化への判断力と、事業化するための経営資源を土台にすれば、イスラエル全土のスタートアップの萌芽を対象としてまったく新しいビジネスモデルができる。こうして、人も生き方を進化させながら、進化したビジネスモデルが生まれていく。

こういうことが、進化の意識、つまりエネルギーに満ち満ちている彼の国で起きている。つまり「人」自身の意識が進化を志向していることが、社会のエコシステムの根底にあるのだ。

## 無から有を創り出す生き方

さて、2018年11月某日、私はデュッセルドルフに降り立った。イスラエル向け投資ファンドの役員会のためだ。そこに日本企業の海外事業統括役員とイスラエルのパートナーたちが集まった。そのイスラエルのパートナーが手に、ベン・グリオンの自叙伝を手にしていて、それを見せながら私に言うのだ。「マサ、飛行機で読み返していておもしろいことに気づいたよ、ベン・グリオン初代首相の執務室には、ブッダの像があったんだって！　彼はブッダの教えも研究していたらしい」。そう聞くと腑に落ちる。ベン・グリオンの智慧とブッダの教えに共通するものを感じてきたではないか。それに、ベン・グリオンの名言を教えてくれたのは、斑目力曠氏。先に書いたように、ゼロ、無一文からスタートして東証一部上場企業を創り上げた稀代の名経営者であるが、同時に龍谷大学と高野山大学院で仏教を極めた真言宗の大僧正でもある。

その斑目氏の縁で、イスラエルと日本の関係は民間レベルでかなり進んできた。

日本企業として最初にイスラエル企業を買収したのは、斑目氏であった。ユダヤ系アメリカ人が経営する米国企業のイスラエル工場の経営がどうしてもうまくいかず、赤字が続く。だからそれを売却するという話が出た役員会で、即座に「では私が買います」と言って、斑目氏の日本企業がM&Aを行った。

斑目氏は経営では次々に困難に遭遇したが、そういうときにできたことは宇宙をイメージしながらただ瞑想するだけだった、と教えてくれた。

では彼が、そこまでイスラエルと縁が深くなった背景には何があったのか。三つある。彼が世界に数1000社はあるだろうという電源メーカーの中で、NASAの技術であったデジタルスイッチング電源を、世界最速かつ世界最高峰の技術レベルで開発に成功したこと。そしてそれを現実に世に出す、ファイナンス理論を無視した、無謀かつ無茶な経営戦略。売上が3000万円に満たないときに、3000万円の計測器を買って開発に成功したのだ。

三つめが当然、資金難。成功して売れ始めても先行投資の連続であり、キャッシュは絶対に続かない。いまなら、シリコンバレーにもイスラエルにも、そういう優れた技術を世に出す仕組みがある。それがエコシステムである。だが彼が成功した時代は1980年代。場所は日本。そんなものはない。そのとき出会ったのが、ユダヤ系アメリカ人の経営者。技術と製品に感動した。そして斑目氏の生きざまに共鳴した。そしてこう聞いた。「仏教の本質は何か」と。

斑目氏は答えた。

「Everything is nothing. Nothing is something」

とっさに色即是空が頭に浮かんで、瞬時に口をついて出た言葉だという。

私は幸いにも、マッキンゼーを離れて独立して以来、こういうエピソードを何度も聞く機会があった。その都度解った気がするのだが、ついに最近判ったのは、そもそもイスラエル人の生き方哲学と、仏教的な生き方哲学は共鳴共振しているということだったのだ。日本人は根本的に、彼らのように、無から有を創り出す生き方を選択することはできる。そういうエネルギーは私たちの体とスピリットの根底に必ずある。少なくともこのようなエピソードを読んで「おもしろい」と感じた人には、必ずあるのだ。

では私たちはいま、どうしたらいいのだろうか？

簡単である。共鳴共振が一つ。ここまでの話に共鳴共振したならば、もう第一歩が始まっている。第二歩は、自分自身の「心」への気づきである。心から始まる。夢から始まる。第三は、仕組みを進化させることである。仕組みが制約になっているだろう。だが主人公は私たちなのだ。仕組みをつくるのも変えるのも私たちなのだ。

Colum 2

# 「働き方改革」の陥穽

## 個人と企業と国家が意識を向ける先

「働き方改革」と、日本企業における「生産性向上」の議論が高まって久しい。だが、これには大きな盲点がある。狭い世界でこの問題を捉えていると、問題は解決せず、日本の停滞が続く。

たとえば、テルアビブのラーメン店。価格は1500円で、餃子を注文すると2000円ほどになる。量は日本より少ない。オーナーは、イスラエルの人たちに効率的に働いてもらえるようになるまで経営努力をしたそうだが、一般論としてイスラエルで出会う人たちはオペレーションや繰り返しは苦手な傾向であり、問題解決力は非常に高い。イスラエルでは、ランチや朝食は2000円ほどかかる。毎日一食を1500円以下で食べることはほぼ不可能といってよい。

では生産性は、日本のラーメン店と、イスラエルのラーメン店、どちらが高いのだろうか? 一人当たり、時間当たりの「量」のようなもので計算すれば、もちろん日本が高くなるだろう。だが「金額」で計算するとイスラエルが超える。どちらの方が生産性が高いのか? 日本が達成したい「生産性」と「働き方」とは何なのか? 国民経済全体も、企業の戦略も影響してくることがお判りいただけるだろう。

生産性を決めるのは次の五つの次元である。

第一は、個人としての作業の物理的な効率 × 金額に置き換えた場合の効率。

第二は、企業内でのチームとしての作業の物理的な効率 × 金額に置き換えた効率。外部調達、外注（低コスト vs 付加価値の社外依頼もある）、いわゆる資本装備率、つまり企業としての投資もある。

第三は、企業の戦略。付加価値市場を狙うのか、低価格市場を狙うのか。

第四は、業界のダイナミズム。自社の戦略だけではない、バリューチェーンの中での他のプレイヤーの戦略が自社の生産性に影響を与える。

第五が、国家としての戦略。日本では一般的に官需回りや規制産業回りが栄えてきた。たとえばゼネコンには土木と建築があるが、土木は官需が多く、建築は民需が多い。土木の方がどこか余裕があり、民需は激しい競争にさらされるので厳しさがある。人々や企業の目、意識が、世界全体で伸びる分野に向くようにすることこそ、国家の経済政策では重要なのだと思っている。

日本人が、進化を志さない率が高いのは、進化しなくても豊かに食べていける（いけた）分野が、ノイズのようにとは言わないが、多かったからではないだろうか。豊かさに偏りがなければ、つまり右も左も余裕がなければ、自然に人も企業も、意識は自らの好奇心と進化に向かうのではないかと、私は感じている。

意識を広く持つことこそ大事なのだが、「働き方改革」と言われると、個人やチームとしての「働き方」という狭い世界に意識がいってしまわないか？　これは逆効果とも言えよう。

# Part.2

# マーケティングと経営の圧倒的な進化

# 第4章 「可能性」を見極めよ！

## 1．「市場の立体感」

事業は、経営者と組織のリーダーたちが意識を向けている方向に展開する。このことは、宇宙の深遠なる真理なのかもしれない。私は最新の物理学上の知見や古今東西の宗教哲学の叡智からそう思う。しかしそこまでいかなくても、少なくとも経営の成否にとって「経営者と組織が意識を向ける方向」が非常に重要だと痛感してきた。これは私が経験してきた経営プロジェクトでの現実感覚である。では、「意識を向ける」ことが現実の経営と事業の好転にどう効いてくるのか、そのエッセンスを見ていこう。

### 経営の成否の分かれ目

最初の事例は、B2Cのあるアパレル系の事業分野で、かつて独特の経営戦略で成功してきた名門サンモリッツ社（仮称）である。ところが、かつての名門企業は事業力に精彩を欠いてきた。数年前に主要株主が一部交代した。さらに新たな役員会は外部から経営者を招くことを決めた。「優れた業績をあげている、ある競合企業」から腕力のある営業幹部をヘッドハントすることにしたのだ。

誰でも経営者として招かれたら、全力でことにあたるだろう。ヘッドハントされた田中氏（仮名）も全力で指示を出し、組織に勢いを与えた。そして就任直後は一定の成果を上げた。だがすぐに、経営に疲弊感が増していった。結局、田中氏は去って行くことになった。

話は続く。サンモリッツ社の株主と役員会はその後、他業界から若くして複数の成功経験がある若手の夏目氏（仮名）を経営者として招いた。その夏目氏は、今度、どうやってサンモリッツ社の経営立て直しに成功することができるのだろうか。

ここから経営の成否の分かれ目に迫る。新任の経営者が采配をふるい始める場合、多くのケースで「顧客の本当の反応」をつぶさに研究することが助けになる。それはなぜか。事業の成否の大半は、「顧客の本当の反応」で決まる。そして「顧客の本当の反応」にはものすごいスピードで、的確に迫ることができるからである。

しかし多くの企業では、経営者と幹部諸氏が過去からの経験や組織内に蓄積されてきた認識や判断尺度を当てはめてしまう。そして、重要な戦略判断を誤る。新しく起用されたリーダーの場合も、同じように過去の成功体験や感覚や思いつきに頼って判断を誤ってしまう。このような現象がいたるところで起きている。

夏目氏は社長に就任して半年を経た頃、あることをきっかけに私のところにやってきて、こう言った。

「社長就任への依頼があったとき、業界内の関係者や自分の知人と話をしてみて、このサンモリッツ社のブランド力には、まだまだ力があるという感触を持った。就任以来、自分は高付加価値展開とそのためのさまざまなマーケティング策に注力してきた。成果は上がっている。だが、自分が思ったほどではない。一方では、業界内に低価格攻勢も進んでいる」

そして、次のように訊ねてきた。

「先の海外出張からの帰りのフライトで『フロンティア突破の経営力』（拙著　プレジデント社）を読んで、これだと思った。でも、感性が問われる自分たちの業界でも、的確な解析は可能なのだろうか？」

夏目氏と彼を信任している役員諸氏を前にして私はこう答えた。

「難しいと思います。けれども事業は結局、顧客の本当の反応で成否が決まる。困難かどうかはさておき、自分の事業の顧客の本当の反応をつかむしか手はない。そしてそれが経営を改革する最短コースになる」

## 顧客は知らずに嘘をつく

顧客の本当の反応に迫る。現実にそうすることは容易ではない。簡単に言うと、「顧客は知らずに嘘をつく」のだ。「顧客自身がどういう判断基準で購買行動をしているかは表層意識では理解できていない」。正直に答えるか嘘を言うかの問題ではない。

単純なインタビューやアンケートではまったく不十分である。ではどうしたら的確に「本当の反応」がつかめるだろうか？　これには大手搦め手、質問、現場観察、数少ない人数での反応の計数的な整理などいくつもの方法があると考えられている。しかし、どうしても外せない最強の方法がたった一つだけあることは認識されていない。それは「顧客が絶対にウソをつけない方法論」を使うことだ。

簡単に言うと、顧客の実際の購買行動から逆算して、本人が表層意識でも理解できていないレベルのことをつかむのだ。具体的には、さまざまな購買行動に影響を与える因子を、ブランド、価格帯、製品力面、サービス面などに分解する。そして現実に存在しないようなものまで含めて実験的に組み合わせをつくりだす。

そして、それらを10～20ものカードにして顧客に提示し、反応を見ていくのだ。これは実験計画法とかコンジョイント分析と言われるものである。私はこれを独特の方法で使う。一人ひとりの反応をつぶさに、しかしごく少ないN数で見ていくのだ。N＝3ないしN＝30くらいで驚くほど的確な判断ができるようになる。

我々は、新任の経営者夏目氏が直接リーダーとなったプロジェクトで、さっそく動き始めた。最初は被験者数名ずつ、根ほり葉ほりインタビューをしていった。そして、購買に影響を与えている要因を、とにかくツリー状に書き出した。因子は50を超えるほどになり、このままではとうてい解析できない感覚になる。だがそのうえで、顧客が本当に反応しているものを見極めていくと戦略を浮かび上がらせることができる。その典型的な結果をお見せしよう。次頁の図5である。

110頁の図5は、ある顧客のAさん一人が、どんな購買選好をもっているかを示している。それは本人の表層意識を超えて的確に解析されている。我々プロジェクトチームはとても驚いた。Aさんは価格をまったく気にしていなかった。一方で、ある一つの付加価値要素を気にしていた。その付加価値要素を手に入れたいと強く願っていたのだ。

110頁の図5の上のチャートをもう少していねいに見ていこう。まずは縦軸を見てほしい。顧客が求めている因子を、大くくりで五つに分類している。二つが「高い付加価値」を持ついろいろな因子、また別の二つが「価格面に関係の高い因子」である。そして最後が、購買の場所や出店・事業展開のポリシーにかかわる因子である。この最後の因子については、投資コストと成果が出るまで時間がかかる性格のものだ。

ちなみに夏目氏は、この最後の因子については分析検討対象から外したいぐらいの感覚だった。しかし私は、経営者が最初から意識を狭めていることがあとで致命傷になる可能性があること。また顧客の全体の判

【図５】顧客Aさんの反応

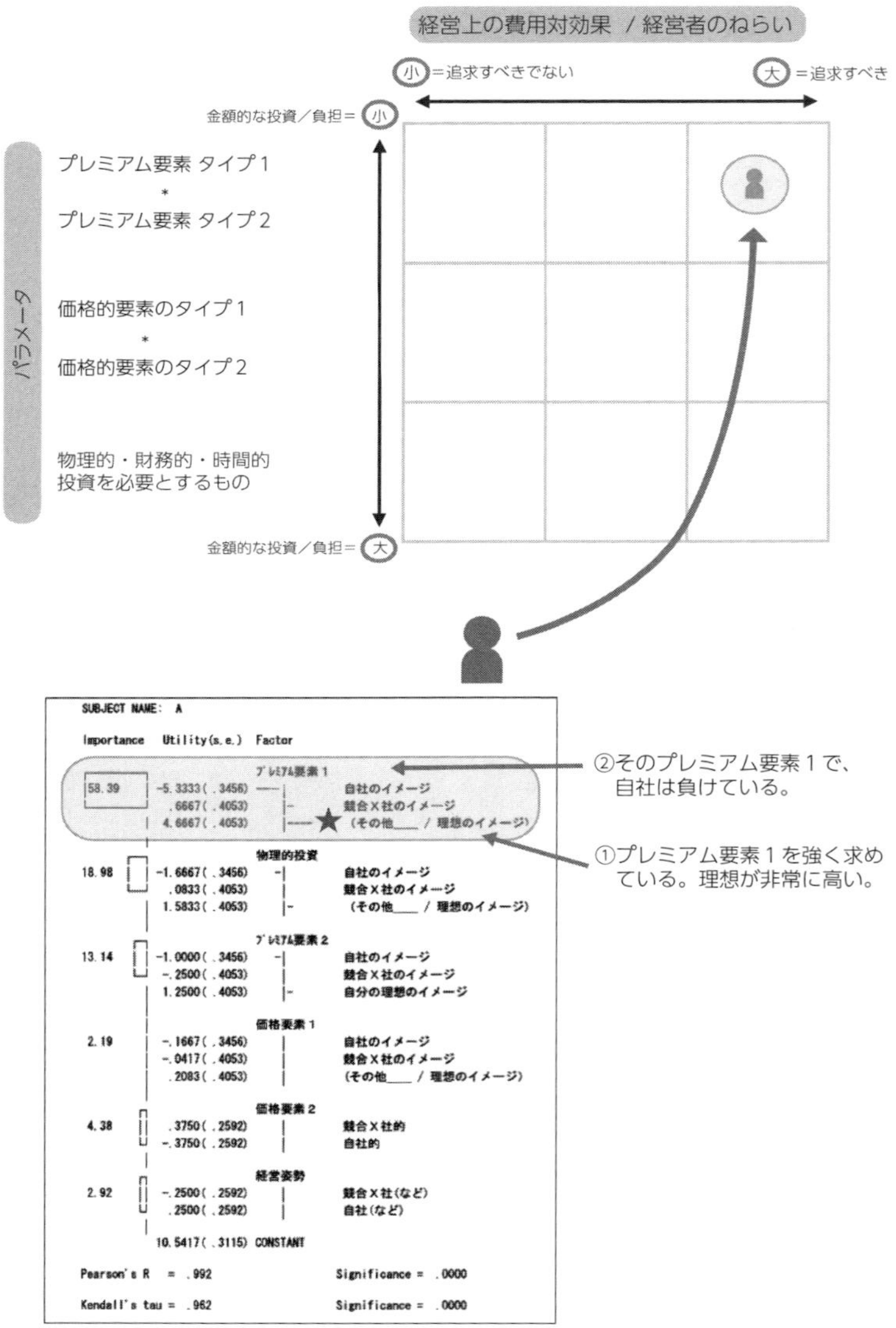
経営上の費用対効果 ／経営者のねらい
小＝追求すべきでない
大＝追求すべき
金額的な投資／負担＝小
金額的な投資／負担＝大
パラメータ
プレミアム要素 タイプ１
*
プレミアム要素 タイプ２
価格的要素のタイプ１
*
価格的要素のタイプ２
物理的・財務的・時間的
投資を必要とするもの
SUBJECT NAME: A
Importance Utility(s.e.) Factor
ﾌﾟﾚﾐｱﾑ要素 1
58.39 -5.3333(.3456) 自社のイメージ
.6667(.4053) 競合X社のイメージ
4.6667(.4053) (その他____ / 理想のイメージ)
物理的投資
18.98 -1.6667(.3456) 自社のイメージ
.0833(.4053) 競合X社のイメージ
1.5833(.4053) (その他____ / 理想のイメージ)
ﾌﾟﾚﾐｱﾑ要素 2
13.14 -1.0000(.3456) 自社のイメージ
-.2500(.4053) 競合X社のイメージ
1.2500(.4053) 自分の理想のイメージ
価格要素 1
2.19 -.1667(.3456) 自社のイメージ
-.0417(.4053) 競合X社のイメージ
.2083(.4053) (その他____ / 理想のイメージ)
価格要素 2
4.38 .3750(.2592) 競合X社的
-.3750(.2592) 自社的
経営姿勢
2.92 -.2500(.2592) 競合X社(など)
.2500(.2592) 自社(など)
10.5417(.3115) CONSTANT
Pearson's R = .992 Significance = .0000
Kendall's tau = .962 Significance = .0000
②そのプレミアム要素１で、自社は負けている。
①プレミアム要素１を強く求めている。理想が非常に高い。

【図6】2人の経営者のねらいと顧客の反応

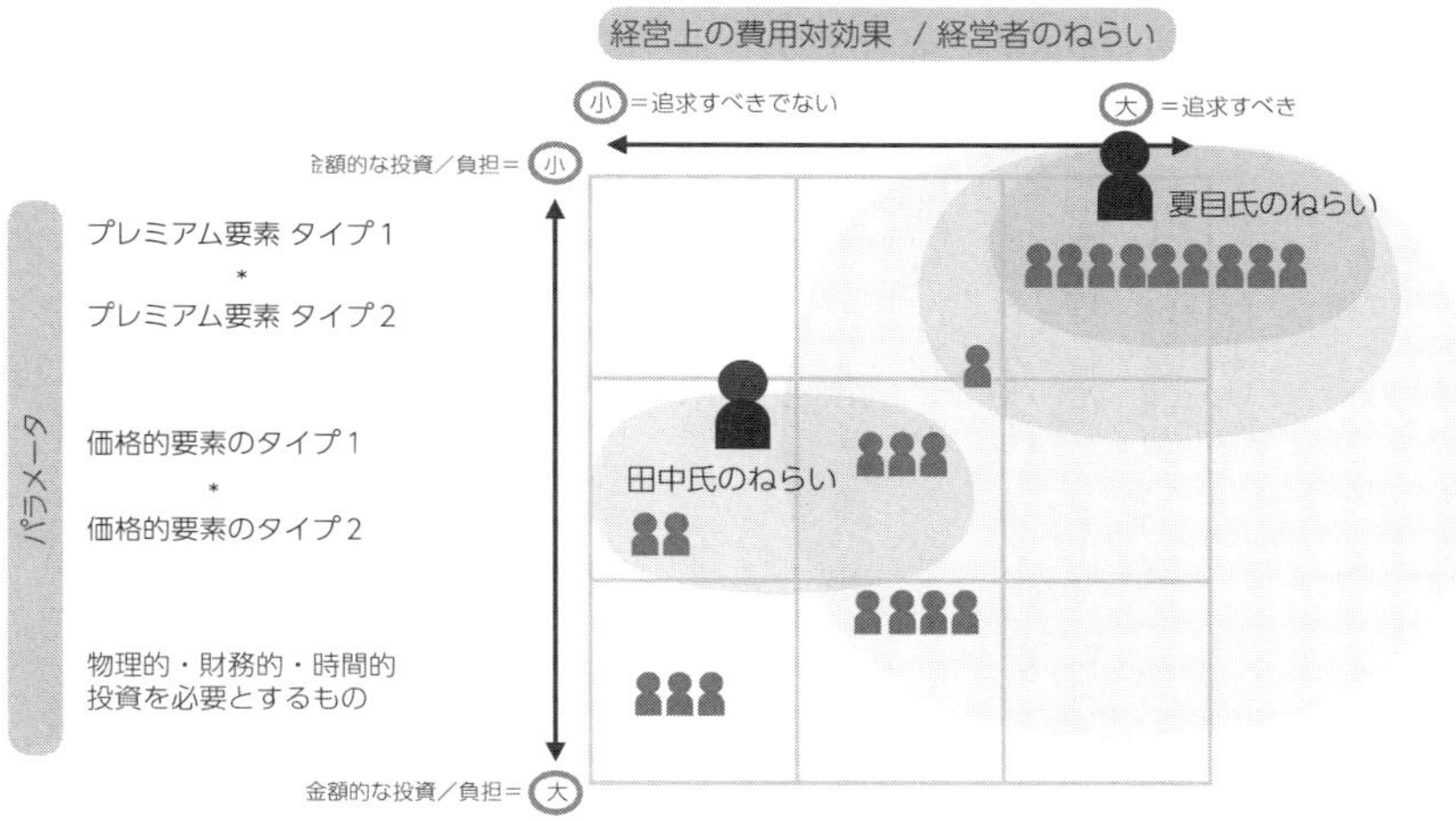


断が見えるようにしておいて、他の講ずべき打ち手と効果を比較する必要があることを伝えた。

## わずかな顧客の反応から浮かび上がらせる戦略構想

図5のような分析解析を一人ずつ行って、22名の結果の速報値が図6である。

わずか22名だが、ていねいに反応を一人ひとりつかんでいくと、戦略の適否の鍵がくっきりと浮かび上がる。経営を疲弊させた前任者の田中氏が講じた戦略は、22名中、たったの5名にしか響かない。だからカンフル剤的な効果はあっても、経営の疲弊につながったのだ。

新任の夏目氏のねらいは方向感としては当たっていた。付加価値とのトレードオフも考えると、22名中9名だけでなく17名までがカバー対象となる。それら全員は顧客として獲得できないかもしれない。しかし何割かを獲得できれば、事業が好転する。

ではなぜ、社長就任半年を経て「新しい戦略の結果が十分出てない」と感じる状況が生まれていたのだろうか。その答えも直ちに判明した。それは、サンモリッツ社が、その付加価値に分類される二つの因子で、顧客の期待に応えていなかったからだ。

もう一度、図5を見てほしい。このAさんの価値要素への要求水準は非常に高い。しかもターゲットとして設定した優れた競合企業の水準でも、まったく満足してはいない。このように一人ひとりつぶさに見ていくと、この市場では、顧客の理想と要求がきわめて高いことがわかる。

その結果、我々がターゲットとする顧客はいくつものブランドや売り場をショップアラウンドする現象が起きていた。顧客は、業界水準の商品力やサービス内容などに対して口に出して「不満です」とは誰も言わない。これは表層意識の反応である。しかし現実の購買行動を司っているちょっと深い深層心理では、「もっといいものはないの?」と常に要求していたのだ。

このチャートの結果はわずか22名である。その後、我々はていねいに複数パターンの調査分析を行った。やがて被験者を50名弱に増やし、全体で80名弱に到達した。この時点で、夏目氏も幹部諸氏も「調査分析はここまででいい」と納得した。若干の凸凹はあったが、傾向値と経営的な意味合いは一貫していた。マーケティングと事業強化、経営改革への鍵は見つかったのだ。早く動きたい気持ちがわき起こってきた。では、具体的にはどう進めればよいのか。

## 意識を向けるべき方向感が成果を上げる

鍵が見つかったあとの具体的な戦略行動については、しばしば「手作り」「ローテク」が基本となる。さらに関係当事者が意識をそらさず、自分の勝手な判断で戦略に変更を加えないことが重要になる。そして毎日毎日、虚心坦懐に「顧客の本当の願い」「本当の行動」に意識を及ぼしながら努力をすることだ。

我々は、具体的には次のような問題を解決していった。

付加価値要素の一つについて、現行のITシステムでは、プラニングもモニターもできない問題が浮上した。そこでプロジェクトメンバーのひとり、橋本氏（仮名）が毎日相当の手作業で処理することを買って出た。PC上で手作りの膨大なエクセルシートを作り上げた。日次の手作業が効果を発揮して、その因子に対応するチームは、世界のどこにいても自分たちがなすべきことが手にとるように判るようになった。

他方、また別の因子に関しては、販売に携わる全社員が理解して行動が変わる必要があった。これもまた、社内運動に落とし込んでいった。

それから9カ月して夏目氏は、「絶好調、業界内でトップの伸び率を示しています」と言った。成果がはっきりと見えてきた。

このように経営では経営者・幹部の意識を向ける方向、つまり組織全体の意識を向ける方向が事業の成否を決めていく。それは怖いことではあるが、すでに朗報を述べた。これは一般には知られていないほどのスピードで的確に顧客の本当の反応をつかむことも、「経営の意識を向けるべき方向感」を浮かび上がらせることも可能だったのだ。

## 2. 経営者みずから「市場の立体感」をつかめ

経営の場では、ものごとは経営者と組織全体が意識を向けた方向に展開する。だが、そこに落とし穴がある。

「わが社はこれが得意だ」「自分としてはこういう夢を描いてきた」「こうやって事業をよくしたい」というような願いや感覚にしたがって事業展開を図ろうとする。だが思うようにならない、そして手痛く失敗する、ということが、経営の現場でしばしば起きているのだ。

ではどうしたらいいのか？　それはまず経営者がみずから「顧客の反応の立体感」に迫るという作業に参加することである。すると、驚くほどのスピードで経営改革まで踏み込める。

### 「驚き」と「気づき」

では事例を紹介しよう。最初の事例は、ある家庭用の化学製品分野でB2B、B2C両方の事業を展開しているトムマーク社（仮称）である。この会社はいくつかの主力事業分野でトップシェア。有力な外資系企業もかなわない。国内業界では、トムマーク社こそが市場と業界を創造してきたと目されている。高い信頼を寄せている事業者も多い。ブランド力も高そうである。さらにこの会社が事業開発に成功してきた背景には、強力な研究開発力があった。

だが、経営は停滞していた。そこで経営者は、次の時代につながる強力な製品と事業がほしいということで、数年前から新規事業展開のためのプロジェクトを走らせ、10を超える新製品を矢継ぎ早に市場投入したのだった。

結果はどうなったのか？　市場の反応は弱く、投下した経営資源がコストとなって赤字に転落してしまった。

トムマーク社ではリストラの後、ついにある役員が声をあげた。「自分たちの考えで製品を投下する前に、全力で『市場の反応の立体感を見る』作業を行うべきなのではないか？」「だけど、そんなことがそもそもできるのか？」。激しい議論はあったものの、戦略プロジェクトが始動することになった。役員総出で合宿が行われた。我々が行ったことは次の三つである。

① 他業界の実証事例の研究。経営判断への現実感覚をつかんでいった。
② 全役員が持っている問題意識と「こうすれば経営がよくなると思われる考えや試したいアイデア」をすべて洗い出した。
③ 自社事業について「顧客の真の願いや本当の購買行動」を正確につかむための調査分析の設計を行った。

担当役員諸氏たちの動きは速かった。数日で第一弾速報値としてN＝14のデータを得た。そこには驚きがあった。顧客はトムマーク社の「主力商品」にも「戦略商品」にも、さらに「新製品群」にもほとんど反応していなかった。製品強化、事業強化の試みがうまくいかないわけである。

詳しく見ていこう。

図7の下は14名のうちのある一人のデータである。マーケティングでは平均で見ようとすると分析が甘くなる。むしろ一人ひとりの被験者データを見ていく方が、戦略の鍵が生々しく判る。マーケティングは射撃なのだ。

この人は非常に高い基本性能を求めている。そういう製品があれば、ものすごく高価格でも喜んで買うことがわかる。そして実は同じ反応を示した顧客が14名中6名もいた。ということは、この点に絞って勝負すると、ヒット製品を生み出せると考えてよい。

図7の上は14名の平均のグラフである。その平均より重要なのは、そのグラフの右に一人ひとりを攻略するための鍵を人形の形で書き込んだことにある。こうして一人ひとりの攻略のポイントを上からみていくと、1名だけが低価格な「戦略商品」に反応していた。主力製品への反応はゼロ。むしろ主力商品よりも基本性能を上げた高額商品なら買いたい顧客が2名いる。そして、さらなる高性能・高額商品を求める顧客が6名である。

そして多種多様の新製品群は主として、「性能3」の効果を主眼に開発された。だが、それらへの反応はゼロだった。

これらの分析結果に対して、驚きとともに疑問も出る。「被験者の選び方に偏りがあるのではないか?」「データ数が少なすぎるのではないか?」「この調査分析結果は近年の事業成果をうまく説明しているのではないか」という声も上がる。顧客の反応の立体感に接した役員たちの空気は、一気に実戦モードとなった。

トムマーク社は、半年後には高収益企業に生まれ変わり、その後も高性能、高価格の製品事業開発に、継続的に成功している。

【図7】ある顧客が求めているものは、ある要素で非常に高い価値がある

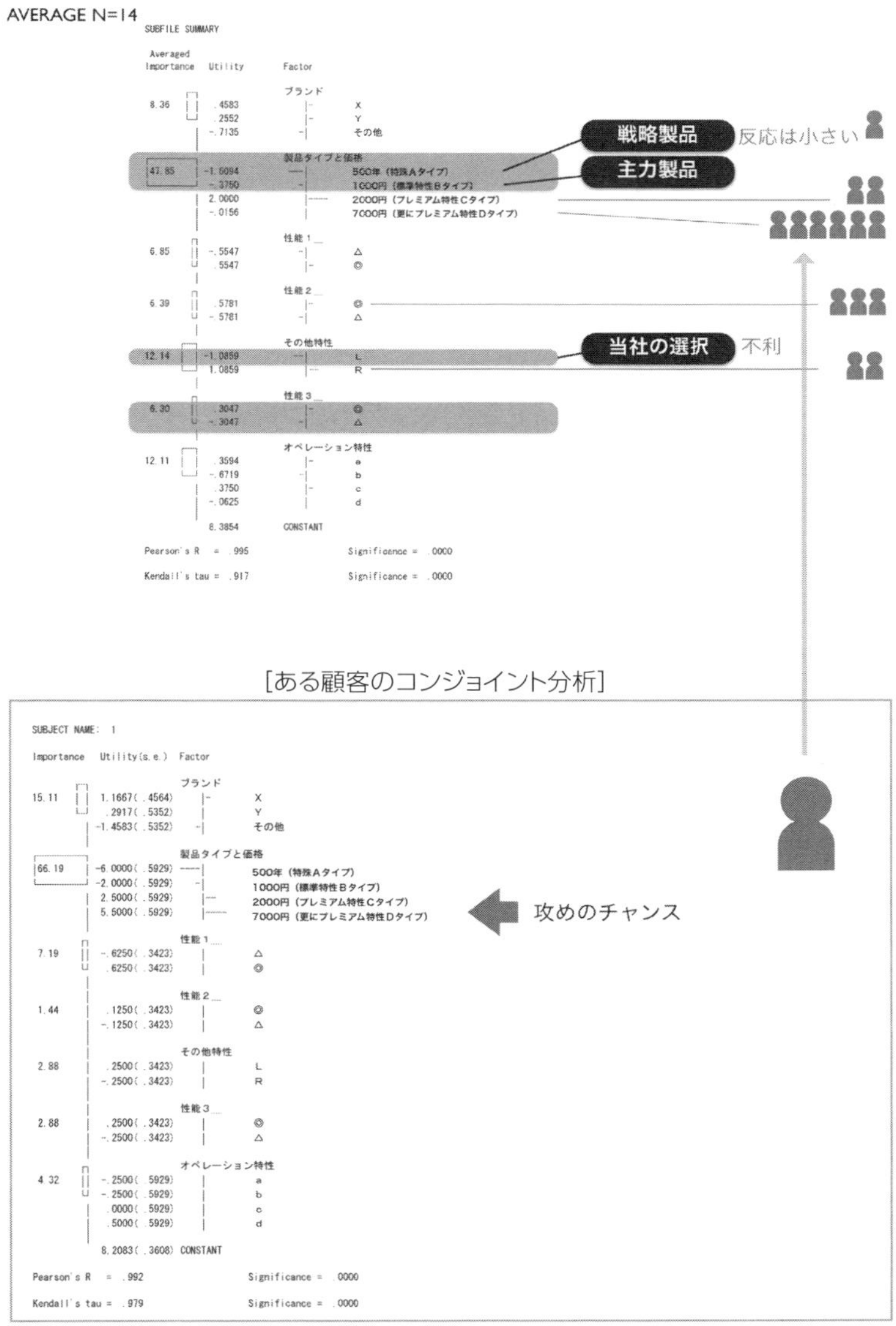

## 知らず知らずに土俵を狭めていた？

今度はガイア社（仮称）である。再生エネルギーに関連する、ある分野に強い。国内で最もシェアが高く、品質レベルも高い。だが、この会社の主力2事業のうち、一つの事業がとても悪くなってきた。市場が踊り場を迎えたのかもしれない。縮小してきた可能性もある。

ガイア社の急成長を支えてきた営業担当役員の鎌田氏（仮名）は、若々しいエネルギーに満ちた声で話し始めた。

「近年新規参入の事業者が増え、競争が激化してきました。中には低価格で、ていねいとは言えない仕事を展開している企業もあります」

私はいくつか質問を投げかけた。

「鎌田さん、ではその中で、御社はどのような戦略で経営してきたのですか？」。「我々は、まだ世の中がこの分野に目を向けるか否かの早い段階から、市場を創り上げてきました」。

「では、顧客からの評価はどうですか？」。「理解して評価してくれる顧客がたくさんいます」。

さらに、営業の現実について聞くと、

「我々は新規のお客さまとの面談で、概ね2回で契約に至っています」「1回目はよく理解していただくための説明をします。2回目でクロージング（契約）です」、と言った。

私は、ある種の驚きを持った。2回でクロージングというのは、なんという営業か！　このガイア社の営業幹部と営業担当者たちは、顧客のことをよく理解しているに違いない、と思った。そうだとしたら「顧客

【図8】N＝7の結果は、稀にみるほどの価格センシティブな市場

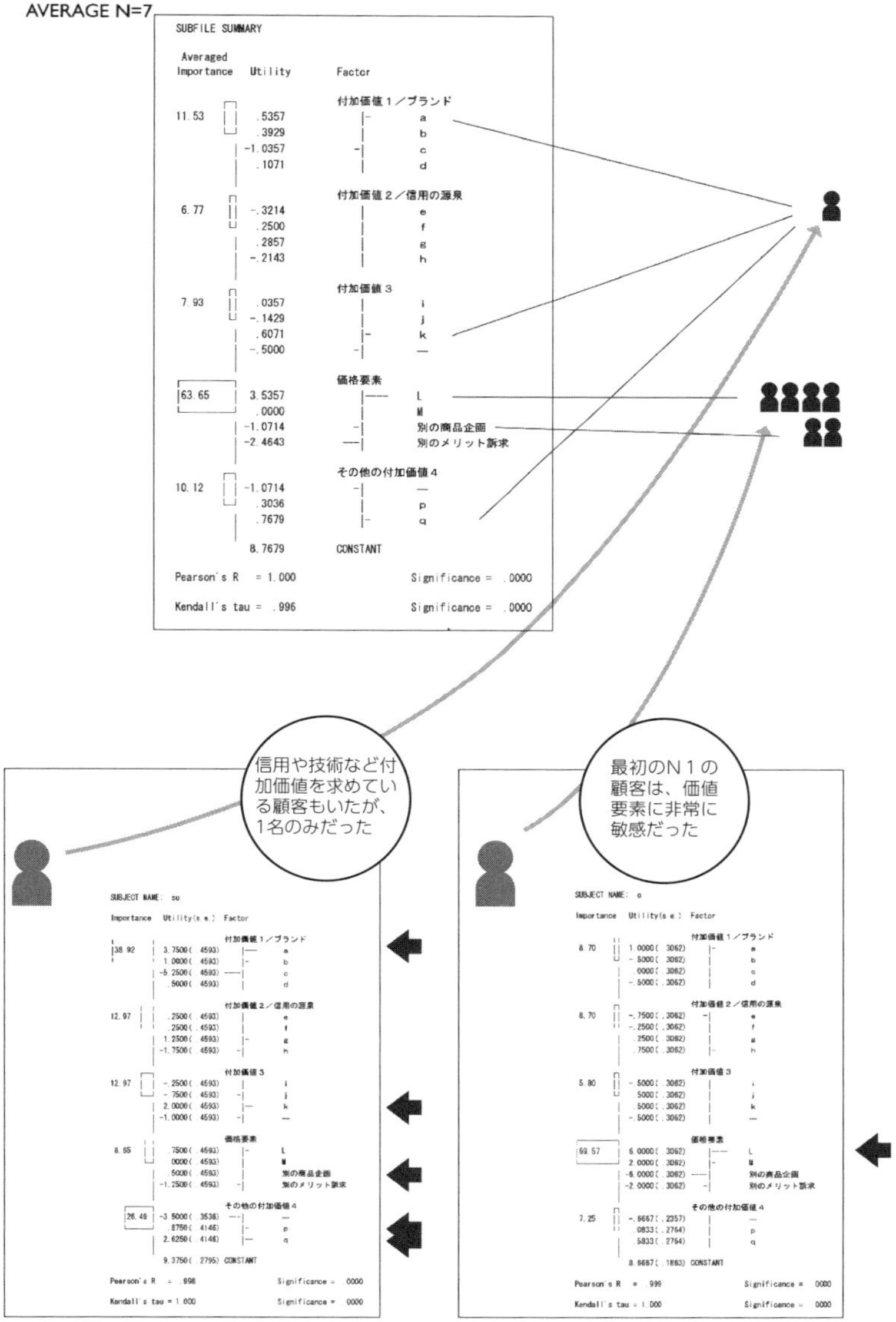

の反応」を見ていく方法を使っても、事業を好転させる鍵が新たに発見できない可能性がある。だが反面、「市場の立体感」を見にいけば、必ず新鮮で戦略的に大切なヒントに気づく。私はこのことを幾度となく経験してきた。だからこの会社の場合でも、やらないわけにはいかなかった。

果たしてこのケースではどうか？　第一弾のN＝7のデータが集まったところで本当の驚きがあった。

119頁の図8を見ていただきたい。

左上はそのうちの典型的な一人である。この人は付加価値的な要素にはほとんど反応していない。ひたすら金額、コストのみで決定する感覚の人だ。さらにそういう感覚の顧客が、N＝7のうち6名もあった。ただし、うち2名は同じ金額・コストでも、少し工夫された提案を歓迎している。それでも7名中6名は金額・コスト重視だ。そして左下に示した1名だけが、金額・コスト以外の付加価値に反応していた。会社のブランドや背景や、いろいろな意味での製品の品質や仕事のていねいさ、さらにある種の保証などを大切と感じる人だった。

## 意識を柔軟にした二社合同の検討会

このガイア社のケースでは、1カ月半後に結果を踏まえて戦略検討を行うことになっていた。だが、結果が衝撃的だった。私はすぐに担当役員に電話をして、速報値の概ねの結果とその意味合いを伝えた。

「本当ですか！　しかし、そういう分析結果を役員たちはすぐには理解しないかもしれませんね」

私も否定する役員がいることを想定していたので、直接、分析結果を説明した方がいいと思い、「N数は増やしながら検証を急ぎますが、経営的に非常に重要なことが示唆されています。そこで、役員全員を集めた場を急いで設定してほしいのです」と依頼した。

調査結果を現場感覚から遠いところで、頭で理解するのはむずかしい。ほとんどの人が「自分自身の感覚」に頼って理解しようとする。自身の感覚から離れた情報に出くわすと、知らず知らずに相当の抵抗を示すものだ。

それらを防ぐ鍵は何か？　それは経営者、経営幹部がみずから顧客の反応の立体感を理解することだ。そのためにはさまざまな工夫が必要になる。

私はガイア社の場合、以下のような提案を行った。別の企業ヴィスト社（仮称）でもまったく同じ時期に同じように、「市場の立体感から戦略的な鍵を抽出する」作業を行っていた。合同での報告検討会を提案したのだ。

そのねらいはこうだ。二つのまったく異なる市場での顧客の反応は、ものすごく違う。そこで異なる市場でのデータを同時に見る。すると、自社の事業の顧客の反応が「立体的に」感じられる。同じ場でこれを行うと、全員の意識が揺さぶられて柔軟になる。拒否反応を越え、大切なことに気づきやすくなる。

## 経営者の気づきと、攻めの覚悟

こうして、納得してガイア社は三つのことを意思決定した。

①営業戦略の抜本的見直し。同社は価値を伝え、ていねいな営業でクロージングまで一気に、というこれまでの営業方針を見直した。顧客を狭めている可能性が高いからだ。

②コスト構造の抜本的な改革。このために垂直統合的に製造分野まで進出することを考え始めた。

③新規事業の開発。発想は、この主力事業を組み直してコスト削減も寄与するものができないか。「顧客の反応の立体感」に触れる作業は頭をクリアにするだけでなく、心とスピリットを揺さぶる。「顧客はこういうことを望んでいるのか。だったら事業はこうしたらいい」。この作業を幹部諸氏が自ら行うと、意思決定が早くなるだけでなく、事業経営と人生が楽しくなる。経営者こそこれをつかめ！　私は心からそう願う。

## 3.「意識の焦点」へのリーダーシップ

事業は、人と組織が意識を集中させた方向に展開する。
したがって、
①経営者自身がどこに意識を集中させるのか。
②組織内のリーダーたちに何に意識を向けさせるのか。
③どのようにして意識の向け方に影響を与えるのか。
こうした問題が重要な経営課題として浮上する。

今回は「R＆Dについて『選択と集中』を行いたい」ということでスタートした、あるプロジェクトを題材に「組織の意識の向け方」について見ていこう。

## R&D戦略の「選択と集中」

日本を代表するあるエレクトロニクス企業インスピロン社（仮称）について紹介したい。そのインスピロン社が数年前、ある事業について問題に直面していた。今後の重要な要素技術として、AとBの二つがある。しかしこの事業では利益が出せなくなっている。そこでA、Bいずれかに研究開発資源を集中させることにより、事業を好転させたい。

私は、プロジェクトを立ち上げようとする幹部たちにこう語った。

「研究開発の方向性について『市場の立体感』から見極めようとするのは効果的な方法なのでやってみましょう」「しかし基幹技術AかBかのいずれかに集中すれば、いい結果が必ず出るとは限りません。市場の立体感が解ると、事業を強化するための鍵が的確に見えてきますが、それが当初予想したものとまったく異なることもあります」。

## 少ないN数で虚心坦懐に

インスピロン社のこのケースでは、市場の反応が次のように解ってきた。技術Aを反映した高機能を強く好む顧客も、Bを反映させた機能を強く好む顧客もいる。だが、それぞれ1〜1・5割くらいにすぎなかった。この段階で直感的にプロジェクトは「困ったな」という感じがしてきた。技術を絞って選択と集中で優れた製品を出しても、そのインパクトはせいぜい顧客の一割にしか響かない。しかも、どちらがより強く選好されるということもない。

「R&Dについて『選択と集中』によって、事業をより強力にしよう。その『選択と集中』は『顧客の反応』をもとに行おう」。我々は、当初はそう考えていた。だが、プロジェクトの当初の企図がうまくいかないことが判ってきた。現実はもっと複雑なのだ。

このようなときにどうしたらいいのか。結局、基本に戻るしかない。その基本の第一は「顧客の反応の本当の立体感」を少ないN数でいいので、虚心坦懐につかむことだ。そして第二は、つかんだら消去法などごく簡単なロジックを使い、費用や効果などの計数をざっくり当てはめる。そして、「戦略への本当の鍵」に全力で迫る。このインスピロン社についてやってみよう。

## 具体的な一人ひとりのデータに目を向ける

私はまず、典型的な一人の顧客の反応に目を向けた。ここで一人ずつと平均がどう違うか解説しておこう。一人の顧客の方が、平均よりもシンプルな反応を示すのだ。一人ひとりは基本的に「気にする対象」がシンプルであることが多い。だが、平均にはさまざまなタイプの人の反応が反映されるので、多くの要素に微妙な反応を示すのだ。だがマーケティングの基本は、一人ひとりの攻略と考えてよい。したがって平均という架空の対象を見るよりも、具体的な一人ひとりのデータに目を向けることがとても大切になる。

こうして最初の一人の顧客は、金額に対してさほど敏感ではないことが判った。技術的な機能Aにも Bにもある程度の価値評価を示す。そのほかの技術や機能や付加価値にも少なからず対価を払う感覚である。全体として相当の金額を払ってもよいと考えている。このため、店舗では高級機種を選択していくだろうことが判った。

逆にかなりの割合で、価格に敏感な顧客もいた。それらの顧客は基本的にベーシックな低価格製品を選んでいく。

問題は技術Aあるいは Bを強く意識する顧客の存在とその割合である。しかしそのような顧客は、Aについても Bについても少なかった。AやB自体への価値評価がさほど高くなかったのだ。

この段階でインスピロン社の技術者たちは、技術Aに対する顧客の価値評価も、Bへのそれも「一様に低い」ことに驚いた。ただし店頭では、ベーシックな製品だけでなく、高級品も売れている。それは技術AやBや、さらにCやDやEなどの特定技術への評価ではなかった。「なんとなく高級品でフルスペック」にはお金を出しておこう、という顧客が多かったのだ。

ではインスピロン社はなぜシェアトップではないのか。

## 「マーケティング」の分解

顧客の反応を見ながら技術陣に質問をしていくと、さらに驚くことがわかってきた。この事業分野でのR&Dは、インスピロン社が日本でも世界でもパイオニアだった。しかしいまや、かつて技術開発が2番手だったパシフィック社（仮称）がトップシェア40%を確保している。インスピロン社のシェアはその半分の20%になっていた。

ではなぜそういうことが起きるのか。あらためて顧客の反応を確認した。するとインスピロン社とパシフィック社の間でブランド力にはまったく差がないことがわかった。そして現時点で保有する技術・製品も互角であることも確認できた。インスピロン社が負けている原因は、ブランド力・技術力・製品力以外の要因になる。消去法で原因を探っていくと、「広告宣伝と営業の攻め」が浮かび上がる。

インスピロン社は、技術開発力は強い。だがマーケティングが全体的に弱いのかもしれない。では、この「マーケティングが弱い」という表現をさらに分解してみよう。

①なぜ自社が負けているのか、強くなるにどうしたらいいのかを解析する力が弱い。

②技術と製品力で互角でも、広告宣伝と店頭と営業攻勢で負け越してしまっている。

③そもそも攻める意識が弱い。本来互角に戦える製品分野で「選択と集中」という一部撤退により、収益を確保しようという戦略思想を先に全面に出していた。

インスピロン社は攻めの技術開発をする企業ではある。だが、攻めのマーケティング、攻めの事業戦略に弱いのだ。だがマーケティングが弱ければ、海外市場ではなおさら苦戦する。そしてその現象も起きていた。インスピロン社が戦略的に強くなるためにはどうしたらいいのか。そのために、このR&Dの選択と集中の案件を、どう結論づけたらいいのか?

## 鶴翼の陣

私はこのプロジェクトの答申タイトルを、「鶴翼の陣」とした。

もともとインスピロン社はこの事業に関して、業界の中で先頭を切って技術開発した事業分野であった。技術と製品の開発だけでなく、広告宣伝と店頭・営業攻勢を「鶴翼の陣」で支え続けていれば、少なくともパシフィック社と市場を分け合っていたと考えてよい。

ではいまの段階で、この事業でインスピロン社が鶴翼の陣を敷くかのような強気に出た場合にはどうなるのか？　パシフィック社の激しい反撃に遭うかもしれない。反対にインスピロン社がこの段階で「選択と集中」というロジックで、攻めの姿勢を弱めて短期的な利益確保を優先しようとし、技術基盤の一つを落としたらどうなるか？　インスピロン社はその分野で一気に弱体化することは間違いない。それはまた、パシフィック社へのシェア集中を加速させてしまう。

実は、そもそも私が「鶴翼の陣でもギリギリ守れるか見極めよ」と檄を飛ばした背景には、以下の事情がある。そのプロジェクトの1～2年前、コンシューマ・エレクトロニクスのある重要な分野でインスピロン社がシェアを10％も落とした事件があった。そのときの競合はパシフィック社ではなく東芝であった。東芝の事業本部長が替わったのか、全社の経営指標が変わったのか、それはわからないが、一気に攻勢に出てきた。広告宣伝を倍増させ、営業を強化し、さらに製品のバリエーションを増やし、さらにそれにより価格帯を増やした。その結果、信じ難いことにわずか1年でシェアを10％から20％に倍増させてしまったのだ。そのとき、ほとんどの企業は自社のシェアを守りきったが、インスピロン社だけ10％も落としてしまったのだ。ということは、インスピロン社はマーケティングでの競り合いにはとことん弱いのかもしれない。

## ＰＬ責任の分散と利益数値目標のかけ算の陥穽

この事例研究から、実は日本を代表してきたインスピロン社の根本的な問題がさらに浮かび上がる。その鶴翼の陣というプロジェクトの答申を受けるべき経営リーダーは誰なのか？　私は関係当事者に幅広く集まっていただくようお願いした。このプロジェクト結果はR＆Dにとどまらず事業全体の浮沈にかかわるし、また海外市場での戦略判断への参考事例としても優れている。さらに企業風土の理解と好転へのヒントも得られるからだ。

そこには、R&Dの責任者がいて、製造の責任者もいた。マーケティングの責任者もいたが、営業は社外の販売会社の責任者だった。つまりインスピロン社では事業の責任がそれだけ分散されていたのだ。

インスピロン社が技術リーダーらしい業績を上げるためには、本来それらの責任者がそろって強気の経営判断、投資の意思決定をしなければならない。しかし、インスピロン社のリーダーたちには利益に関係する数値目標が与えられていて評価される。放っておけば、選択と集中的な判断から縮小均衡をねらう可能性が高い。

社内評価制度に加えて、積極策の価値を知っているリーダーと、そうでないリーダーがいる。一つの事業の責任を分担して担っているリーダーたちが数名揃って積極策を好むことは考えにくい。すでに縮小均衡的に利益を最大化する者が登用されてきている可能性も高い。

インスピロン社におけるR&Dの選択と集中という実戦ケースは、インスピロン社経営全体にかかわる根本的な問題をえぐり出した。ではインスピロン社は、これらから抽出した教訓をいかに経営に活かしていけばいいのだろうか。

## 攻めの感覚を磨いてこそ!

インスピロン社の技術開発力はやはり高い、ということを別の事業分野でも痛感したことがある。世界に先駆けてインパクトの大きい技術開発を先導することがしばしばある。けれども、その「インパクト」を関係当事者たちが事業として見極める力が弱かった。

だが根は素直、頭は柔軟、そのときの別のプロジェクトでは、マーケットインパクトの確認を踏まえて、エネルギーに関係のある、ある分野で新技術の事業展開に1000億円の投資という答申がトップに示された。

インスピロン社のような企業が脱皮するにはどうしたらよいか。次の二つのことが不可欠である。

①積極策をカルチャーや価値観や、経営指針の根底におくこと。ROE（株主資本利益率）目標を掲げるだけではダメ。ジャック・ウェルチ的に、ナンバーワン・ナンバーツー戦略、あるいは成長のための戦略を描けというテーマを戦略会議に持ち込まなければならない。

②本章で展開してきた「経営者こそ『市場の立体感』をつかめ！」の意識で、事業のインパクトと成否の鍵に迫ること。その結果から、あたかも海軍将校たちがさまざまな海戦の真の勝敗要因を研究し、活かすように、関係当事者として実戦感覚を磨く。

この二つができれば、マーケティング戦略も事業戦略も死にものぐるいで構想すればよいだけだ。私はインスピロン社の幹部諸氏の思考が柔軟であることを折に触れ感じとっていた。足りないのは市場の反応を感じとる力と解析する力、攻めを重視し見極める実戦感覚だけだった。

なお、すべての判断を「市場の反応の立体感」をベースに行え、と論じる気はまったくない。私はマーケティング至上主義でもない。もともと社会や事業に大きなインパクトを与えるのは、新技術でありイノベーションである。

ところで、重要なことに、このインスピロン社には、マーケティングを超えた戦略解がすでに浮上している。R&Dの選択と集中ではない、その事業そのものをパシフィック社か、業界第3位、第4位の企業に売却するか、買収する〝M&A戦略〟である。

これも攻めの戦略解なのだ。そして、マーケットインパクト推計は、しばしばM&A戦略の素早い判断をも下支えする(この点については、本書、第7章を参照いただきたい)。ともかく、本来、インスピロン社も、私たち日本企業も、もっともっと羽ばたくことができるのだ。

# 第5章「攻め」と「スピード」

## 1. スピードこそ価値！

ここでは、スピードこそ価値という話をお届けしたい。「時空」という言葉を生み出したのはアインシュタインだが、アインシュタインは時間と空間が本質的に同じものであることを示した。私は、「スピード」が事業にとって「価値」そのものだと、現実に感じてきた。

### スピード戦略 vs プレミアム価値戦略

ある業界で、マーケティングと戦略のコンサルティングをしていて、非常におもしろい発見をした。結論を先に書くと、そのエッセンスこそ「スピード=価値」という感覚だった。

その業界はかなり高額なＢ２Ｃ市場だと思ってほしい。不動産業界をイメージしていただくと遠くない。

そしてその業界には、知名度が高くブランドにプレミアム感がある企業が数社ある。ところが業界内で異変が起きていた。過去10年間で急速にノーラン社（仮称）が台頭してきた。トップ企業の戦略担当者たちの多くも口を揃えて、「ノーラン社は最近うまくやっている」「ノーラン社のブランド力がトップクラスになった」

と言う。

強気の事業展開をしていることだけは間違いなさそうだ。ただし、その原因は誰にもハッキリとわかっていなかった。

そこでまず、ノーラン社の「完成製品そのもの」を裸にしてつぶさに分析してみると、トップ数社の製品に劣る要素がかなり見つかった。ではなぜ成功しているのか？

ノーラン社には10年前に苦戦した時期があって、事業撤退を真剣に検討しなければならないほどだった。一部撤退まで余儀なくされ、事業責任者たちは事業展開のスピードを意識した。とにかく、製品を投下してから「早く売る」ことを意識する。「早く売り切る」ために、いわゆるヒト・モノ・カネを集中投下する。何よりそれができる仕組みを作り上げてきたのだ。

この業界・市場では、消費者がかなり多彩な価値観を持っている。自分の価値観にプレミアム価格を支払うので、当然、ブランドにもプレミアム価格がつく。だが、プレミアム価値を直接ねらっている有力企業はすべて業績が横ばい気味だった。さらに分析してみると、プレミアム価値を取りにいくプライシングや販売戦略が商品回転率を下げる方向に作用していることがわかった。

対してノーラン社はプレミアム価値をねらっているわけではなかった。単にスピードをねらっていただけだった。だが処分用の値引きも不要となり、結果としてブランドプレミアム価値がついてくる。プレミアム価値を最も享受できる立場になった。さらに事業規模の拡大への意思決定がしやすくなった。それにともなって認知も高まる。まさにスピードこそ価値（＝勝ち）の経営を実践していたのだ。

この「スピード」という点は、読者にはぜひ留意をしてほしい。なぜなら「市場の立体感に意識を向ける」

というものの見方だけでは不十分なのだ。スピードを重視する経営を進めなくてはならない。この業界のトップクラスの複数企業と同じように、スピード軸を軽視してしまうと、新たな事業強化と発展の可能性を見落とす可能性があるからだ。

## 反撃のスピードが3カ月 vs 9カ月！

次は別のB2C業界での話である。私のクライアント企業サニー社（仮称）は、その分野でトップクラスの日系大企業だった。だが数千億円規模のある事業はグローバル企業に勝てず、押されていた。そのグローバル企業はマーケティングも事業戦略力もうまいと目されていた。それは仕方ないとしても、他方では規模が5分の1以下しかない日系の中堅企業にも勝てなくなっていた。そうしてサニー社は赤字に転落して4～5期連続となっていた。

サニー社にはもとよりブランド力はある。営業にも力を入れている。業界初となる有力商品も開発してきた。だが、その有望市場では、外資系企業にねらい撃ちにされて2位に転落した。

CM予算も有力商品には数十億円投下していた。業界内でまったく遜色ない規模である。CMの大切さは十分、理解されていた。だが業績悪化の原因がわからない。したがって赤字脱却へのヒントがまったくつかめない状態になっていた。

こういうときにはとにかく、「顧客の反応の立体感」を素早く的確に見るアプローチが最も効果的だ。併せて販売の最前線で何が起きているのかを「観察」「実験」「解明」していくのがよい。

そこで、ミッションを担ってプロジェクトが発足した。私はまず過去数年の戦いの要因分析をしようとして、優秀な中堅幹部からなるチームを走らせた。ところがチームでは、夜中の2時や4時まででも議論を続ける人たちがいる。「これはいけない、エネルギーと時間の無駄になる。現場と現実だ。N３だ。実験しよう！」という声がけをした。しかし、議論好きは止まらない。

この段階で、その企業のスピード感覚が問題として浮上している。事実を取りにいく、行動するスピードと行為の成果にはハッキリした相関関係がある。そのことを私は数多くのプロジェクトから感じてきている。

ともあれ、解明作業がやっと一つのチームでスタートした。自社製品と他社製品をもとに、顧客とともにさまざまな実験を繰り返した。すると、驚いたことに商品力では互角か互角以上の戦いをしていることがわかった。

さあ困った、では何が問題なのか？

もう一チームは、新製品を出したときの事例を自社事例で三つ、他社事例で三つ取り出して分析を始めた。投入から勝敗盛衰が決まるまでに業界内で起きたこと、各企業が打ち出した戦略、ＣＭ投下の金額などをすべて洗い出して書き込んでいった。だがそのプロセスからわかったこともある。サニー社は数千億円企業である。百億円規模で調査分析、コンサルティング、マーケティング・プロモーション費用をかけている。当然そういう情報はどこかに集積されているだろうと我々は思っていた。しかし、その種の情報が容易に見つからない。

チームは社内に分散されている情報を集め、担当者や現場に電話でヒアリングをして断片情報を拾っていった。断片情報やサンプルベースでの情報も集めた。あとはシンプルなロジックでの解明でいい、という哲学をもとに作業を進めた。

このような手のかかる作業に本格的に突入したのは一つのチームだけだった。だが、ついに発見されたことがあった。

「小さいながら業界内で成功し続けている日本企業は、競合企業が何かを仕掛けたとき、反撃スピードが平均3カ月しかかっていなかった。対して、自社では平均9カ月かかる。シーズンのことを考えると翌年まで反撃できていない」ということが一つ。

もう一つは業界内でさまざまな打ち手が繰り広げられている中で、この企業が使える打ち手が少なかった。業界で使われている打ち手の種類の3分の1しか使っていなかった。幹部は顧客も業界も見ていなかった。過去の経験、社内の意見などを反映して打ち手を決めていた。

これら一連の報告が企業の常務会に持ち込まれたとき、この企業のトップは営業出身の強力なトップダウン型だった。「事業は売ってなんぼだ、自分は営業で鍛えられてきた」と檄を飛ばしてきた。つまり分析内容を基本的には無視したのだ。

だが、経営企画の担当常務は「自社はこれまでこういう分析をしてこなかった。自分はこんな分析を見たことがない」と発言した。権力者の前で、まるで自分の落ち度を認めるかのような言い方で、はじめて目にした分析内容を守ったのだ。気骨、生きる哲学が感じられた。

さっそく年度が明けるとその主力メンバーたちは、赤字の主要因となっていた主力製品二つの部門に異動することになった。さらにマーケティングと営業関係の情報と判断を製品別ではなく、すべて1カ所に集中させた。

結果はどうなったのか。1年でサニー社は黒字化を達成できた。その二つの製品は精彩を放ち始め、6年ぶりに黒字を達成した。やはりスピードこそ価値なのだ。

## 2. 思いっきり攻める

そもそも攻めなければ事業も経営もよくならない。思い出すことがある。将棋の米長邦雄永世棋聖が2012年12月に日本将棋連盟会長在籍のまま他界されたときのことだ。秘書の方から「事務所に残された数十の著作の合計数百冊がしかるべき方々の手許にわたるとよいのですが」、と託された。

そこで、すべて再読精読して、ある偲ぶ会で一冊ずつ、その著書のエッセンスを紹介させていただきながら、参加者に差し上げるということをした。そこで改めて気づいたことがある。「攻める」ということと、「激しく本当に攻めるためにまず捨てる」の、二点の重要性である。

米長元名人は、ご本人がこれぞと思った対局では必ず激しく攻めていた。対して悔恨を残した対局では、分岐点で慎重な手を選んでいた。そして一生を通して激しく戦って勝ってきた米長氏であるが、その激しく戦うために、「まず捨てる」ということの重要性を折りに触れて説いており、またそう生きていたということが浮かび上がったのだ。

人生も事業も経営も、攻めてこそ。本項では「攻める」ということに焦点を合わせていきたい。

## 安全勝ちの手 vs 最も激しい攻めの手

具体例としてまず、「菜の花は薹《とう》が立ってから咲く」の名文句とともに49歳で中原誠名人に7度目の挑戦をして、4連勝という快挙を成し遂げ、ついに名人位を得たときの戦いの記録を見ていきたい。

四勝目。対局二日目の午前中に少しずつ自分の有利が明らかになっていった。だが「座して死を待つような手を打たない」のが中原流で、積極果敢に打って出てくる。

「これまで私が中原名人に分が悪かったのは、ここで間違えてしまうからだ。こちらが優勢を意識し、それを大事にしようと思えば思うほど、その手に乗ることになる」

「将棋の局面で優勢になるとは、人生で言えば少しばかり金が儲かったという程度のことである。これを定期貯金にしてじっと待っているようでは勝ちきることができない」

「現在の優勢を維持するだけではなく、それを使って新たな優勢を創り出していく、そういう手を選んでいくということであり…」

「昼下がり、中原名人は私の陣に飛車取りの角を打ち込んだ。形成は私が有利であり、その攻めをかわして、飛車を逃げるのが当然の指し手と思われた」

「局後、聴いたところによると、控え室の検討陣も、そう指せば有利は動かないのだから、…と結論をだしていたという」

「たしかにそうなのだ。だが……」

「一時間考えて、最も激しい攻めの手を選んだ。攻守の要となっている飛車を見殺しにして、敵陣玉頭に歩を突きだした」「その手から14手で中原名人が投了した」

ＮＨＫの衛星放送で解説をしていた羽生竜王は、第四局についてこう述べた。

「本局は米長先生の積極的な差し手が目立ちました。優勢になってからは、まったく安全策というものがありません」

以上は名人就任の直後に出版された『運を育てる』（クレスト社）で紹介された重要な局面である。そしてその数年前の『人生一手の違い』（祥伝社）では、展開されたすべてのエピソードの中心に、実は非常に重要な一つの対局（十段戦）が置かれているのだが、そこでも同じく最終局面には誰にも思いつかないほどの激しい攻めの一手があった。米長氏はそれについて、「６八歩と一度王手に打ってみろ」と、将棋と運の女神の声がしたと語っている。

## もっと戦闘力を

これらの対局に対して、１９９４年のＮＨＫ杯、静岡で谷川浩司名人と対局して敗れた一局の直後、東京へ向かう新幹線の中で恐れ多くも敗因を訊ねたときのことが忘れられない。そのＮＨＫ杯というのは公開会場での対局であり、休憩時間に谷川氏の封じ手を予測するという余興があったのだが、その余興の局面で谷川氏が激しい独創的な手を打ったため、勝負が決まったのではないかと私は薄々感じていた。

だが米長氏はこう言われた。「あの直前、双方が激しくドンパチ打ち合っているような戦いが続いていたでしょう。そのとき自分は一手だけ横にいなすような手を打ったのですが、その一手（の遅れ）が最後まで挽回できなかった」。私はこの言葉に身が引き締まる思いがした。敗因を自分のコントロールが効くところにおいて考えているし、また、それが攻めを避けた手であったということにも震撼したのだった。

　さて、他界の10カ月前、2012年2月のボンクラーズ（コンピュータ将棋）との電王戦ではどうだったか。その年の将棋ペンクラブ大賞を受賞した『われ敗れたり』（中央公論新社）によると、79手目までに米長師匠自身は圧倒的な優勢を築いていたと考えていることが判る。ほぼ盤中央で米長陣営には金2銀2桂飛が玉とともに密集して布陣されており、ご自身の言葉では、「数で圧倒し」「このままスクラムを組んで相手陣地に押し込んでいけばトライができる、そういう局面」だった。

　しかし、ボンクラーズが中央で突きだしてきた6六歩を同歩と取ってしまったことから、角と角の筋がぶつかり合うという局面が生まれた。このとき米長氏は、間に歩を入れて角交換を拒否。そして、九仞《きゅうじん》の功を一簣《いっき》に虧《か》く……。蟻の一穴……。

　…ああやっても勝ち、こうやっても勝ち。目を閉じるとどうしても、あの局面が目の前に出てくる……なぜこれだけの準備をし、万全の態勢を築いておきながら、私は勝てなかったのか。なぜ神は私に勝ちを与えなかったのか……答がはっきり分かってきたのです、そうか、あの視線を避けたその姿勢を神は許さなかったのだ。だから私は勝つことができなかったのだ、と……。

　米長氏の著作を追いかけて解るのは、彼は基本的には攻めて勝ってきた勝負と人生であり、悔恨を残したのは、攻めに一呼吸置いたり、安全に勝とうとした指し手だったのだ。

「激しく攻める」「まず捨てる」

　このことは勝負や人生や事業経営に普遍的な教えなのではないかという気がしてくる。米長氏が勝負と人生の大先輩と仰いだ碁の故藤沢秀行（名誉棋聖）が始終説いていたのは、「戦闘力」。「定石なんかくそくらえだ、もっと碁にかみついて戦う力を」。それがどういうことかというと、始終盤の全体を見ていて、最大限の攻め手を追いかけていると言い換えてもいい。だから定石を越えた打ち手を史上最も多く生み出した。

もう一点、大切なことがある。全力で攻める前にはしばしば「捨てる」ことが必要になる。

いざ攻めよう、戦おうとすると、実は制約になるのが自分自身のこれまでの生き方、戦い方、自分にとって自然な考え方なのである。このような勝負観・人生観が名人に挑戦した最終局面で表れているし、そもそも50歳までに名人位を、と志した10年前に、自分の戦い方を基本的にはすべて一旦捨てさる決意を固めて、その意識で若手の中に入って新たな戦い方の構築に全力を傾注したのだった。攻める、激しく攻める、そのためにまず捨てる、という戦い方、生き方は彼の人生の根底に流れているのだ。

そしてこのことは、事業経営においても非常に重要な戦略哲学なのだ。「可能なときには思い切り攻める」、そして「思い切り攻めるためには捨てることを厭わない」。その捨てる対象は、過去の蓄積、過去の作戦思想、過去の生き方・考え方なのだ。

## 3. 思考のノイズの消去

本書では思いっきり攻めろ、攻めなければ経営はよくならないと書いてきた。だがいったいどの方向に、どう攻めればよいのか？

世間では経営に関連して考えろ、脳に汗をかくほど考えろ、と言うことがある。だが本当にそうだろうか？私は考え始めた瞬間に方向を間違えてしまい、戦略を誤らせる現象を数多く見てきた。逆に、「Thinking is the worst addiction.（考えることこそ最大の中毒だ）」という表現に出会ったときに共感を覚えたものだ。

さらに、個人や組織の中には答えが出せていないアイデアや、ベクトルの異なる思考のループ（堂々巡り）が多く蓄積している。それらがクリアな思考と未来を阻害していると感じてきた。攻めへの最大の障害は、実はそのような思考のノイズにある。個人にも組織にも思考のノイズがさまざまに蓄積しているのだ。それが未来を阻んでいる。この思考のノイズを消去できないものだろうか。思考のノイズが消えるだけで、未来が見えてくるのではないか。

実は、そのような思考のノイズをものすごいスピードで消していくことが可能なのだ。

## 思考のノイズ

多くの企業組織の中では、事業をよくするためのさまざまな打ち手が語られている。業界や組織を問わず、だいたい10程度のアイデアを持っている。誰かが考え、語られているものだ。しかし、実はそれら打ち手のアイデアの最低5割、通常8～9割はほとんど効果がない。こうしたアイデアに効果がないことは、かなりのスピードでわかる。私は数多くの実地実戦の場で経験してきたことだ。

いくつか研究事例を見ていこう。まずは金融サービス関連のサンライズ社（仮称）である。サンライズ社は、それまでに存在していなかったビジネスモデルで事業を立ち上げた。

数年前に戦略コンサルティングを依頼されたとき、サンライズ社のサービス・コンセプトは顧客にかなり受け入れられていた。営業マンとして実績を上げてきた経営者が育てた営業部隊は強力だった。同社は一気に年間数十億円の売上にまで成長してきた。サンライズ社は上場をねらった時期もあった。だがマクロ環境の変化からタイミングを失い、上場を逃していた。

とは言え、経営者は顧客のことがよくわかっている。業界内の動きにも精通している。経営者の口からは事業を好転させるためのアイデアが次々に出てくる。

たとえば、「専門家を配置した実店舗展開を急ぎたい」「認知広告投資とインバウンドのコールセンターの強化もしたい」、さらに「アウトバウンドのコールセンターも急ぎ具体化したい」というものだ。アウトバウンドのコールセンター分野では、すでに業界内で効果が生まれていたからだ。インターネット販売については、まだ立ち上がったばかりではあった。だがこちらもチャンスなので、早く手を打ちたい。さらに富裕層向けの専門拠点の設置と営業部隊の連動という作戦案も構想していた。他にもたくさんあったが、だいたいアイデアは10程度あげられた。

それらの考えが、業界内の最新の動きなどを踏まえているから説得力がある。話を聞くと、あっという間に2時間は聞き入ってしまった。

サンライズ社の経営者の話を聞いた某プライベート・エクイティの役員たちは、これはいけると判断した。10億円単位のまとまった金額の出資を決めたのである。それは私がプロジェクトに呼ばれる1年前のことだった。

ところが出資後1年間、経営陣はそれらのアイデアを試したいが、なかなか実行できないジレンマに陥っていた。一つのアイデアを試すのに、最低数億円から十億円の資金と幹部の頭脳と時間がかかってしまう。

こうして経営陣とファンドとの間に緊張が高まっていた。
ではこのようなケースでは、どう動けばいいのだろうか。

## 「市場の反応の立体感」というものの見方

事業の成否は結局、顧客の反応で決まる。その点に意識を集中させることが、経営判断の最短コースとなる。ごく数少ない被験者数（N＝3〜30）でいいので、顧客の反応の立体感をみていくのがよい。3時間、3日間、3週間とスピーディに見ていく。そのとき、顧客一人ひとりのちょっと深い深層心理まで見ていく。そうしてこそ本当の購買行動にまで迫ることができる。

このサンライズ社の場合はどうだったのか。プロジェクトを立ち上げた翌日の夜、さっそくN＝7程度の速報値をまとめた。その結果は、このサンライズ社が設計した製品サービススペックには「高い価値評価がなされる」というものだった。

驚くべき結果であった。事業は基本的に成功する。将来の上場も見えてくる。最大の経営課題は、事業の急拡大を支える投資とキャッシュのマネジメントなのではないか。そういうことが頭をよぎる。

こうして2週間後には公開会場でN＝45のデータを集めた。さらに会場外で行った小規模なさまざまなテスト調査のデータを合わせて、合計70〜80のデータを収集した。だが分析の意味合いは基本的には最初のN＝7の結果と同じであった。

結果の意味するところは何か？　まず、第一のメッセージは、この事業には「成功への道」があることだ。第二に、経営者たちが抱いていた具体案一つひとつについて、ざっくりと判断を下すことができた。顧客の反応の係数や、打ち手の費用対効果を推計しながら行っていった。

たとえば、インターネットで購入しそうな割合はわずか数％と推計されたからだ。我々の製品力はものすごく強い。顧客がインターネットに気をとられている間に本格的にマーケティング営業戦略を発動する有力企業が出現したらどうなるか。結果として我々は後塵を拝することになる。

このように顧客の反応が的確に読めるようになる。すると、マーケティング、営業、その他戦略的な打ち手についての是非が、荒削りだがスピーディに精度高く判断できる。

問題は次、第三の意味合いである。今後、サンライズ社が成功していくとしよう。すると遅かれ早かれ、より資本力のある企業がチャンスに気づいて同じような事業展開を加速する可能性がある。

事例をあげてみよう。松井証券がネット証券として、大成功を収めたのは１９９０年代後半である。だがそのほんの数年後、２０００年を過ぎると、松井証券の成功を見た大手の証券会社がこぞってネット証券に本腰を入れた。大手証券は商品サービスの設計・投下と合わせて、認知広告への投下、営業投下、プライシングで正面から戦いを挑んできた。松井証券はたちどころに苦戦に陥った。それと同じことが起きる可能性がある。しかも松井証券の場合はネット上での戦いだったが、サンライズ社の場合にはリアルな店舗などへの資本投下が関係してくる。投資リスクは我々の事業の方が高くなる。

ごく近未来に始まる激しい戦いは、戦略と経営資源の総力戦になる。急速に市場が拡大し、認知投下、営業投下がなされる市場になるだろう。そのようなゲーム展開で、どういう企業が勝者となるのだろうか？勝者となる企業は製品開発だけでなく、認知投下、営業チャンネル投下について業界で主導の地位を取っているはずである。

サンライズ社は、単独で投資してトップ企業になることができるか。あるいは早い段階で他社との本格的なアライアンスを結ぶ方がよいのか。いずれかのシナリオを選択する必要がある。アライアンスと述べたが、もっと端的にはM&Aまで踏み込む必要も出てくるだろう。基本的には「経営権の売却をも検討せよ」が戦略上、重要なメッセージとなる。

サンライズ社の経営陣は前門の虎、後門の狼というような新たな緊張を味わった。だが、数年後には経営権を譲りながらM&Aを実現させる道を選んだ。その結果、いまでは業界のトップ企業の一部となっている。

## 作戦案の8割は効果がない?!

もう一つ事例を見ていこう。

今度は製造業、それも日本が世界に誇る技術力で世界を先導してきたある分野の事例である。アスカ社(仮称)は直近で国際競争の激化に苦しみ赤字に転落していた。リストラを経て黒字化を達成することはできた。だがその後、中長期の戦略が見えない状況に陥っていた。

なんとかしなければいけない状況の中、組織内には
「こういうことを考えていけば可能性があるのではないか」

「かつて海外展開に失敗して縮小したけれども、いま真剣に打って出たならば可能性があるのではないか」

などの声が出た。いろいろなアイデアも、また幹部諸氏がやりたい作戦計画案も多数ある状況だった。

それらもまた、数にするとおよそ10にのぼった。具体的には、

「国内営業を強化すべき」

「海外営業の強化はどうか、可能性があるなら戦略的にもう一度構築しよう」

「工場のコスト構造改善も加速しよう」

「先々の新機能・高付加価値の新製品戦略を加速できるのではないか」

「もっと根本的に我が社の研究所が開発している技術シーズ（設備・人材・能力など）をもとに、考えられる新規事業案も4~5は出せる」

などがあげられた。

それらのアイデアについて最短スピードで検討していく方法はあるのか？　これこそ当時、我々が抱えていた最大の課題である。判断方法は「市場のインパクト」から素早く見ていくことにある。

たとえば、国内外の営業について見てみよう。営業のプロセス分析とか、営業マンのインセンティブ調査分析とか、世の中にはいろいろな方法論が出回っている。だが、本質的にはそのようなことはすべて後回しでいい。本質的には、自分たちの企業が世の中に提供している製品・サービスが社会と顧客にとって価値があるか。社会と顧客はそれを認めてくれているか。そして顧客は対価をプレミアムとして払ってくれるのか。これら一連のポイントを先に見ることがとても重要である。それらの結果がイエスなのか、ノーなのか。そこがわかれば、営業・マーケティングを含めすべての経営判断を再構築していくことができる。

このケースでは非常に厳しい結果が出た。ジャパンプレミアムが急速に縮小していた。アスカ社ブランドへのプレミアムも消え去っていた。

国内市場での苦戦は続きそうだった。新製品戦略を加速しても、それらの効果が限定的であることもほ判った。さらに新規事業案への市場の反応が厳しく、事業規模が小さいこともわかった。海外営業・マーケティングについてはなおさら、進出する余地がまったく見えなかった。

## 別の方向に未来への可能性を見つける

だが、厳しいことが次々に判明したことの意義は大きい。組織の思考からノイズが消去されていくからだ。すると組織の意識と頭脳はやはりクリアになる。そして、未来が見えてくる。

アスカ社の幹部諸氏の意識にどういう変化が生じたか。それは次のような行動となった。

①工場のコスト構造の全力での改善に向かった。さらに、製造の本格的な海外進出プロジェクトを起動した。

②これまで技術陣の主な意識が、次世代技術の開発と付加価値創造にのみ向かっていたことに気づいた。コストダウンの重要性を正面から意識するようになった。調達を含めて、設計やエンジニアリングにまで反映させて、トータルコストを全力で削減するタスクフォースも始まった。

③そして、調達コストや販売のことを考えても、業界内の再編が待ったなしとの結論に達した。大型業界再編のM&Aが必要となる。結局、アスカ社はそれらすべてをやり遂げた。その結果、業界内での変革を主導し業界全体に刺激を与えた。

アスカ社の技術陣は、もともと世界最先端の技術開発に夢を膨らませていた。新技術をもとに付加価値を生み出し、社会に貢献しようと志していたのである。彼らが自分たちの価値について否定されることがどれほどの衝撃だったか。それは当事者以外にはわからない。だが、従来の方向に未来への可能性がないとはっきりわかったことに、格別な意味がある。別の方向に未来への可能性を見つけることができるからだ。おそらく人生と宇宙はそういうものなのだ。

こうして新たな方向に意識を向けてみると、人生の中で新たなものすごい挑戦がスタートしたことに直ちに気づく。意義深さを感じ、また楽しさも感じることができたのではないか。新たなチャレンジに気づく感性と行動する勇気に頭が下がる。

思考のノイズは消去していくことができる。そうすることによって、人間は未来への感性が開花してくる生き物なのかもしれないと思う。

# 第6章 「進化」と「脱皮」

## 1．作戦思想の進化

事業の現実は、実は「作戦思想」とも言うべき思考が創っている。火花を散らして戦っている企業は、本質では「作戦思想」を戦わせているのだ。作戦思想は、一方で、事業の「限界」も創り出す。では、もし問題が作戦思想にあるなら、どうやって作戦思想を書き換え、進化させていけばいいのか？ これが本章のテーマである。

### 「作戦思想」というものの見方

司馬遼太郎は、坂の上の雲で、日本が「古い作戦思想」の影響で辛酸をなめた事象を描いた。たとえば二〇三高地の戦いで、乃木希典とその参謀たちは、基本的には10年前の日清戦争での記憶と作戦思想で臨み、危うく国を滅ぼす寸前まで行ったのだった。つまり、作戦思想が兵と兵站を動かし、結果という現実をつくり上げるのだ。

これと同じことが事業でも起きている。事業戦略上の事例を解析していくと、人も組織も古い作戦思想に囚われるもの、ということがよくわかる。

例をビール業界にとってみよう。スーパードライが出現する前には、ビール業界では基本的には、❶技術・原材料・製品力と、❷代理店網・営業力が成功の鍵だと考えられていた。車の両輪のようにどちらも重要な要素であって解りやすい。

しかし解らないのは、戦後なぜかキリンビールのシェアが一貫して向上し続け、業界2位と3位のサッポロビールとアサヒビールのシェアが低下し続けた、その本質的なメカニズムである。解らないけれども手をこまねいているわけにはいかない。そこでアサヒが試しに自社のビールがうまそうに飲まれるCMを打ってみると、触発されてビールを買いに行った消費者の大半がキリンを買ってしまうという現象すら起きていた。

ようやく戦いのメカニズムの本質を解明したのは、アサヒの中條高徳氏とマッキンゼーチームを率いる大前研一の組み合わせであった。彼らは第一に、ビールが「蔵から出たときに品質に大差がない」ことと、「一日を競うほど新鮮さが重要」であることを実証した。さらに、営業ではビールは勝てない、消費者が指名して買うイメージ状態はなんとしてでも創り出さなければならないことを実証した。当時、シェアがダントツのキリンは、結果として日本でもっとも新鮮なビールを消費者に届けることに成功し、「好循環」が形成されていたのだ。

こうして彼らは「新鮮さ＝ロジスティックスの勝負」と「ブランドイメージ」いう作戦思想を生み出したのだが、この話はこのままスムースには展開しない。残念なことにその発見は、伝統的な作戦思想に染まっていた当時のアサヒの経営者から全面否定されてしまった。ビール業界のみならず日本有数の博士を技術陣に擁していたアサヒにおいては、「大差ないとは失礼千万」「なにもわかっていない」というわけである。しかしこれが布石となって、のちのスーパードライ戦略で開花した。アサヒは「鮮度」で勝負したのだ。

一方キリンは幻惑されて「消費者の味覚が動いた」と判断し、「味覚」と「製品開発」という作戦思想を形成した。そして「次の大型新製品はキリンが必ず」と心に誓ったが、それは当然、奏功しない。そして製品力で勝てないことからくる迷いが「ラガーセンタリング」と「ラガーの生化」という二つの大失敗につながったのだ。これが「作戦思想の戦い」の生々しさである。

## 「作戦思想」の戦い

さて、キリンに勝ったアサヒは、こうして「新鮮さ」という作戦思想を組織内に強めていく。ところが今度は「新鮮さ」という観点から見ると、「新製品の投下」はロジスティックスの分散を招くからダメということになる。こうしてキリンもアサヒも、自分たちが追いかけていた作戦思想以外の新たな戦略を見逃すことになる。それがサントリーの追撃である。

サントリーは、アサヒ、キリン、サッポロと異なり、出自が洋酒である。洋酒は一本、千円以下から数万円まで百倍も価格に差がある。このような育ちから新しい「戦略の土俵」、あるいは「新たな作戦思想」として、「製品カテゴリーとプライシング」に意識を向けた。

事実として、サントリーは他社に先駆けて１９９４年に発泡酒、２００３年にプレミアムビールを市場投下した。第三のビールは２００４年。発泡酒ではキリンとアサヒは数年から7年遅れた。プレミアムビールにいたっては、アサヒもキリンも製品投下の追随こそ早かったが、製品そのものと営業力による棚確保のみに頼った展開で済ませ、後塵を拝し続けた。年間数十億円というＣＭ量に反映される経営資源の総合的な投下の本気度では、結局いまでも10年以上の遅れをとっているのだ。

## 「限界」を超える「気づき」

そもそも「作戦思想」は、知らず知らずに人や組織の中に形成され、人の思考や経営判断にものすごい影響をあたえる。その「限界」の打破への鍵は「考える」ことにはない。考えれば即「古い思考のノイズ」に囚われてしまうからである。

考えるのではなくて「気づく」ことが大切なのだ。気づくきっかけは、本来はいろいろあるのだろうが、実戦上、左脳を使ったものとしては、「顧客の反応の立体感を虚心坦懐に見る」ことが唯一最大といっていいほど有効である。

ではここで、最近のプロジェクトから例をあげてみよう。ある広い意味では不動産関連のメーカーが、「ブランドを強化したい」ということで戦略プロジェクトをスタートさせた。具体的には、「ブランドコンセプト」の前に「事業そのもののコンセプト」を「顧客の反応」から見極める。こういうプロジェクト展開とした。

こうして1~2カ月、都合、八つもの切り口で顧客の本当の反応に迫って解析していくと、意外なことが見えてきた。最大の驚きは、これまでこの企業は、市場は基本的に「価格に敏感」と考えてきたのだが、このことが否定されたことだった。顧客はいくつかの要素に非常に高いプレミアム価値を感じていた。市場はコスト市場ではない、付加価値市場だったのだ。

次なる驚きは、この企業がブランドコンセプトを明確にしたいとねらっていた要素が実は二つあったのだが、そのいずれにも顧客の反応が弱かったことであった。

そして、それらよりも圧倒的に強いコンセプトが浮上した。一つは環境関係。これをCとしよう。幸いなことにこの企業はその点では業界内で先行していたが、その重要性は指摘されるまではっきりとは気づかれていなかった。指摘されてみると、確かにそういう現象、つまり、ものすごい売れ方となっていると気づいたのだ。

さて、その環境関連よりもさらにインパクトが大きいものも見つかったのだが、それは「顧客の時間や利便」に関係がある要素だった。これをBとしよう。だがこれについてはこの企業は乗り気ではなかった。背景として、この企業は技術開発と高品質の製造にコストをかけていたため、「その顧客の時間要素」は外しながら事業展開をしてきていたのだ。

判明したことにはさらなる驚きがある。その企業の技術力の最大のものをAとしよう。これは地震に関係があるのだが、そのAへの顧客の価値評価がものすごく高かったのだ。

ここで、この企業には、顧客の反応の視点からは二つのシナリオが準備されたことになる。一つはこれまでどおり追究していきたい分野で、顧客の反応の詳細を調べて、事業のコンセプトとブランドコンセプトを練り上げること。

もう一つは、反応が強かったABCの三つの軸で事業戦略を書き直すことである。それには新たな製品開発もかかる。製造設備投資もかかる。だが、この企業は業界トップに躍り出ることができる。つまり選択肢は、顧客の反応から、常に私たちには二つのシナリオが提示される。一つは、作戦思想を抜本的に書き換えること。もう一つは、従前の作戦思想の範囲内で「発見」を生かすこと。

本来、作戦思想は書き換えられなければならない。だが、作戦思想の書き換えには、二〇三高地やビール業界の例に違わず、軽く10年やそれ以上かかっているのが日本企業の常である。だが誰も作戦思想の書き換えに10年もかけたくないはずだ。ではどうしたらいいのか。

簡単に言えば、新たな発見があったならば、その発見のみに意識を集中し、過去の考え、懸念、心配、構想などを一旦きっぱりと捨てて考えてみることだ。過去の構想アイデアは既に思考のノイズである。捨て去って、戦略上本当に大切な要素に意識を一点集中させるのだ。

難しくなったかもしれない。違う世界の例をあげてみよう。考えていることを進化させるということがいかに難しいかがわかって、ほっとするかもしれない。また、進化への意欲が増すかもしれない。

## 世界観の進化——ニュートン力学 vs マックスウェルの世界

作戦思想の進化ということに関連して、世界的に有名な物理学者であるフリーマン・ダイソンの著作から気づいたことがあったので紹介する。フリーマン・ダイソンは、プリンストン高等研究所でのアインシュタインの後継者であり、また朝永振一郎がノーベル賞をとったきっかけとなった論文を書いた天才である。

さて話によると、20世紀の初頭に、あるノーベル賞級の天才的な物理学者が、マックスウェルの電磁気学を学ぼうと思ったとき、シカゴ大学のマックスウェルの後継者が数学展開を重視しすぎていてよくわからなかったという。そこで教授捜しに始まって大学を変え、10年も苦労したというのだ。そして今度は自分の学生たちを見ていると、彼らは数年して突然いきなり新しい思考になじむことに気づいたというのだ。ここでマックスウェルの方程式というのは、人類の科学史上19世紀最大の発見とされていて、ラジオ波など20世紀の、多くの科学技術や産業の基礎となったものである。

どこが驚きで参考になるかというと、「数年」「十年」というところである。新しい世界を理解するということがそういうものだということを知っておくこと自体、とても大切なのではないかと思うのだ。

フリーマン・ダイソンは、さらに参考になることを伝えてくれる。それは、物理学の世界がマックスウェルの貢献を理解するのに数十年という歳月がかかったのだが、その原因には、マックスウェル自身が、ニュートン力学に並ぶ体系を作り上げたという認識に到達しておらず、「ニュートン力学の思考で新しい世界を見ていた」ということがあるというのだ。ニュートンの世界から頭を切り換えて、最初からマックスウェルの世界に直に向き合えば、理解に時間がかからないことを示唆している。

これと同じことが、私たちが事業を見るときに起きている。新たな戦略への鍵が浮かび上がる。そのときしばしば、古い思考で一所懸命理解しようとしたり、組織内で議論したりするので、クリアに本質的な戦略が描けない。すると、戦略は動かない。

## 「作戦思想の進化」のスピード！

ここで優れた物理学者よろしく優れた経営者でも、時間がかかるという事例を紹介してみよう。

たとえば、ある年公開・実戦セミナーに参加してきた30代のレストラン経営者。もともと急成長していた有名なITベンチャー企業に努めていたけれども、赤字に転落した家業を継いだ。そして料理の内容、見せ方、広告、プライシング、すべてを見直し、しかもその見直しには現場現実を反映させた。その地域や業界内で言われていた「この場所ではランチには来ない」というような常識に反することにも可能性があることに気づき、実際、近所の主婦たちによる「ランチ」で席がいっぱいになる状態を創り出して、1年で黒字転換、2年で高収益企業への変換に成功していた。そして、さらなる攻めを考えて実戦セミナーに参加してきたものだった。

その背景には「副菜的な内容のディスプレイ展開」に着目し、メニューやディスプレイに反映させるコンセプトでさらに事業強化ができるのではないかという着想があった。これを実証的に確認して拡大戦略に結びつけたかったのだ。そこで早速、N=10程度の被験者で数回ほど実証分析をしてみると、二つのことが判った。

第一に、その当初のアイデアを、顧客はかなり好感する。しかし第二には、その10倍以上も好感される内容が別にあって、それは「主菜について攻めろ」「その材料は最善のものを」だったのだ。そうすれば、プレミアム価格によりコストは回収できる。

さて、その経営者氏は、セミナー修了後、最初は自分がもともと考えていたコンセプトでの勝負を急いだ。ところがその直後に、世の中の「あるトレンド」が変わり、そのレストランの経営が一気に悪化してしまった。副菜コンセプトには逆風をはじき返す力はなかった。経営は月ベースで再び赤字に転落。そこで彼は、セミナーで見つけていた「主菜への挑戦」に着手し、仕入れから、提供内容、プライシング、広告すべてをセットで組み直し、展開した。その効果は半年もせず初夏には出始め、8月には過去最高益という結果を得たのだった。

この事例について私は、彼ならではの着眼点とスピード感と、やると決めたらセットで改革してしまう実行力での成果だと嬉しく思った。しかしものの見方はいろいろで、私のマネジャー氏は、「彼をもってしてでも遅れるものなのですね。最初から最大のポイントに目をつけた戦略展開に進むと思っていました」と語ったのだ。確かにマックスウェルと同じことが経営の現場で起きている。作戦思想の進化には時間がかかる。だがそのスピードこそが経営の鍵なのだ。

いずれにしても、思考のノイズを消去して、可能性に意識の焦点を合わせ、スピーディに、思いっきり攻める、という企業とリーダーたちが成功を収めていくことだけは間違いがない。そして「作戦思想を書き換える」という作業には、正面から取り組まねばならない。作戦思想の進化こそが、戦略と現実を進化させるのだ。

## 3．生き方への気づきと脱皮

人の人生というものをよく見てみると、概ね、人が追いかけていることを実現しているものだ。同じことが企業についても言える。組織の意識が追いかけていることは概ね実現できるものだ。

そして経営リーダーの生き方や哲学のようなものは、意外なほどハッキリと「組織の意識の向け方」に現れる、ということは、さらに考えると、経営の現状打破には、まず「生き方への気づきと脱皮」が大切なのだ、と。

### マイケル・デルの人生哲学と、ＤＥＬＬの経営システム

事例研究に進もう。マイケル・デルの人生とＤＥＬＬ経営を見たい。

まずマイケル・デルの人生哲学は何か。彼が好んだのは「ダイレクト」ということと、「とにかく分けて物事を見る」ということだった。「ダイレクト」に関しては、たとえば小学生時代に、高校卒業の資格が買える、という広告を見て、だったら「間を飛ばしたい」と考えて営業マンを自宅に呼んだ、というエピソードに現れている。

そして「分ける」ということについては、市場はとにかく分けて見るのが好きだった。分けて対応することが鍵だと信じていて、事業が成長すると、セグメントを分けて、マネジャーの責任分野を小さくする。より小さい分野を見させることにより、さらに事業がよくなると信じ、実際そうなったのだ。

だが、そのマイケル・デルも、急成長する企業の経営に自分の力の限界を感じていたときがある。そのとき彼は、デュポン・システムという経営管理手法に出会った。それは、株価はROEとの相関が最も高いのだが、そのROEをツリー状に分解していく。そして、マネジャーの評価と報酬を、その一つひとつに結びつけていったのだ。しかもその業績連動のボーナスが年俸の半分以上を占める。「分ける」人生哲学のデルが飛びついて、これをDELL経営の根幹に埋め込んだのは自然な流れとも言える。

そのシステムは、IBMのPCが存在し、DELLがIBMの高価格機を追撃している間は有効に機能した。だが、IBMが消え、PCの価格が下がり、業界構造の中でPCのセットメーカーが利益を出しにくい状態が強まった中では、どのマネジャーにも抜本策は思いつかない。意識が向かない。

しかもそのころには、もうマイケル・デルは、数値目標を分解してマネジャーに与える経営システムでこそ経営ができるが、自ら采配を振るう時代に戻ることなど怖くてできなくなっていた。

つまりDELL経営の限界は、人生哲学の限界から来ていたのだ。

では、どうしたらいいのだろうか？　それは経営者が、自分自身の生き方・哲学・ものの見方が経営の成果と限界の両方をつくり出していることに気づき、生き方・ものの見方自体を進化させることである。だがこのことができるリーダーは少ない。人は一般的に、自分が変わらず外界を変えようとする。そして敗退しがちになる。

## 同じ生き方を繰り返すことで敗退する

たとえば、アジアのある国でＤＥＬＬの責任者として成功したある経営者は、その国のＰＣ市場が成熟したとき、別の企業からデジタルカメラ事業の責任者にヘッドハントされて就任した。その彼が繰り出した戦略は、①開発スピードの向上、②さまざまな顧客のニーズに応えるための１００種類もの色とデザインのバリエーションの製品投入、そして、③それをテコとしたダイレクト販売による収益性向上、というものだった。本書を読み進めてきた読者には、その作戦思想が、ＤＥＬＬのそれであることに気がついていただけるのではないかと思う。

さて、顧客はその作戦思想に反応しなかった。１００種類もの色のバリエーションは魅力ではなかったのだ。このことは、第４章で論じたようにして、市場の反応を事前に見ておけば、確実に防げるような戦略ミスである。そのことに気づいて死に物狂いで「ＤＥＬＬで身につけた作戦思想を書き直す」べきことに気づいたらよかったのにと思う。

その国のその事業は、２年ほどで事業価値の８割が減耗して、事業が転売されて終わった。このように、経営リーダーは知らず知らずに、自分の哲学を変えずに、つまり自分が変わらず、外界を変えてよりよい成果を手にしたいと願いがちなのだが、それは失敗するものなのだ。

だが、本書ではGEのジャック・ウェルチが脱皮に成功したことを既に紹介した。20年間にわたって、GEのみならず世界の経営戦略の世界自体を牽引し続けたジャック・ウェルチに苦しんだ年月があることは驚きだ。だがもっと驚きなのは在任中に、自分自身と組織の意識の脱皮に成功したことである。脱皮への「気づき」は苦しみの中で得られるものなのだろうか？

## 「発酵」する生き方

千葉の名門の造り酒屋「寺田本家」には、日本酒市場の長期低落傾向の中で倒産寸前まで追い込まれていたことがあった。そこから経営が再生したきっかけは、数年前に他界した先代の経営者、寺田啓佐氏に突然訪れた病だった。腸が腐って、命に危険が及んで緊急入院した。

入院直後は、腸が腐るという病にも驚いたが、頭はずっと仕事のことが気になって仕方がない。しかし病室で日が経つにつれ、空っぽになっていった頭が始めた作業は、「人生の見つめ直し」。若かりしころ電器量販店のマネジャーとして業績を上げたことがある。その経験を、名門の造り酒屋の婿養子に一族の中で迎えられたあとも生かそうとしてきた。

だが科学的な管理経営ではついぞ打開できない。何が悪い、働かない社員が悪い。そのあげくが腸が腐るほどの身体。さて、酒は腐ればいわゆる「火落ち」といって蔵は倒産してしまう。発酵すれば清酒として世に出せ繁栄する。その違いは何か。自分の生き方が腐るような生き方だったのではないのか。

土壇場、生き方と経営を捨てた。それまでは業界の慣行であった日本酒業界のある協会から買ってくる80

種類ほどの酵母のいずれかを使い、さらにいわゆる混ぜものを加えて採算性を上げる「三倍醸造酒」を製造販売してきていた。

では発酵する生き方とは何か。そういう意識の中で消費者のことを考えてみると「百薬の長」と言われてきた古来本来の価値の高い清酒を届けたい。そこで蔵に住み着いている微生物に活躍してもらう製法に戻り、古事記由来の歌を歌いながら醸造する。

原料コストは3倍とは言わないが跳ね上がる。だから「旧来の商流」からは見放された。だが、新たな人生には新たな出会いがある。その結果、「新たな商流」が始まり、再建への道を歩み始めた。

いまでは玄米を原料にした「むすひ」をはじめ、「百薬の長」を目指したさまざまな清酒を製造し、独特の情報網と商流で人気のある事業が展開されている。多様な微生物と原料からか、多彩で独特の香りと味覚の清酒が人気と口コミを呼んでいるのだ。

病。きっかけ。偶然。出会い。生き方。微生物。いのち。発酵。

## いのち・感謝・愛

同じく、いのちギリギリのところで「奇跡のりんご」を産み出したのは青森県の木村秋則氏。書店で偶然、福岡正信氏の「自然農法」という本が落ちてきたことと、奥様が農薬に弱い体質で苦しんでいたことからりんごの自然栽培を志した。

好奇心旺盛、研究熱心。愛にあふれる眼差しで生き物を観察し、しかも分析眼にも優れている。自然栽培の開発に役立つと思われる、ありとあらゆる方法を試すことを厭わず努力した。だがそうして4~5年、弱ったりんごの木が狂い咲きをしたり、枯れるかその寸前まで行き、所得も当然尽きた。ついに家族を救う思いから、岩木山に入っていって身を吊すための縄を投げた。だがその縄が外れてあらぬ方向に飛んでいった。その先にあったのが月明かりに照らされるりんごの木。なぜ野生の中であのりんごの木は、肥料も農薬もやらないのに育つのか？　そう思った瞬間に走り寄って夢中で手を突っ込んだのが、実はドングリの木で、その根元の土は軟らかく暖かかった、という。

自然栽培に必要な根本的なものが、防虫のために何か農薬の代わりになるものを与えるのではなくて、手を入れず土の微生物をいじめず、雑草を茂らせてでも大自然と同じように生き物が働ける場を作り出すことだった。その木村氏は笑顔が優しい、誰でも愛を感じるだろう。

豆腐の懐石料理のレストランチェーンの梅野重俊氏にとって、人生最大のきっかけは、倒産寸前まで資金繰りに苦しんだことと、そのとき寺で出会った「感謝」の張り紙だった、という。

もとより若干20歳で飲食業経営を次々に成功させていた梅野氏だったが、次々に辞めていく料理人の制約から脱却し、さらに高収益な事業体に脱皮させたいということで、料理人が最小限で済む業態でのカニ料理店などを開店しては次々に失敗して、逆に倒産寸前まで追い込まれてしまった。そうして苦しんだ数年間を経て光って見えたのが「感謝」の文字。いままでこういう気持ちで事業を行っていただろうか。そういう心で女性顧客たちに向き合ってみると「豆腐の懐石料理が食べたい」という声が聞こえてきた。こうして梅野氏が人生最後の花を咲かせるという覚悟で開店にさせたのが「梅の花」。開店後も祈るような気持ちで顧客を見つめていたというが、日に日に来店顧客が増えていった。その一店舗から始まった新事業は、東証二部上場を果たし、海外展開するまで発展している。

## 気づきへの源泉

以上をまとめておきたい。数字は結果なのだ。経営者も幹部諸氏も、数字をつくるその先の本質的なところに意識を馳せるべきなのだ。イメルトとジャック・ウェルチの違いは、数字と本質への意識の向け方、割き方にあったのだ。事業の本質的な価値である。それは「市場の立体感」から気づくこともできるが、そういう次元を突き抜けて、事業に携わる「自分たち自身の生き方の価値」と表現することもできる。

そして、リーダーのものの見方、生き方、人生のあり方そのものが、色濃く経営システムと経営結果に反映される、ということにも私たちはハッキリと気づいていた方が良い。

だから、経営を進化させるということは、経営リーダーが人生観を進化させることと同値である。経営者は、自分自身のものの見方、哲学を絶えず問い続ける責任を負うている。では脱皮に気づくには？　それにはまずジャック・ウェルチのような素直さ。そして、何事についても、病についてすら感謝するほどの意識や愛。このようなことが、いたるところで示されているのではないだろうか。

Colum 3

# 「進化」と「勇気」は同値かもしれない

## 「進化」はどこから産まれるか？

「成長」という言葉を聞くと、私たちにはためらう思考も産まれる。果たして地球はいま以上の「成長」に堪えられるのかと疑問が浮かぶ。成長は成長を志したら成長するのだろうか、それとも何かの結果なのだろうか？　答えはまず、成長を阻む社内要因は外さないとならないことは明らかである。それは目標管理、報償システム、経営資源の配分の経営プロセス、予算会議、人材登用、経営戦略会議の内容、社内役員および非常金役員の意識などである。だがそれだけでは十分ではない。成長はやはり「結果」なのだ。では何の結果であろうか？　一つの答えは経営力の結果である。ではそれは何か？

まず、市場の立体感。N＝3、深層心理。そこには個人個人の意識だけではなく、もっと大きな「時代意識」を捉えることとの大切さにも触れている。

このことを、本書図４（44頁）と照らしながら考えてみよう。いま私が書いたことは一見、ウェイトの小さいマーケティングに属することのように見える。図４はマーケティングの影響はごく小さく、投資または分野とともに成長できるラッキーさが大きく、ついでM＆Aが大きい。その二つが圧倒的に重要だと見えるが、そう捉えるのは正確ではない。マーケティングで成功するためには、顧客の深層心理レベルの理解が非常に大切である。そしてそれは、時代意識のようなものを創り出している。だから、投資もM＆Aにもそれらは大切なのだ。再生エネルギーへの対応が遅れた日本勢は、他の分野で投資やM＆Aを行ったが、成長には遅れるのだ。

個人個人の深層意識も、時代意識も、進化している。動きが激しいいまの時代、環境問題も国際関係も複雑で、下手をすると子供世代が平和に豊かに生きていくことができないのではないかという不安を抱えている人もいる。セブンイレブンやZOZOでも利益や成長で絶好調に見えるときですら、人の心は先を行き、疑問を感じ始めていて、それを経営者が感知するのが数年から10年も遅れているという現象を目の当たりにする。そのころには、成長に翳りが出ている。

問題は何か？　利益も成長も、それを追いかける意識は過去の成功パターンを追いかける意識に陥りやすいことである。大切なのは、現在の「目に見える現実」を超えて「進化」を見る眼なのではないか？　社会が複雑で問題が山積していけばいくほど、人の集合意識が求めるのは、スピードと「進化」だ。

もちろん、「進化」は怖いイメージをも与える。ディスラプションという言葉が示すとおり、既存の何かを打ち壊す。進化の結果は一見、敗者を生み出す。だから手放さずに現状を守りたい意識も産まれる。だが現状は、遅かれ早かれ崩れ去って守れない。唯一守れる方法は、捨てることと攻めること、進化だけなのだ。

進化を志した試みは、それを不断にスピーディに行っていれば、当初予期しなかった出会いや偶然があって、なにかうまくいく。失敗の連続でもその先に小さな繁栄にたどり着いて、やっと意味があったと思える。こうして「小さな勇気」が「進化」を経験させてくれていく。その姿は周りに影響を与える。「やればできるのかも」「試して見たい」という感覚。これらを支援していくことができる仲間たちは貴重である。そういう仲間たちがたくさんできると、結果として一人ひとりも、企業も、国家も栄えていく。

進化をもたらすのは、技術、ビジネスモデル、社会システムでの挑戦。それらに加えて、人の生き方、宇宙観の進化である。結局、「進化」と「勇気」とは、同じことを言っているのではないだろうか。

# 第7章　「ちょっと深い深層心理」の気づきから戦略の進化へ

本書では、「パート2　マーケティングと経営の圧倒的な進化」で展開してきたものの見方と、①根本的な考え、②具体的なやり方、③現実の経営プロジェクトでの活用について、シンプルに、しかし高度な内容まで解説していく。したがって、本章は飛ばして第8章に読み進んでいただき、必要になったときに戻って読んでいただくのでも差支えがない。なお、事例からおわかりのように、真剣かつ抜本的名経営検討プロジェクトでの検証を経た内容であり、これらの内容とレベルに及ぶ解説は、他にはない。

## 「ちょっと深い深層心理」を「少ないN数」でつかむ！

本書では、顧客の購買行動に関して「ちょっと深い深層心理」レベルをつかむことがマーケティングと戦略判断に有効であることを説いている。そして事例を多数紹介している。N数については、N＝3で深い気づきが始まる。N＝7～15もあれば勝負あり、というほどである。

では、それはなぜなのか？　そしてこのことを実戦ではどう使えばよいのか？　各章でふれた、直行計画法・コンジョイント分析について解説していく。

## 顧客の表層意識が「絶対に間違えないもの」だけをたよりに、顧客を理解する

実は、人は頭や表層意識では、せいぜい4～5％しか自分の行動のことが理解できていない。当然購買の本当の行動もその理由も理解していない。

ある女性が服を買った。値段？　ブランド？　場所？　店員さんの影響？　トレンドとの関係？　その女性は頭で「こういう理由で買った」と他人に解説することはできる。あえて訊ねられれば、「このブランドはそれだけで20％価値がある」とか、「この機能は2万円の価値を認める」とか、頭で考えて言葉にして伝えることはできる。だが、本当のところはわからない。表層意識はそこまで購買行動を理解できない。B2CだけでなくB2Bでもわからないものなのだ。本当のところは、買うか見送るか、何を買うか、いざ意思決定をする状況にならないとわからない。

ではどうしたらいいのか。顧客の表層意識が「絶対に間違えないもの」だけをたよりに、顧客を理解するしかない。それは何か？　たった一つだけある。「もしもいま、AかBかどちらかを買うとしたら、どちらを選ぶか」、これだけは正確に答えることができる。

そこでこの選択の作業を一定回数行ってもらって、その結果から、一人のその顧客がどのファクターを、数字的にどれだけの割合、または金額換算でいくら分を重視しているのか。これをつかむことができる。

しかも、驚くほど正確につかむことができる。なぜならば、数十回の購買の意思決定での迷いと選択から、ファクターを取り出したとしてみよう。第一に、それらに一貫性があるかどうかだが、おどろくほど一貫性があることを私は実証的につかんでいる。

第二に、「迷うから、あとでやるとまた違う結果が出るのではないか」とか、「さっき迷ったAとFの順番を、ひっくり返したい、そうしたら結果が変わるだろう」などと言われることもある。だが、ギリギリ迷ったものをひっくり返しても、結果はほとんど変わらない。大きく気にする要因のウェイトには影響があまりないものなのだ。

## 架空の購買の意思決定の状況を作り出す

これを実戦で行うためには、次のようにする。

まず、さまざまな要素をランダムにというか、あとで解説する方法で選んで決めて、さまざまな架空の商品をつくり出す。それをカードに書き落とす。カードの枚数は、あとで書く理由により、8枚、9枚、16枚、18枚くらいを使うことが多い。なおカードに書き落とすと述べたが、必要に応じて、絵や模型や重さやサイズが大切ならばそれらの物理的な小道具を準備してもよい。しかし一般的には、顧客にイメージが伝わるならば、紙のカードに書き落としたもので十分、実戦の役に立つ。

そうしてつくったカードを、A、B、C、…としよう。それを顧客に二つずつ示してどちらを買うか選んでもらう。「AとBならAがいい、Cはちょうどの AとBの間にくる、DはBよりいい、さらにAよりもいいな」などという判断をしてもらう。さてここまででは順番は、

D>A>C>B

となっている。

この作業は四つくらいなら簡単であるが、このあと、カード数が増えるとだんだん大変になる。8枚、9

枚、16枚、18枚というようなカード数になると、それらを並べ替えていくのに、行ったり来たり数十回の比較を行わないとならないことになる。

その何十回もの比較というのは、すなわち、何十回かの「実際の購買の意思決定」のシミュレーションである。つまり、これにより実際の購買行動の数十回分のデータを入手することができることになる。

## ビッグデータよりN＝3！

このレベルの情報を手に入れるのは、いま行われているどんなビッグデータ解析でも不可能である。ビッグデータは散漫すぎるのだ。それに比べてここで述べている16の商品の並べ替えという作業は、特定の商品や市場にターゲットを絞って、数十回分の情報を拾う。つまり消費者や購買行動を理解するためには、「ビッグデータよりN＝3！」なのだ。

なお、並べるのが大変であれば、点数をつけていく方法もある。1点から10点の間でも、少数があっても、1点から100点でもよい。たとえば、D＝100点、C＝90点、A＝50点、B＝20点などとする。その場合、もしEがDよりよかったらどうするのか。その場合、120などとしてもよい。つまり、点数は、最低がたまたま20になった、最高がたまたま138になった、などというものでもよい。

またはスケールで、0から100の間に適当に入れていって、だいたいこれは83だな、などでもよい。要するに、等間隔の順番か、またはなんらかの形での「選択の結果について」点数表示が手に入ればよい。それが、順番でも、点数でもよい。実証実験の結果、また私の数千回にのぼる実験の結果、設計をきちんと行っておけば、いずれでも、正確に購買行動の選択について驚くほど正確につかむことができる。

## 回帰分析の設計

次にどうするか？　商品の「どの要素」がどれだけ被験者の「選択」に貢献しているか、解析する。ある種の「回帰分析」をすればよいということを予想できる人はいるだろう。さて問題は、その具体的な方法である。

たとえば、車のことをイメージしてみて欲しい。たとえばブランドで4～5、エンジンのタイプで、ガソリン、ディーゼル、HV、PHV、EVで5種。排気量や馬力、車のタイプ、スタイルの好み、外形のサイズ、自動運転や安全性装置のレベル、内装の素材、仕上げ、色、細かい装備、私などはブレーキの信頼性も、サスペンションの好みも気にする。価格は外せないだろう。値引きも効くか？　これらで仮に5種類をずつと考えてみると、5×5×5×5×5×5×5×5×5×5×5×5×5×5＝5の14乗、これで60億とおりもあることになる。さらに販売店の場所や、特注が効くかどうか、納期、そして営業マンの姿勢も気になる、回帰分析どころの話ではない。そこでざっくりシンプルに重要な要因に迫りたい。

ただ一つだけ注意をしておきたい。ここまで読んで、「企業としていま、意思決定したい要因について中心的に調べていけばよいのではないか」と思った読者がいるかもしれない。それは間違っている。しばしば企業関係者が重要だと思っていなかった要因が、重要要因として浮かび上がることを目の当たりにしてきた。実はそれらが戦略ポイントとなるのだ。

では実際にはどうシンプルに本質に迫ることができるのか？

## 直行計画表の活用

最大の工夫は、直行計画表を使うことである。これは数学的に、変数の影響が「線型」で「独立」であるという仮定をおく。この仮定の意味は、簡単に言うと、最小限の情報から全体を「比例案分的に推計してしまうことができる」というものである。

この仮定により、組み合わせの数をギリギリまで減らすことができる。たとえば、3×3×3×3であれば本来 81種類もあることになる。これが9種類にまで減らせる。だが、4×4×4×4×4の組み合わせだと100万以上になるが、それがなんと16種類にまで減らすことができる。

逆にいえば、直行計画表をにらみながら（またはそれを使うソフトウェアを走らせながら）、20程度以下の、現実の調査分析が可能な種類に納まるような設計をすればよいことになる。それに納まらなければ、複数の種類の設計を行って分析する。それらを合わせたら全体がわかるように考える。

これに付随して、ほかにいくつか工夫すべき点がある。一つは、選択肢をシンプルに考え、数を減らしていく。また大まかに近いものはグルーピングでまとめてもよい。ガソリンまたはディーゼルを一緒に、などである。もしあとでその違いが気になればそのとき追加で細かい分析をすればよい。またどうしても20以内に納まる設計ができなければ、何パターンかつくってみて事前調査で見当をつけていくなど工夫する。

いよいよ回帰分析を行う（要素を一つずつに工夫した重回帰分析）

ではどうしたら回帰分析ができるのか。172~173頁の図8を見ていただきたい。

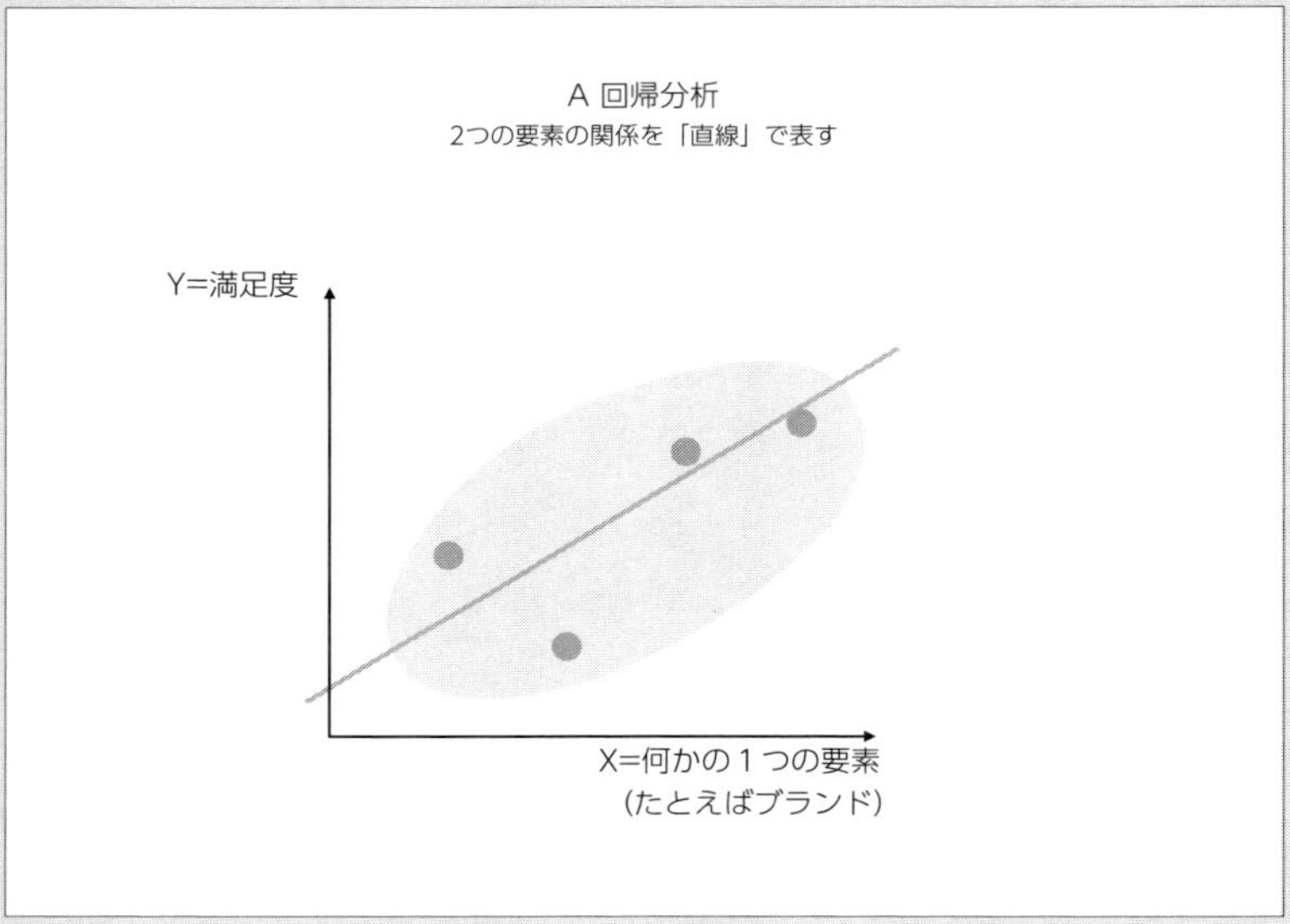
A 回帰分析
2つの要素の関係を「直線」で表す
Y=満足度
X=何かの１つの要素
（たとえばブランド）

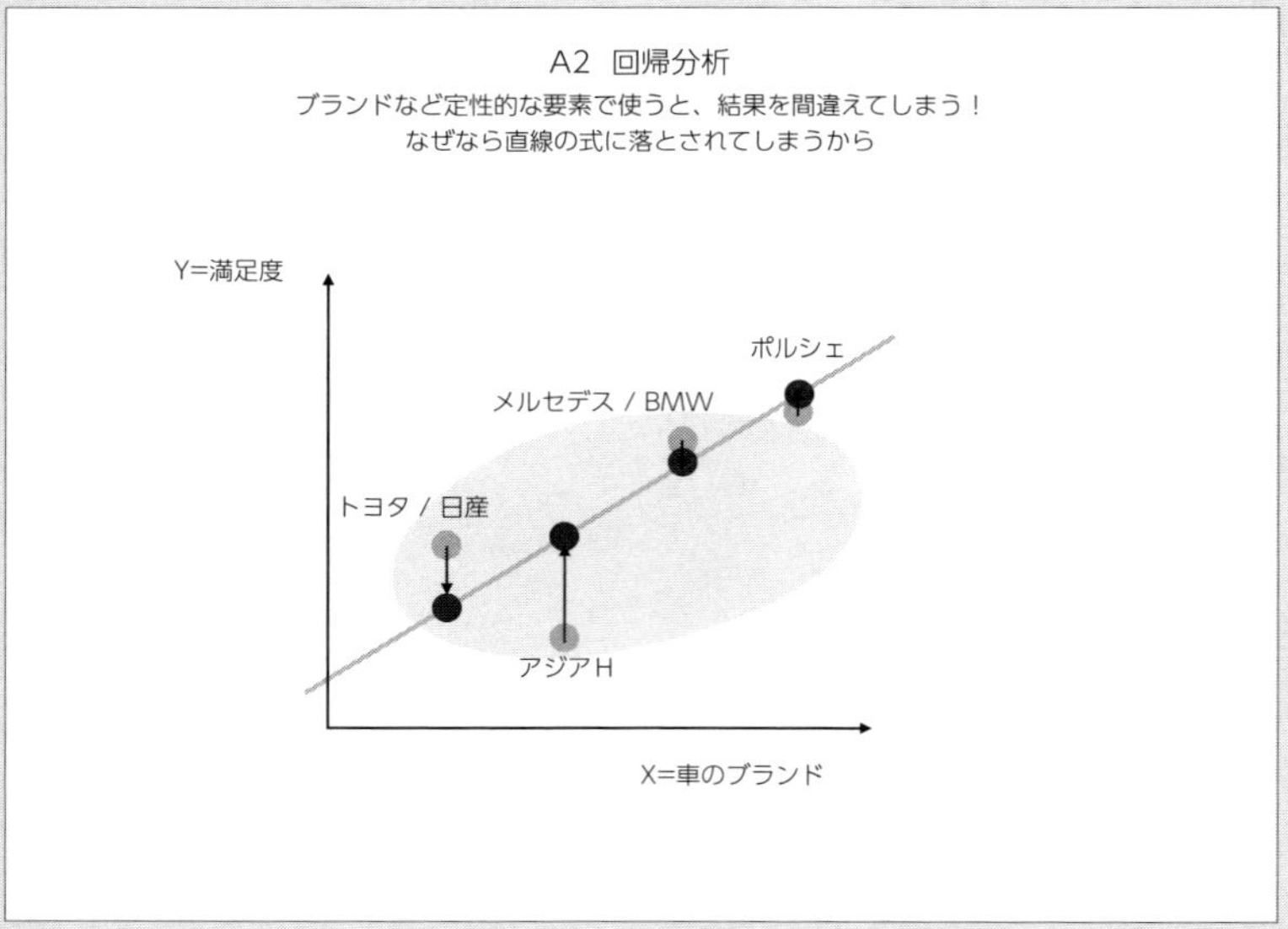
A2 回帰分析
ブランドなど定性的な要素で使うと、結果を間違えてしまう！
なぜなら直線の式に落とされてしまうから
Y=満足度
ポルシェ
メルセデス / BMW
トヨタ / 日産
アジアH
X=車のブランド

【図8】コンジョイント分析で使う特殊な重回帰分析

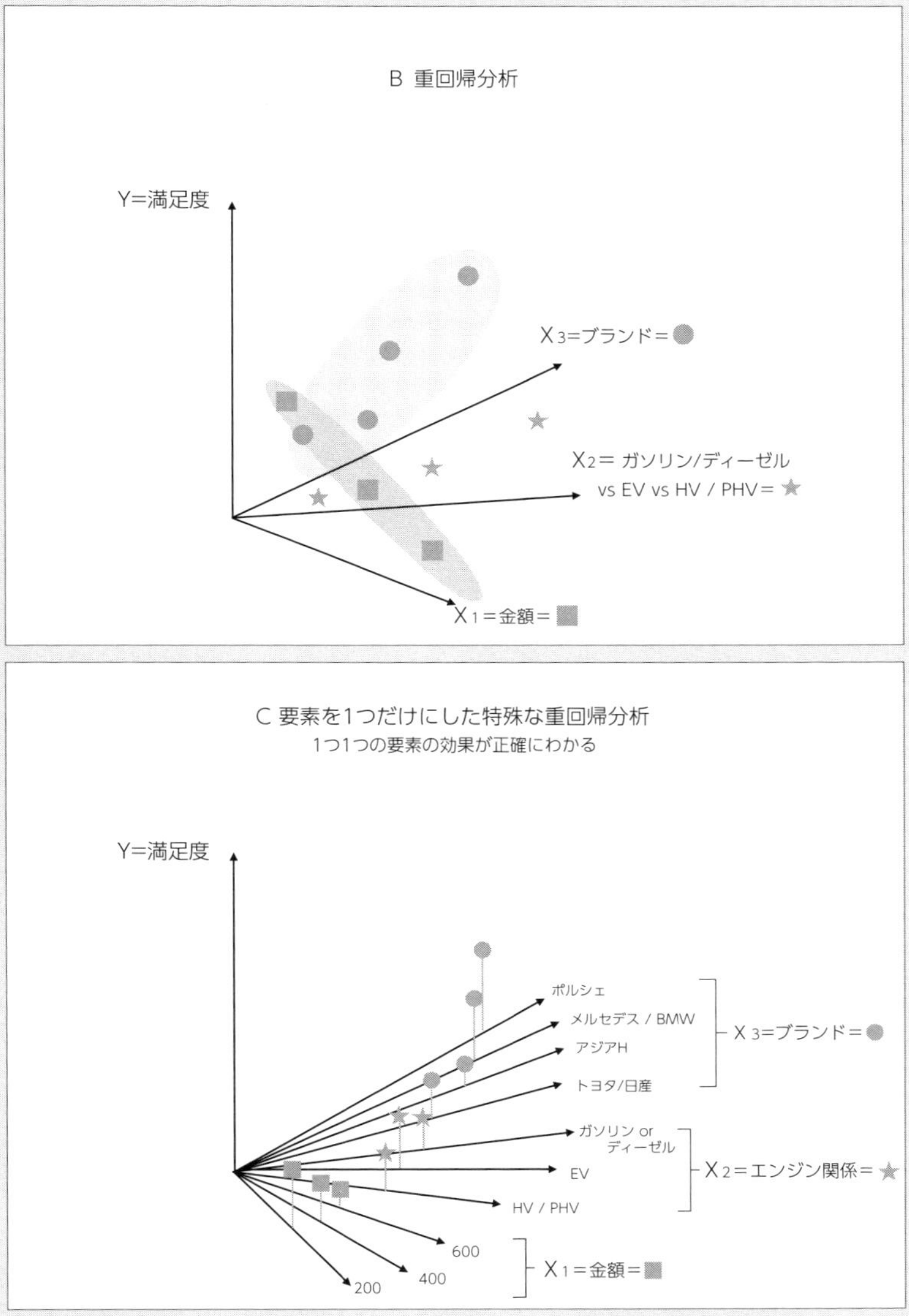

回帰分析には、三つのパターンがある、というイメージ的な解説から入るとわかりやすい。その中のイメージ図のAが通常の一次元での回帰分析である。Bは重回帰分析。回帰分析の要素が複数次元にまたがっている。

Cはその重回帰分析に一つだけ工夫をしたものである。それは、それぞれの軸に一つの選択肢を入れるか、入れないかだけにしたものである。このCを使う。なぜか。

私たちは製品のいろいろな要素が、どう顧客の満足度に影響するかについて回帰分析したい。いろいろな要素であるから、Aの単純な一次元の回帰分析は使えない。Bは良さそうである。しかしBには問題がある。回帰分析というのは、基本的には、「線形」である。つまり「一次関数」に無理やり落とし込む。これが実線で困るのだ。例を示してみよう。

ブランドを仮にトヨタ／ニッサン、BMW／メルセデス、ヒュンダイ、ポルシェと四つ並べたとしよう。回帰分析をかけると、この好みの強さが、なんらかの一直線に直されてしまうのだ。するとこの例の場合では、ヒュンダイがBMW／メルセデスよりもブランド力が上、というような結果が出てしまうだろう。これは変であり、結果がまったく使えなくなってしまう（A2参照）。

そこで行う工夫がCなのだ。一つひとつの軸に、たった一つしか要素が乗らないようにしてしまう。あるかないか。トヨタ／ニッサンであるか否か。ポルシェであるか否か。同様にEVであるか否か。馬力が100馬力であるか否か。

こうすると単純に、トヨタまたはニッサンブランドのインパクトは？　EVのインパクトは？　と、一つひとつの結果を出すことができるので、正確に顧客の選好がつかめる。さらに、価格が200万円のインパクトは？　４００万円では？　こういう価格への反応もつかめる。これらすべての満足度への影響を数値化してつかむことができる。すると、ある人は、ガソリンエンジンよりEVを満足度2だけいいと思っている。価格は、２００万円の差が満足度4違いになっている。すると、ブランドや見た目や外の要素がすべてもし同じなら、ＥＶがだいたい、１００万円高いときに、どちらにしようか迷う。などということが判るのだ。

そしてこの結果は私の約20年間、１０００を超える実証実験の結果、精度が非常に高いことが判っている。実証実験というのは、得られた結果をもとに被験者に「あなたはこういう判断をしそうですね」と訊ねていくのだ。すると本人よりも的確に当てることができる（本人がいいえちがいます、と答えることもある。そのときは、直前で買ったビールはどこの何でしたか？　いくらでしたか？　その前は？　などと事実をいくつか出してもらうと、本人が頭で考えている自分の行動よりも、この逆解析して得られた結果のほうが正確ということが判って、破顔一笑ということが何度も起きた）。

### 実際に行う方法は？　使うソフトウェアは？

やり方は四つある。エクセル、ＳＰＳＳ、フリーウェア、調査会社である。このうち最初の二つのいずれかで行うことをお勧めする。

一つめはエクセル。ここまでの解説はエクセルを使う場合をイメージして述べてきた。この場合事実上、ソフトウェア代は無料、回帰分析の無料のアドインをインストールすることと、要素を一つずつばらす工夫で、マトリクスを書いて、1または0を入れるという作業をしないとならないが、重回帰分析で要素を一つにするための工夫、ということを理解しておけばよい。

もう一つはSPSSのコンジョイント分析のアドインを使う。この場合、直行計画表を使わなくても自動的にカードをつくり出してくれる。しかし反面、SYNTAXというソフトウェアをいちいち書かなくてはならず、意外に面倒である。そのSPSSは、いまはIBMに買収されてライセンス料が約50万円と倍以上になった。また、かつてWindows XP時代のバージョンはグラフが自動で打ち出されていたが、その機能がなくなったので、使い勝手が下がった。

以上の二つは現実に使える方法である。私は、200近い企業で、延べ2000回を上回る実験や実戦とその調査結果の確認作業を行った。それはすべてSPSSで行ったのだが、エクセルでもまったく同じ結果を得られることがわかっているので両方使えることになる。

フリーウェアは、複数のクライアント企業とともにかなりテストしたが、使えるものにはまだ当たっていない。答えもグラフも出されるのだが、結果が上の二つと異なってしまう。問題はどこにあるか? 単純な重回帰分析をしてしまう可能性（Bのイメージ）。また回帰分析で切片を設定しない可能性、などが論理的に考えられる。しかしいずれにしても使えるものに出会っていない。

調査会社について、これはつき合い方であろうが、以下の3点で注意が必要である。第一は平均をとる姿勢。つまりセグメントごとに平均を出してそれを調査結果とする。平均では市場の本当の反応がわからない。同じようなグループでも一人ひとり違うもので、それらをつぶさに見ていって、本当の反応が見えてくる。戦略はN＝1ずつ精査して、はじめてつかめる。このことを本書の事例から感じてほしい。第二は、平均をとるアバウトさからくるのだが、調査のN数を誇る。これは不要であり、そもそもの思想が違う。

第三は、インターネット上での調査などに見られる次の問題である。コンジョイント分析は、多くの要素を一度に調べることが苦手である。この点をカバーする方法で特許もとられているものもあるが、それは簡単にコンジョイント分析を行うために、「被験者の表層意識での判断」を調べてその結果をテコに必要枚数を減らすものである。たとえば、ある程度調べたあとで、独特の商品をつくり出して、このX1とX2を棒グラフ上で何割くらいか比較させたりする。無意識を勝手に計算したプロセスと、意識で出させた数字を両方混ぜると、そもそもコンジョイントの「比較だけをもとに」正確に知る、というメリットを打ち消してしまう。つまり表層意識でのアンケートと同じレベルになってしまう。これでは使えない。

## N＝1がつぶさにわかるのが価値

コンジョイント分析は、N＝1について、精度が非常に高いのだが、このことを知っているマーケティングの関係者は限りなくいない。そして、N＝3で相当、洞察を得ることができる。事前に考えていたことと違うことを被験者が気にしていることに気づき始め、驚きを感じる。N＝7である種の結論が出せる。N＝15くらいまでいくと、それ以上N数をとっても、実戦上、結論が覆らないことが多い。非常に重要な示唆が得られる。本書では、このことを、N＝14とか、N＝22を示しながら示している。

このN＝1が正確に解るということが、なぜマーケティングや戦略関係者に知られていないか？　一に調査の思想が違う。ここまで正確に解ることを知らないから、平均をとってエラーをノイズとして消す、という思想に立っている。そのため、30枚程度までのカードで、被験者30名ほどの平均を取ればよい、などとする。するとエラーのノイズも消えるかもしれないが、それよりも、一人ひとりの選好の違いがしばしば大きく異なるのだが、それが消えてしまって丸まった結果しか得られなくなってしまう。すると「安くて高級なものがいい」くらいの結果しかわからなくなる。これでは調査結果から何も生まれない。

現実には違う。この本で示したように、ほぼ同じようなバックグラウンドを示している顧客が、22名中12名が非常に高付加価値の要素二つを気にしているとか、価格やセールを重視しているのは実は5名だとか、こういうことが解像度高く判る。すると、「これなら攻められる」という戦略のヒントが得られる。また別の例では14名中、6名が、最高級のスペックを価格が3倍になってもまったく意に介さず選んだ。こういう精度の高さから戦略が生まれる。

しかも、一人ひとりの求めているものを感じることができるから、作業をしている企業のプロジェクトメンバーの心の中に、可能性がありそうだ、攻めてみたい、というような感覚が芽生える。

次に、一人ひとりのデータからバックして現実の行動とつけ合わせる作業を誰も行わなかったのだ。私はハーバードビジネススクールのケースと論文のデータベースで検索をかけて関係しそうなケースと論文をすべて調べたことがあるが、それら一つひとつの作業を行ったと見られるアメリカのビジネススクール（ハーバード外を含む）の教授は一人も見つからなかった。私はマッキンゼーにいて、この調査は2回やった。やった方だが、それでもここまでの精度には気づいていなかった。調査会社は、調査そのものを行うことを目的としているだけである。誰も被験者一人ひとりと向き合うことをしないのだ。

なお、本書で「実験計画法」と述べて、エクセル型を説明して判るのだが、実は、世の中ではN＝1が正確にわかることがマーケティングと戦略の世界の外では知られている。それは製造業の現場である。ものづくりで、実験計画法は使われる。その場合には、カードを並べ替えるのではなく、条件を変えて、高品質の何かを産み出す要因を探るのだ。その場合は、実験を9回ぐらい行うが、その9回の結果で結論を出す。つまりマーケティングのカードの並べ変えなら1回、つまりN＝1だ。

最後に、一般的にコンジョイントをマーケティングに使うとき、カード30枚くらいまではいける、とされてきた。だが、これはエラーがあってもよい、平均で消せるという思想においてである。私は、20以下くらいにしておくと、非常に多くの場合に、精度が高い結果が得られることを確認している。

## N＝3による直行計画／コンジョイント分析の価値

さて、こうして得た結果からどのような価値が生まれるのだろうか？

まず私は、しばしば50％以上の確率で、クライアント企業が自分の顧客の真の願いや動きを理解していない、気づきがある、と述べてきたが、本当はその率はもっと高い。どういう気づきが得られ、どういう戦略が発動できるのか？

大きく分けて三つのシーンで使える。

第一は「ざっくり事業に可能性があるかどうか」「どういう可能性があるか」がつかめる。

第二は「マーケティング戦略を正確に判断する」ことができる。

第三に、マーケティングの世界を超えて、ほとんどありとあらゆる戦略の判断を容易にし、加速させることができる。

だがこのまとめに到達する前に、具体的にどういうシーンで力を発揮するのか示していこう。

①まず製品戦略、新製品開発、新事業のGO、NO‐GOの意思決定に有効である。

ある機械メーカーがアメリカ市場で超大型機セグメントには入れていなかったが、大型機、中型機で成功を収めていた。だが、小型機市場が拡がっていて、いよいよ小型機を製造することとしたのだが、時期を失ってしまっているかもしれない、自信がもてない、という事例があった。自社の販売網がすでに他ブランドの小型機を売って商流が確立していたのだ。

さて、本書に記述したような要領で顧客をテストをすると、「買います」と出た。卸やディーラーでも「待っていました」、と出た。その「待っていました」が強かったので、プロジェクトチームは価格を10％上げても十分に売れる、強気でいってくれ、という提言を社長以下全役員と幹部諸氏100名以上が揃っている場で発表した。それで何が起きたか？

教え子たちはまず叱られた。価値はそもそも技術とここまで製品開発と製造プロセスの開発にあるのだ、調査だけした君らにあるわけではない、と。事業部の幹部全員、売れるか売れないか、とても心配だったのだろう。実際には、当初案から逆に、さらに10％値下げして販売することを決定した。ものすごく売れた。半年で売り尽くしてしまった。製造が間に合わなかった。そして、利益は出せなかった。

さて、その企業では多数のプロジェクトを数多く同時並行で走らせていたのだが、この小さな事件のことが広範囲にささやかれるようになって、その企業は貴重な学びを得た。

②いまの例で判るように、GO、NO - GOだけでなく、プライシングの判断も的確になる。

③さらに、新製品開発の新しい価値がどのベクトルにあるのかを見極めるのに非常に有効である。それは、R＆D戦略の判断に有効である。本書でもそのベクトルを読み誤ってリストラ状態に陥った企業が、ごく短期間に一つのベクトルを発見して立て直しに成功した事例を記した。

④市場はざっくりと、付加価値市場か低価格市場かに分かれている。それぞれによってバリューチェーンの上から下まで戦略の基本を整えなければならない。だが、自分の業界がどちらであるか、ハッキリと認識していてそれが当たっているという例はあまりない。

ライアンエアは、徹底的な低価格とコストで行く、という戦略を産み出すのに6年間を要した。倒産ギリギリでバトンタッチした2人目の経営者が、会社を閉める前に顧客が低価格を歓迎しているのだから、低コストに振ってしまおう、と判断したのだ。6年間もである。

だが、日本企業では、ドトールコーヒーが付加価値市場だったことに気づくのに20年間かかった。アサヒ、キリンが低価格ビールの可能性に気づくのに3～7年、プレミアムビールの価値に気づき、本腰を入れるまでに10年間かかっている（TV広告の入れ方などで本気度は一発でわかる。その間、両社は基本的に製品開発と営業だけやっていたのだ。つまり30億円の経費を渋って数百億円の市場と利益を他社に10年間以上、譲ってきた。だがいまビール市場が縮小する中で日本国内で利益を維持しているのはプレミアムビールがあるからだ）。

⑤マーケティング戦略と事業の抜本的見直し。事業を抜本的に立て直すとき、マーケティング的にどう立て直したらいいかをまず見るとよい。顧客がいてはじめて事業は成り立つからだ。そのとき、「いまの自社の顧客」だけ見ると、しばしば事業が尻すぼみになりかねない。価格を下げて次第に事業を弱くしてしまいかねない。

知るべきは、いま自社に来ていない多くの顧客が、もっと付加価値を求めているのか、もっと低価格を求めているのか、その見極めである。しばしば価値であることが多い。その場合、強気で攻めでそのような価値が提供できるように事業を組み変える。逆に低価格であることがわかったら、ライアンエアのように徹底的にコストを削る事業モデルを組むのだ。

⑥複数の事業がある場合の事業戦略の立案。別の重工業の大企業で経験したことだが、同じような性格の市場に見えて、実際は、プライシングに非常にシビアな顧客が揃っている業界と、緩やかで、スピードや、できるかできないか、技術力を要求している顧客が揃っている業界があったことがある。

同じような技術やサービスを提供しているのだが、その企業の技術力が生きる伝統的な分野では、顧客がコスト（価格）に非常にシビアだった。一方、伸びつつある新エネルギーの分野には技術力の差は効かないのだが、顧客そのものがプライシングに対しておおらかだった。考えてみれば、新しい分野であり試行錯誤も必要で、そしてスピード展開が要求されていたのだ。

市場と顧客の価格への反応の違いが判ると、事業モデルの構築の仕方もスピードも、ものすごく変わってくる。この企業は業績の好転に成功した。

⑦マーケティング案、戦略案の絞り込み。どんな企業でもこうやったら事業がよくなるのではないか、というようなアイデアを10程度持っているものだ。それらのうち、大半は顧客の反応があるかないかで実行すべきかどうかが決まる。それらについては、ほとんど瞬時に効果があるかないかが見極められる。だいたい7～8割のアイデアは驚くほど効果がないことが判るものである。だが、効果がある残りの2割程度に意識を集中させると打開策に気づくものである。

⑧業界戦略。マーケティング周り、営業戦略、製品戦略、新規事業などに効果がないことが判明した事例があった。その事例では、それではということで、海外進出によるコストダウンを選択した。また、業界再編のM&Aに一早く乗り出した。それにより業界トップに躍り出て、経営成果を上げたのだ。

⑨M&Aの意思決定。いまの例は、消去法的にM&Aという選択肢が浮上した例であるが、積極的にM&Aの意思決定に生かすこともできる。M&Aのターゲット企業の業界、市場が付加価値型か低コスト型かによって、買収後の基本戦略を決めないとならない。その戦略が自社の好みに合うかどうかが一つ。それからターゲット企業が最適なマーケティング&事業戦略をとっているかどうか。これで相手企業の評価ができる。さらに自社がその戦略レベルを超える経営ができるかどうか。できない企業にプレミアムを払ってM&Aをするのは厳しい。

こういう例がある。経営が悪化した教育系の企業。顧客がアンケート（つまり表層心理）で20万円くらい、というところを40万円のプライシングで成功していた。50名ほどデータを取ってみると、深層心理では40～50万円はOKとなっていた。絶妙のプライシングで成功している。しかも顧客獲得後、1カ月以内に、それら顧客に25万円の上級コースの追加購入を勧め、6割で成功していた。そこまでのプライシングと営業戦略はよほどのマネジメント力がないとできない。M&Aを検討していたのはあるPE（プライベートエクィティ）であるが、私の提言は、NO‐GOだった。そこでそのPEは自社からの投資を1割ほどに抑え、政府系ファンドと同じ業界で経営力があると目される企業と組んでM&Aを行ったが、果たして結果は出せなかった。

N＝3で顧客の反応からマーケティング策、戦略案を考えるというのは、これほど現実を占いうる。

⑩役員会の活性化。非常にアグレッシブな戦略への意思決定の加速。実は、多くの日本人がリスクはあっても積極策をとることについては、深層心理、つまり本音ではかなり前向きであるが、自分でそのことに気づいていないという現象がある。そして、表層意識では、それが役割であるかのように慎重論をまず唱えて

しまう。そこで、大規模なM&Aや、戦略性の高い海外企業とのアライアンスや、逆にリストラクチャリングなど、アグレッシブに見える戦略案については、関係当事者、役員会メンバーの意識調査を、このN=3、直行計画で行うことが有効である。すると関係当事者が一気に、本音、かつ積極策に意識を持っていくことができる。

また、意見が食い違った場合に、その根拠となるポイントをえぐり出すこともできる。選択肢の要素のどこが気になるかでわかる。そのポイントが誤解なのか、覆す方法はないのか、など検討していくことも有効である（詳しくは、『マーケティングは3人に聞きなさい！』（生産性出版）の〝手に入れたい未来〟の章を参照）。

⑪チーム作り。教育効果。ショック療法。さらに、M&Aをしたあとの経営幹部の統合。こういう場合に、実は、顧客の反応を素早くチェックする方法が有効である。ほぼ全員に驚きがある。自分の認識と考えていることだけでは不十分とわかる。また実際の顧客の反応は、一人ひとり検証して確認するプロセスをとることができる。これにより、一方的な考えを超えて、顧客の反応ベースに戦略を考えるプロセスに入ることができる。異なる企業からの混成チームの早期立ち上げにも有効である。意識と思考を柔軟にする効果があるので、教育効果が高い。ショック療法的に使うこともできる。

このように、マーケティングと戦略のこれほど多様な場面において、スピーディに、実戦効果がとても高い効果を上げることができる。

だが、さらにもう少しだけ言うと、「ほんの少しのシンプルな論理的な解析」を加味すると、マーケティングと戦略の鍵の抽出に力を本当に発揮する。それは消去法による要因分析、抽出を行うというプロセスである。

⑫マーケティング効果のメカニズムの解明〈その1〉。簡単にいうと、事業とは、（A）「世の中に価値のあるものを創り出して」、（B）「それを提供する」ものである。事業の問題点が（A）にあるのか（B）にあるのか、が判れば強化策が判る。このうち、（A）については、ここで述べてきたN＝3的なコンジョイント分析による推計で直ちに判る。ここを強化すべきなら死にものぐるいで強化する。ここで強い競合が現れたらすぐ気づけ、R＆Dも製造も注力せよ、ということである。

（B）が問題なのだったら、（B）に資源注入。それができなければOEMなどアライアンスか、場合によってはM＆Aも考える。また（B）の中でも、広告認知か営業・チャンネルか。こういうことも解析できる。また広告効果が本当に上がるかどうかは、実は顧客の受け止め方によるのだが、このテストもN＝3で私は行ってきた。世の中的には、効果があるかないかを考えずに経営資源投下する例や、すべきところにしない例が非常に多い。

⑬上級編、マーケティング・メカニズムの解明〈その2〉。⑫のようにやってメカニズムが解明できない場合が過去2回だけあった。1000回中2回と思っていただいてよい。一つは、海外マーケティングで顧客は日本のZ社のブランドをトップクラスと思っていたが、営業チャンネル、つまり販売員たちは、世界で一位二位の欧米勢から大きく負けていることを知っていて、ダメだと思っていた場合。これは営業チャンネルの再教育とマネジメントで打開できる。

もう一つは、展開スピードが負けていた場合。本書2章で紹介した事例である。E社はひたすら販売回転率を上げることを意識していた。F、G、H社はいずれも財閥系企業でブランド価格づけができることを知っていたが、利益は取れたり取れなかったりするので、利益を意識していた。だが結果として、E社のブランドプレミアム認識は、場合によってはF、G、H社を凌ぐほどになってしまった。

これらの事例は、最初の事例は「認識」の重要性、次の事例は「スピード」の重要性を示唆している。なんとなく宇宙的というか普遍的な要素が浮かび上がっておもしろい。

⑭B2Bの戦略判断にも非常に有効だ。B2B企業の幹部諸氏からよく質問されるのは次の三つである。(1)この手法はB2C向けでB2Bでは使えないのでは？　あるいは(2)B2Bでは「合理的な答えが頭でわかる」はずだから要らないのでは？　さらに(3)誰を被験者とすべきなのか、相手企業の担当か責任者か調達部門か、それによっても答えが変わるのでは？　というものである。

実はB2Bでは非常に高い力を発揮する。まずB2Cでは被験者は「サンプルの被験者」となるが、B2Bでは当事者そのものになる。相手顧客のことがわかる。

担当によって違うのでは、ということはある。だが、それでも「空気のような事業感覚」が判る。徹底的なコストで動く組織や業界と、価値を追究している組織や業界では、やはり反応に特色が出るものである。しかし、そうはいっても技術に関心のある技術陣と予算を意識する調達部門では、反応がもちろん違うことが多い（意外に違わないことも多い）。それらの現象に目を向けていくと、解像度の高い重要なことがわかる。

あるB2B企業で、ある事業について「自社への価値への評価が高い、さらに技術に付加価値をかなり払う」ということが判明した。付加価値型の市場である。ところが実際には特に重要な大型プロジェクト案件で、入札で厳しい価格で失注を続けていた。対象業界が製造業であるからコストに厳しい。調達部門のハードルを越えないとならない。ところが私のクライアント企業の出す応札価格では失注が続くのだ。

ところが判明したことは、技術陣はクライアント企業にエンジニアリング工事を頼みたかったので、「だいたいこの線なら御社になります」という線を事前に教えてくれていた。つまり、つかめていた。ところが私のクライアント企業では事業部門が独立採算で評価されていた。だからそこから上がってくる社内コストの見積を積み上げると、どうしても毎回、その金額に抑えられなかったのだ。取りたい事業部門もあるのだが、既にいまの利益が高くて無理して取りに行かなくてもよい事業部門もあった。合計では負ける。

この件は、利益重視の経営の限界、問題、だから攻められないというような、いろいろなことを思い出させるが、それはどうするか？「会社全体としては受注した方がいいのか、しない方がいいのか？」が関係役員に突きつけられたのだ。答えは「取った方がずっといい」、だった。「だったら、せっかく当社のファンが数字を示唆してくれる間に、しっかり取りに行こう」である。侃々諤々の議論の上で、そう方針が決まった。もちろん事業成果は好転した。その企業は、こういう発見の積み上げで経営再建とは言わないが好転に成功した。

以上で、『ちょっと深い深層心理』レベルで、顧客の本当の選好をつかむ」ことが実戦上、非常に有効であることを紹介した。また本章は実験計画法・コンジョイント分析そのもののマニュアルにもなっている。さらに詳細情報は www.inspark.jp からリンクを貼っておくので参照されたい。また私の過去の本にも実戦事例が多く参考になる。

付記すると、ここまでの解説は世界中のどこにもない。私は、たまたま独立したころ選抜幹部研修を依頼され、1996~1998年頃、選抜研修の存在は各企業でまだそれは秘密だったことが多いのだが、インパクトが強かったことから次々にいろいろな企業を紹介された。それでショック療法的な教育効果と、実戦上の有用性に気づき、また1社あたり5～10もの別プロジェクトを同時並行で走らせ、しかも毎年10もの企業で走らせても、確実に顧客の反応が判るので、判断を誤らないということも判ってきた。さらにメンバーが刺激やショックを受け、固まっていた思考や意識が柔らかくなる。それらの副産物として、現実事例が蓄積してきて、さらにプロジェクト運営にフィードバックさせることができた。たまたま時代に合っていたのだろう。こうして15年間で、2000というほどのテーマを取り扱ったのは、本格的なM＆Aやターンアラウンドなどを含む大型のプロジェクトだけでなく、そういう中小のプロジェクトの総合計である。だが、いま振り返ってみると、この「顧客の深層心理レベルの反応」の判断が、極端な話、M＆A戦略にこれほど使えることなど、事前には想像したこともなかった。

というわけで、本書のマーケティングと戦略について紹介している内容については、

第一に、「ざっくり事業に可能性があるかどうか」「どういう可能性があるか」がつかめる。

第二に、「マーケティング戦略を正確に判断する」ことができる。

第三に、マーケティングの世界を超えて、ほとんどありとあらゆる戦略の判断を容易にし、加速させることができる、ということをお判りいただけると幸いである。是非、生かしていっていただきたい。

# Part.3

# イスラエル・エコシステムのスピードと宇宙観

# 第8章　最先端への挑戦

## 天才を超える天才たち

グレイズ・アナトミーというTVドラマを観たことがあるだろうか？　米国西海岸、シアトル・グレイス・ホスピタルを舞台に、インターンたちの恋愛コメディと、シリアスな最先端医療の話題や技術が両輪として構成されている。主人公の女医メレディス・グレイを演じる女優が、報酬トップ数位にランクされるほど人気の高いドラマである。

さて、そのある回で、エッセンシャル・トレマー（本態性振戦）という脳の病気が取り上げられた。患者の脳は体、特に腕と手をうまく制御することができない。常に5〜20センチもブルブル震えてしまい、直線も円も書けない、基本的に手作業が何もできない。それで娘の結婚式に出席することもままならない。

それを主人公の恋人である天才的な脳外科医デレク・シェパードが手術する。なんと患者を覚醒させたまま。というのは脳の重要な部位を傷つけないよう話をさせながら確認しつつ、という驚異的な開頭手術である。このドラマで取り上げられたということは、そのレベルの天才外科医が実在しているということなのだ。

その天才を上回る天才たちがイスラエルに現れた。この手術をはるかに容易に行うメソッドが開発されたのだ。開発したのはコビー・ワークマン。軍で防衛システムを開発してイスラエル賞を受賞したエンジニアである。問題を分解して一つずつ解決するというのが信条らしい。その彼は「なぜ開頭しないとならないのか？」と思った。その結果、ＭＲＩと連動させて１０００以上の超音波をあててオペを行う方法を開発してしまった。

問題はわずか３～４ミリしかない脳のある部位である。その部分をメスで切除する代わりに、超音波の焦点をつくり出し、80度の温度で細胞を解かしてタンパク質に帰させてしまうのだ。この方法は、エッセンシャル・トレマー以外にも、ある種のパーキンソン・トレマーにも、がんの骨転移にも、また子宮筋腫にも有効である。

## 行動力のある天才たちのチーム

ここで私の友人が登場する。オファー・ファビアン氏である。笑顔を絶やさず前向きで行動力がある。イスラエルの優秀な人たちのプロフィールはだいたいそんな感じだ。

いかに画期的な技術が開発されても、それが世の中に広まらなければ事業にならない。この画期的なメソッドはＦＤＡの承認を得たのち、なんと11年も事業として立ち上がらなかったという。オファー氏はテルアビブ大学コンピュータサイエンス卒業、そしてＡＩにより、大腸がんなどの早期発見を現実に行う仕組みを開発して成功したアントレプレナーである。コビー・ワークマンのインサイテック社に請われて参加したのは、事業の拡大のためである。知られなければ、そして、使われなければ、価値は世に出て行かない。

主たる市場は米国。米国でまず知られなければならない。次に、保険会社が認めてくれなければならない。国民皆保険の日本と違って、米国では保険会社が一つずつ治療法を認めていく。

オファーのチームが考えたのは、クレジットカード会社との連携である。それは、患者にケアカードというものを発行する。そしてこのカードの使用を病院で認めてもらっておいて、患者は保険会社との交渉をあとにして支払いを行うことができる。肝は保険会社が最終的に認めなければ、インサイテック社が支払いを保証するとした点による。この仕組みができるまでは、患者は保険会社との交渉に疲れてあきらめてしまうか、保険会社が認めてくれる他の従前からの治療法などを選択してしまっていたのだ。

この仕組みにより、開発されたMRIと超音波技術の統合された治療法を認めるようになり、同時にこの方法が知られ、事業も拡大した。ここから判ることは何か？　行動力のある天才たちのチームの活躍である。クリエイティブな発想と実行力。そして彼らは未来の打開を一人ではぜす、必ずチームで行う。経営力のかけ算を行う。そしてまた、事業に成功した起業家がまた別の有力な事業のマネジメントに参加する。こうしてシリアル・アントレプレナーが生まれていく。

## メディカル × アルゴリズムという会社の創業

ではここで、そのオファー氏が直前に成功させたスタートアップを見てみよう。２００３年に創業したメディアル社。インサイテックに参画した２００８年には既に成功を収めていた。ここで社名のメディアルとは、医療（メディカル）とアルゴリズムの造語である。アルゴリズムの専門家である彼の共同創業者は、既に株式売買の自動のアルゴリズムを開発してビリオネアとなっていた。

そこでこの会社は、ノンプロフィットでもいい、というくらいの意識でがんの早期発見に挑んだというが、結果として商業的にも成功してしまう。

たとえば、彼らはターゲットを大腸がんに定めた。というのは、直腸スコープを嫌って検査しない人が多かったのと、検査のキャパが年間1万人とイスラエルでは限られていたからだ。そこに保険会社も興味を示し、データセットの提供などで助けてくれた。

オファーたちマネジメントチームは、目標を「直腸スコープを嫌う人が多く、キャパが限られていて、早期発見が難しい、この状況をどう覆せるか、国家レベルで最適化できるか?」と考えた。キャパは制約条件と設定した。

この何気ない記述の中に、既に私たちが学べることがあるのだが、それは何か。AI、AIと言われ、日本の産業界の関係幹部諸氏は、ビッグデータをAIにかければ、つまりマシンラーニング、ディープラーニングにかければ価値が出せると考えてしまいがちである。日本では、アルゴリズムよりも与えるビッグデータ自体が重要という認識もある。

IBMワトソンもそう考えたのかもしれないが、それは違う。経済産業省の江崎禎英氏は、IBMの広告から白衣が消えたのは、いくつもの医療関係のプロジェクトが失敗したからだと看破している。データセットだけではない、データの量でもない、量は邪魔になると江崎氏は言う。人間の洞察力、何を制約条件として、どの角度で迫るか。当たり前のことなのだが、その戦略性が重要なのだ。

オファーたちのチームは光を見た。既存の、ごく当たり前に健康診断で集めているデータセットから、血球数に関する時系列から精度の高い方法を発見した。それは発見されるまでは驚くべき意外なことだった。

こうしてオファー氏たちは、イスラエルのデータセットからメソッドを編み出した。だが今度は英国で違う問題に直面した。英国ではデータセットが違う、直接欲しかった情報が手に入らない、だがそれでも大丈夫だった。基本的なアルゴリズムは機能したという。こうしていまでは、米国、ポーランド、…と対象市場が拡がった。

さてこの事例は、いまから10年以上前の事例である。日本をはるか凌いでいる。日本は、人の生まれてから最期までの高品質のデータが世界で最も優れて蓄積されているという声もある。しかし日本では、コンファレンスでまだ実用化された事例に接することがないか少ないのではないだろうか。メディアル社は20以上のプロジェクトで、現実の成果を出した。

## 政府の役割の最前線

2017年9月、イスラエルのある大学キャンパスでデジタルヘルスケアのコンファレンスが開催された。そこには米国系の医療関係者も参加していたが、イスラエルのデータセットが充実していることと、それらが米国以上に解放されていて使えることに驚きの声が上がっていた（もちろん日本とは比較にならない）。

しかし、私が驚いたのは、そこに登壇したイスラエル政府のディレクター女史のプレゼンである。データセットをさらに拡げるために、日常生活、環境など、数十の項目で情報収集対象を広げて、しかもそれらを活用できるようにしている、というのだ。さらに先を行っている。

一方日本政府の関係者からは、日本でも、ＩＢＭでも、バラバラになっているデータセットを統合しても使えない、ということで、挫折してしまいそうか、してしまった、ということを聞いた。

さて、そうは言っても、イスラエルとて、他国に比べれば進んでいるかもしれないが、まだ隙はある。つまり人類全体の進化という観点で見ると、進化の鍵はまだ見いだせる、と私は思う。

その数十のツリーのプレゼンテーションのページをざっと見て気づいたことだ。たとえば、一人の患者が日頃使う会話に出てくる単語や表現など、まだまったくない。人も企業も、本も組織も、8割楽観的、8割攻め、逆に8割悲観的、問題だらけだよ……、などと言葉や表現に意識状態が自然に現れる。それらも健康状態にも、がんにも効いてくるという有力なものの見方も、Ph.D論文も多数（がんの寛解に触れる医学論文でも1000も）あるらしい。だがデータセットはいまのねらいでもそこまではいっていない。つまり最先端に打って出る可能性はここにもあるのだが、伝統的な世界では、スタートアップ企業も、そこで挑むAIエンジニアの戦略性も、それらの資金調達や事業モデルの開発、M&A、進化を支えるエコシステムも、データの解放と活用の役割を果たす政府の意識も動きも、イスラエルが先を行っている。日本も早くこれを超えようではないか。

印象論として、日本の省庁は予算をとって自分の省庁の下でやりたがりすぎるのではないだろうか。イスラエルは予算が厳しいからどんどん解放して民間に任せるしかないというのが一つの側面からの事実だろう。もう一つは、イスラエルは政府関係者が仕組みや組織を増やして権限を拡大するようなことをしない。政府は役割を限定的にとらえて、政府の外のプロに任せていく。その結果、イスラエル政府の、特に経済省の外郭団体であるイノベーション・オーソリティが、予算を100億円投下すると、必ずそれは、数倍以上の効果と、イノベーションの加速という現実を生み出しているようだ。

### 主戦場として浮上するデジタル・ヘルスケア

さて2019年のいま、イスラエルでは全力でデジタルヘルスケアのイノベーションに力を入れようという動きが加速している。

簡単に言うと、他の産業を席巻してきたデジタルのディスラプション的な構造変革が、医療、ヘルスケアの分野に押し寄せ、業界全体の付加価値構造が抜本的に地殻変動してしまうというビジョンに基づく動きが次々に産まれているのだ。

直近からいくと、まず7月の第一週のある日、イスラエル経済省の投資局長ズィーバ女史が来日して、今後数年間で300億円をデジタルヘルスケアのイノベーションの推進に振り向けると宣言した。この金額を侮ってはならない。1992年にはわずか100億円で10のVCの垂直立ち上げを支援して、その3～4年後には、いまのイスラエルのスタートアップのエコシステムの基本構造を成り立たせた。そのヨズマ・プログラムの3倍である。

その1週間前、私はエルサレムにあるイノベーション・オーソリティの会議室に、日本のクライアント企業とともにいた。イノベーション・オーソリティとは、先にも述べたが、イスラエルの経済省の外郭団体で、イノベーションへの資金支援を実際に行う重要な機関である。イノベーションの加速を目的とし、投下資金の最大化をまったくねらっていないことと、実際の支援プログラムが次々に成功してきたことに特色がある。

通常ならば、その場は、イノベーション・オーソリティの幹部が、イスラエルのエコシステムのダイナミズムや魅力を語り、イノベーションのために提供しているさまざまなプログラムを紹介してくれる場となるはずだった。だが、私たちとその日本企業にはすでにイスラエルである実績があった。だから会議の中身がまったく異なるものとなった。彼らはその日本企業のことをとても知りたがった。そうして最後にこう言った。「製薬の開発プロセスがAIの活用で、いまとは様相が異なっていく。秋からはそのための仕掛けを構想していきたい、可能ならば検討して応じて欲しい」、と。

同じ波をその一週間前にも感じていた。そのときはＪＩＣＣ日本イスラエル商工会議所のイスラエルミッションを率いてヘブライ大学のテック・トランスファーを訪問していた。だが我々はあまりにも大所帯の訪問団だったので、同じビルにある知り合いのベンチャー・キャピタルの会議室を借りたのだ。ところでそのＶＣの創業者とは３年来の知り合いでもあり、また、いまあるスタートアップ企業にお互いに投資している投資仲間でもある。その彼は医薬とＡＩのかけ算というコンセプトでの投資ファンドを形成しようとしていて、日本勢が参加できないか、と言うのだ。

## プロトタイプができただけで売上がゼロなのに企業価値が３００億円

ではデジタルヘルスケアとはどういうものか？　一例をあげてみよう。

先に紹介した超音波とＭＲＩのかけ算で、開頭せずに脳の外科手術を実現してしまったインサイテック社は、ファイファというイスラエル北部のハイテクの都市に本社がある。六階建ての近代的なビルに入っていて、正面に堂々と会社のロゴが掲げられている。ところがそのロゴの上にもう1社のロゴがあり、それがミーメド・ディアグノスティックス社。インサイテック社と異なり、ミーメド社はまだプロトタイプこそ完成していて実際に活用されているが、まだ売上が立っていない段階にある。けれども企業価値はすでに３００億円以上に達していることが資金調達額などから容易に推計できる。

では何をやっているのか？　これは、自宅や会社にいながらでも、自分が罹患している病が細菌性のものなのか、ウィルス性のものかどうかを瞬時に判別してくれるという技術を開発したのだ。着眼点は、タンパク質に免疫に関する痕跡が残るというメカニズム。ミーメド社の技術陣は最初は、サイトカインなど免疫系に関係のありそうないくつかの代表的なタンパク質を取り出して、痕跡による判別の可能性を調べた。しかしそれはうまくいかなかった。

そこでどうしたかというと、今度は、インターネット空間全体をスキャンして、数千におよぶ異なるタンパク質について、いま判っている情報から可能性を調べ上げた。そうして可能性のあるものについて検証を行った結果、5種類のタンパク質が使えることがわかったという。

こうして一号機が完成して、これをいまプロトタイプ展開すると同時に、商業展開の準備をしている真っ只中にある。同時並行で、さらにより詳細にウィルスの種類など突き詰めていくための研究開発にも進んでいる。

企業価値、300億円超は妥当なのだろうか？　こういう試算をしてみよう。日本だけでピーク時には、インフルエンザ患者は週に200万人というような数にのぼる。年間合計で1000万人を上回る、として計算してみよう。すると1年間に、インフルエンザだろうか風邪だろうか、悩む人の数は1000万人を超えることになる。うち、職場に出て行けるか休まないとならないか判定が必要な人、または親として確定させたい人たちの割合はどれだけあるか？　1～5割の間と仮定してみよう。間をとって3割。えいやで年間500万人もの人が判定のために病院に行くことを考える。

だが病院で病気をもらうことが気になる、時間がロスとなる、身体が苦しい。それらの人が病院に行かなくて、判定できるものにいくら払うだろうか？

一人1万円とおくと、500万人で500億円。うち粗利が4割として200億円。これを仮に8倍してみると（8倍というのは、定常状態にある事業の事業価値算定で使う代表的な倍率）1600億円となる。日本だけで、である。仮に1万円が半分だとしたら、この半分以下。それでも100億円の単位である。これでグローバルの価値を考える（つまり成長する倍率をかける）などするとどうなるか。

もちろんこういう案件は、投資して待っていればいいものではない。誰かが、仲間が、つまり戦略的に事業を行おうというパートナーが事業開発して実現できるものだ。ファイナンシャル・インベスターと、ストラテジック・インベスターが力を合わせてグローバル事業をいち早く立ち上げていく。日本では規制が、などという議論はあとで考えればよい。世界が先に動く。最も規制が緩やかな国や、イノベーションに合わせて規制を変える国の市場が先に動く。そこに意識を合わせせないとならない。

グローバル企業というものは、そもそも次の四つのどれかをテコに事業を世界展開していく。技術か、製品か、ビジネスモデルか、規制である。オールドエコノミーの解りやすい例で言うと、IBM型、コカコーラ型、アムウェイ型、金融機関型、である。デジタルヘルスケアは、金融機関型として規制の緩やかな国で勃興し、規制対応が遅い日本などをいずれ席巻していく。

## いかに「先導戦略」を描くかが大切

デジタルファーマ、デジタルヘルスケアは何もいま始まったものではない。もう10年以上前からイノベーションが起きている。けれども何故いまホットになってきているのかというと、一つには、既に本書で紹介したようにデジタルやAIの効果が現実に相当の結果を生み出してきたということがある。

だがもう一つには、いま関係者たちは、今後ヘルスケアのビジネスモデルについて、「医薬品中心」「MR中心」が崩れ去る、と感じ始めている。世界観が変わりつつあるのだ。今後の事業の中心は、ある者は「患者」という。別の者は「データとＡＩ」をイメージする。ある者はまた「ＭＲ網に変わるまったく新しいデジタルのチャンネル」をイメージする。デジタルヘルスケアの分野にはまだ、グーグルのような強大なプラットフォーム企業は産まれていない。だが、プラットフォーム的な事業は産まれていて、10年と言わず、5年もしたら有名なプラットフォームが現実に事業として成り立っているだろう。

さて、ディスラプションの時代には、新たな戦略への対処シナリオは大きくわけて三つある。「否定」するか、「フォロワー」となるか、「先導」するか、の三つである。

まず「否定」はできない。デジタルカメラを世界で最初に開発したコダックは、その事業化を役員会が否定して、いまは会社も消えてしまったのは有名な事例である。

「フォロワー戦略」も意外に容易ではない。あっという間にタイミングが過ぎていく。あっという間というのはだいたい数年である。楽天とバイバー（Viber）の例が典型例である。

だから、我々日本企業が本当は求めているのは「先導戦略」なのだ。1社で先導しなくても、参加でもよい。ディスラプションの時代は所詮、社内で1社では無理なのだ。だから先導戦略になんとか入っていく。この覚悟が大事なのだ。

そのときテコとできるのは三つ。一つめがパッションと行動と真剣さ。二つめが日本。三つめが実績である。実績を作りながら一のパッションと行動で、二の日本をテコとしていく。これを2〜3年で駆け抜ける。

## アルゴリズムの最先端への挑戦

過去9カ月くらいの間にこういう経験をした。いま、物流や、補修などを含むさまざまなサービス関係のフィールド部隊のマネジメントでの技術開発とビジネスモデルが大きく変化しようとしている。そこで必然的にそれらのスタートアップ技術にも触れてくる。よさそうということで上位に上がってくるものだけでも四つも五つも上がってくる。

ところがこれらに対して日本企業の反応から、日本が遅れていることがわかる。日本企業は既に日本の国内のベンチャーや、大企業から提案を受けているのだが、それらと比べてより優れているかどうかを当然気にする。ところが一旦、日本国内での技術を見ると、海外、イスラエルの先進性が逆に見えなくなってしまっていたりするのだ。具体的なことを述べていこう。

「このアルゴリズムは、グーグルマップのコース選択のエンジンを使っていますか？」と訊ねられる。使っていない、独自だ、という説明を受けてもよくわからない。というのは日本で目にしたものがすべて、アップルまたはグーグルなどの既存の大手プラットフォーム企業のエンジンを活用したものだったからだ。

イスラエルではそもそもそういうことは起きない。既存のプラットフォーム大型企業、いわゆるＧＡＦＡ（Google・Apple・Facebook・Amazon）が使ったら価値が出るが、「まだ開発できていない」エンジンを開発することはある。だが逆に、それらＧＡＦＡが開発して使っているエンジンの一部を使って、応用して、実務で小さな価値を出すことなどやらない。日本と違ってやる余裕がないのだ。

日本は国内市場が大きいから「事業開発の下流」で食べていける。だがイスラエルでは下流のオペレーションを担当する大企業が国内にないのだから、上流でよほどの価値をださなければ食べていけないのだ。ビッグピクチャーではこういうことなのだが、たったこれだけのことが日本の企業関係者には見えない。

さて、こういう背景から、イスラエルで開発される新しいエンジンは独特の切り口で、独特のシャープさを持つ。三つほど気になったのだが、中でも最も気になったのは、制約条件を一旦とっぱらって、何を制約条件としても設定できる。印象としてはコンパクトで使いやすそうである。ロジスティックスに関するソフトウェア・アルゴリズムは、私はハーバードビジネススクールの学生時代に専門のコースを取ったこともあるので、当時の最先端のものを経験したことがある。だがそのソフトウェアの開発思想に、現在の制約条件と解決策が決められているので、実用性は状況によるな、というのが印象であった。もちろんグーグルマップでも日本のナビでも同じで、設計思想の中に、制約条件と最適化の思想が入っている。

そういうことを考慮してみると、自由度が高くコンパクトというのは、それだけで、詳細検討する価値が高いことになるのだが、だいたい日本企業は忙しいので、デモや1時間の会議で核心がわからなければ、見送りとしてしまう。だが、ディスラプティブな世界で最先端を目指す場合、可能性があるものはＮＤＡ（機密保持契約）を結んで詳細検討まで入ることを基本的な姿勢とすべきなのだ。

## アルゴリズムが競うプラットフォーム

さて、最前線はいろいろな形で進化していく。アルゴリズムの最先端をどうやって開発するか、という視点で我々はものごとを見る。少なくとも私はここまで、そういう事例を記してきた。

ところが今度、そういうことは、最先端のベンチャーチームに任せて、ニーズに応じて、その都度、最先端の開発ができるチーム、人材、スタートアップ企業を見つければいいじゃないか、と考えたチームが現れた。これもスタートアップである。

イスラエルで各国の大使公邸が一番集まっているのは、テルアビブの北に接するヘルツェリアという町である。ビーチにも恵まれている綺麗な町だ。またイスラエルの代表的なＶＣのオフィスは大半がテルアビブかそのヘルツェリアにある。その町でスタートしたプルーヴ（ProoV）という会社。「証明する」という意味を社名に託している。

創業者３名は、ＧＥ出身、ロシア出身の優れたソフトウェアエンジニアである。過去に優れたアルゴリズムを開発しても、それを大企業に認めてもらえなかった、という。それでそのプロセスを簡便に行うために、経営課題とデータセットを載せて、ベンチャー的に挑みたいチームやスタートアップ企業にそれを課題として提示する。こういう仕組みをつくったのだ。開発チームは現実の課題というチャンスに出会える。こうして最先端がここから生まれるかもしれないのだ。少なくとも比較優位的にベストなチームを大企業は見つけることができる。ちなみにルクセンブルク発で、イスラエルで次々にユニコーン（評価額が一定水準を超える大成功したスタートアップ企業）のシーズを見つけて育てているＶＣが見い出し、投資をしている。

私はこれに興味を持ったのだが、イスラエルの私のチームは「これ自体は最先端ではないよ」と言う。だが、哨戒機の投下と同じだ。私は日本の産業界がこういうプラットフォームには参加して刺激を受けておくことが必須ではないかと思ったのだ。

「７億円の調達が終わったばかりだから、向こう一年半は資金はいらない。これまではフィナンシャルな投資家しか受け入れてはいないが、日本だけは別だ。日本の企業群が投資したいというなら考える」と創業者は私に語った。もちろん日本は簡単には動かない。少なくとも私がつくったらいいと思った投資と情報収集の仕組みはできていなかった。ところがその会話から半年後、プルーヴ社はさらに10億円の資金を調達して事業を拡大した。動きが早い。もとはＩｏＴのエンジニアが創業した事業である。しかしいま、半分以上のプロジェクトは金融、フィンテックとなっている。

このようにエンジン、アルゴリズムの開発はさまざまな次元で最先端が目指されている。最先端は、いかにして思いつき、開発されるのだろうか？　建築の設計でも何でも、何もない宙からクリエイティブなアイデアは生まれない。制約、刺激、ヒントがあるから生まれる。プルーヴ社は過去20年の自分たちの苦痛から生まれた。

## 「違う発想」と「テクノロジー」のかけ算

もう一つ事例を紹介しよう。イスラエルはサイバーセキュリティで有名である。日本は2020年を控えてイスラエルのサイバーセキュリティー企業と次々に顧客としての契約をしている。その中のある有名な企業はどこが優れていたか？　それは一義的に「発想」である。

発想は、セキュリティが破られないようにするのではなく、外部でセキュリティを破るための下準備の痕跡がないかチェックする、というものである。痕跡が見つかれば報告し、対策を教えてくれる。だが発想だけで生まれるものは少ない。このスタートアップにも当然、それ以外のきっかけがある。それが軍の技術である。外部での痕跡を追跡する技術が軍により開発されていたのだ。そしてイスラエルでは、軍が開発した先端技術の事業活用は広範に認められ、むしろ推奨されている。

## スタートアップで50億円？

さて、その企業はもはやスタートアップとは言えない、かなりの規模になっている。そこで若手2名が新たな事業に挑戦した。「発想・着眼は同じで他の業界を見る」、これはイノベーションの世界では頻繁に起きている。

目をつけたのは、株式市場だ。外部情報の解析によって、株式の変動を予想するアルゴリズムをＡＩで組んだ。いわゆる機械学習、ディープラーニングである。情報ソースは新聞などを中心とするマスメディア、公開情報だ。たとえば新製品が開発された、特許を得た、海外事業の話、工場長が異動になった、買収した……、実にさまざまな情報から解析する。それら情報の何が影響しているかをＡＩにかけた。これでモデルをつくり上げ、その2名はさっそくニューヨークに飛んだ。

営業担当幹部氏は、「ニューヨークよりも日本企業の反応がいいだろう、と彼らに言っているんだ」と私に語った。果たしてＮＹでのプレゼンテーションは投資には結びつかなかった。そうして帰国した直後のチームが我々にプレゼンしてくれた。日本企業にとっては価値が高いのではないかということで、投資でも売却でも事業価値は50億円。私はかなり驚いた。

さて、私の反応は二つだった。

まず、実際にそのアルゴリズムで株価を計算して投資したらどうなるのか？　まだやっていない、と言う。だが、その翌々月再会したときに、実際によい成果が出ている、と聞かされた。

第二に、質問を投げかけてみた。工場長が異動になった。ある会社にとってはマイナスかもしれないが、企業によっては水平に人事異動させるところもあるだろう、どう判断するのか、と。もちろん答えは戻ってこない。マシンラーニングにかけるということは、一つひとつを人間が判断しないということだから、答えは期待しなかったが、訊ねてみたのだ。

もう一つ例をあげた。それは通常の回帰分析に関することだった。例は日本の経済企画庁が開発したマクロ経済モデル。吉富勝というと1990年代はじめの官庁エコノミストの筆頭格だった方だが、彼がつくったモデルは方程式が550本。パラメータが同じく550個（＋1）ということである。学生時代の私や同級生は、その数を聞いて驚いたものである。ところが後にそれより予測精度が高いモデルがアメリカで民間企業が開発していたことをボストンで知る。そのパラメータと方程式の数は22本だったと記憶している。圧倒的に少ない。

なぜそういうことが起きるのか。その理由も後に判ってきた。予測モデルについて、パラメータを増やせば増やすほど「過去の出来事を説明する精度」は上がる。だが、「未来の出来事を予測する精度」は逆に下がるのだ。それは、パラメータを増やすと、無理やりメカニズムをこじつけて説明してしまって、過去の事象の説明力は上がるのだ。しかし、無理やりこじつけて説明したモデルは、未来の予測では当てはまらないから、その分だけ精度が下がる。これが、22本のモデルの予測精度が、550本のモデルの精度を超えた、本質的なメカニズムだと理解している。

だが、答えが戻ってこなかった。いきなりAIの世界に入る若いエンジニアは、回帰分析と、予測方程式のパラメータの数などのことは学ぶ機会も必要もなかったのかもしれない。

私には、つくり上げて、いきなり50億円の事業価値算定が驚きだった。

ハーバードビジネススクール時代の友人で米国系投資銀行の経営者に尋ねてみると、株価の予想モデルはゴマンとつくられていると、意にも介しない。

だが、巨大な金融市場で取引されている社会では、その巨額な金額もすぐ回収できるだろう、というプライシングだったのかもしれないと思った。しかし、資本市場では、最もスマートなプレイヤーのみが勝ち、あとは負ける、というのが常識でもある。その常識を知っていると、最もスマートなエンジンでなければならないことになる。

## ディープラーニングはディープで中が見えない

当時は、私はまだイスラエルのスタートアップの現実、ＶＣの現実、そしてエコシステム全体のダイナミズムについて下調べを始めただけのフェーズだった。投資そのものは意識の外だった。現実事例から刺激も受けるが、驚きもした。

ディープラーニング、確かに深いのだろう。ブラックボックス、見えなくなるのだ。つまり何がどうなっているからこうなのだ、という説明をすることができない。パラメータが多い方程式で、しかも外から見えないものが勝手につくられるようなものだ。

２０１８年の秋、日本人にとって長寿にもっとも関係の深いパラメータが、ＮＨＫが開発したＡＩで発見された。その答えはなんと「読書」。運動でも食事でも外出でもヨガでもない。なぜか「読書量」。なぜかは説明されない。読書するのは経済的に豊かでないとできず、その豊かさが長寿と関係しているのではないか、とか、読書すると行動したくなるからでは、とか憶測はいろいろとされている。私は、考え方が柔軟になる、少なくとも凝り固まった考えだけにはならないことが関係してくるのではないか、などと勝手に推測してみる。だが、ともかくなぜかは判らないのが、ＡＩによる結果なのだ。

## 「ホログラフ」で解析に迫る日本

これに対して、音楽家としても知られるが、東大の情報（ＡＩ）の研究者として名高い伊東乾《けん》教授によると、いま日本で「なぜかが説明できる人工知能」の開発に力が入れられているらしい。高齢化社会に向けて、理由はわからないがよいとされる発見を鵜呑みにして、政策や医療や介護に活かしていくのか、それとも理由がわかるようにして納得のいった要因について活かしていくのか、それは後者であるべきだ、と言うのだ。それを政府にも提案していきたい、と言う。

あるべき論の前に、可能性が見えかけているのだろう。２０１９年1月、日本学術会議で開催されたあるコンファレンスの午後の部の開始に先立って、会場に「ホログラフ」が回された。そういう可能性のあるＡＩの原理が「ホログラフ」だという。宇宙の成り立ちがホログラフ的であり、人間の脳の反応がホログラフ的であることは、ホログラフが波と関係あることと相まって説明されることがある。それら以上にＡＩのホログラフはよくわからないが、説明できる結果が得られるというのはすごいことだということはわかる。これは期待したい。

とは言え、イスラエルの最先端では、いまのところは説明できない結果であろうが、大量のビッグデータをアルゴリズムに喰わせるというだけでなく、インサイトを加えてアルゴリズム開発がなされていることは事実である。人口が限られていることから少なめのデータセット、広めのパラメータ、狭めのパラメータ。問題の設定の仕方、つまり制約条件の与え方。そして政府の働きもあって、世界の最先端を切り開いていることも事実であろう。それ以上に、下流での収益化に意識がとられず、上流でのエンジン開発、その世界での最先端性で勝負していることも事実なのだ。

## 少ないN数での勝負で、果敢に最先端に挑む

さて、本書のパート2では、N=3だけ、とは言わないが、せいぜい数十という少ないN数によるスピーディで的確なマーケティングと戦略判断が効果的、という世界をお見せした。イスラエルの強みも実は、これと類似の少ないN数という感覚にあると感じている。

ある医薬品の上場企業がある。企業価値数百億円台、1000億円には満たない企業がある。その製品はまだ世に出ていない段階である。つまり、技術開発途上で可能性からそこまでの価値がつけられている。さて驚いたのは臨床試験のN数である。それはN=40。

一般的に、イスラエルの技術開発には、三つの強みがある。「着想の独創性」「スピード」「コスト安」。このスピードとコスト安がどうして実現されているのか？　一つの答えが、検証に際してのN数の少なさである。N数の少なさで確認をとることが全土で行われていて、Nが少なくてもかなりのPoCが証明できることの現実感覚が共有化されているということなのだろう。

## 日本が最先端のスタートアップ情報に触れたとき

ある日本の政府系の投資ファンドの幹部諸氏とミーティングしたときのこと。ウェイズ（Waze）というイスラエル企業が例として話題に上った。これは自動車のナビに変わるアプリで、グーグルマップのようなものだが、使用している自動車の情報がフィードバックされる特色を持つ。したがって利用者数が一定を超

えると、時々刻々、非常に精度の高い情報が得られることになる。現段階では日本ではまだ、グーグルマップの方が到着予想時間や最適ルートなどは的確というのが私の実感覚だが、ウェイズ社は世界的には拡がっていて、大成功したユニコーンの一つである。

ある幹部氏が言った。「ウェイズ社の情報は日本はつかんでいた。けれども動かなかった。それが残念だ。だからどうしたら日本が早期に動くことを支援できるだろうか」、と。一方、投資金額は1件あたり、できれば200～300億円か、最低でも50億かギリギリ30億か。投資ファンドについては、設立の目的や規模やマネジメントの意識と力量により、ファンドごとに志向する投資の性格や規模というものがあるのだ。

さらに幹部氏は、「その投資は事業を行う産業界の日本企業と一緒に行いたい、事業の可能性の判断のために。ということで、まだイスラエルに行ったことはないが進出したい日本企業とともに検討を重ねている」、と。さて、その方は残念ながら1年を経ずして退任された。つまり、うまくいかなかったのだ。

## 世界最先端の価値は数億円から生まれる

この件に関して、私はいくつか気づくポイントがある。まず、最先端の情報にいち早く触れて日本がそれを活かす、というねらいには共鳴する。ただ企業価値、投資金額の桁はその場合、2桁下がって数億円となる。少額投資のファンドにしないとならない。

それから、日本の産業界の企業自体が、早期の案件への判断ができないし、スピードが間に合わない。その結果が日本のいまの遅れである。したがって金融のプロからみると実業のプロと一緒に判断するという構想が生まれるかもしれないが、それは成熟業界向けのバイアウトファンドなら判る。しかしテクノロジーとスタートアップの最先端の世界では間に合わない。日本企業の判断力と経営プロセス自体が間に合っていない。それこそ進化する必要があるのだ。ではどうやってやればいいのか？　もし可能ならば、イスラエルの最先端のプロフェッショナルたちを完全に巻き込むことは一つの解となるだろうという発想はここに生まれる。

それから情報に接したとき、つまり偵察機が空母を発見したとき、「攻め」か「見送り」か。基本は「攻め」なのだが、このことについて、現実的な洞察力、リーダーシップが磨かれなければならない。哲学的、宇宙観的な理解もあれば望ましい。

そしてこの「攻め」か「見送りか」かの問題を一社で解くのか、産業界横断で解くのか。その構想が生まれなければならない。このパート3の後半にはその構想の例も提示していきたい。だが最初に、最先端の判断には、その比較対象に現地で山ほど触れる必要がある。さあ、どうするか？　このことを述べていこう。

## データベースは間に合わない

最初に、日本企業の少なくない幹部諸氏がデータベースが手に入ればいいのではないか、という発想を抱くことに気づいた。それでは間に合わない、ということを説明していきたい。そのような発想の企業は日本以外に見当たらない。

日本企業の場合、企業によっては特定地域の、あるいは世界のスタートアップ企業のデータベースを有しているからという理由で、データベースがあると主張している企業を数百億円でＭ＆Ａした例すらある。

だが、データベースでは甘い、本当のところはわからない。判りやすい例をあげてみたい。２０１６年、ビジネスモデル学会が主催する「第四回 日本ビジネスモデル大賞」で、日本のリンカーズという企業が大賞を受賞した。社長は前田佳宏氏。この企業は日本の中小企業の優れた技術と、大企業をはじめ技術を求めている企業のマッチングを行いたいというパッションで生まれたという背景がある。

この企業が開花することになる最初のきっかけは、東日本大震災後に東北経済連合会に出向していた東北電力の竹内進氏との運命的な出会いにあるのだが、それはともかく最初は、ＷＥＢでのマッチングの仕組みを考案した。だが現実は動かずマッチングは生まれず、半年で仕組みを切り換えた。次にデータベース。二人は足と車で時間を稼ぎながら、技術に優れた中小企業を訪問し、データベースを素早く構築していった。だがそれも不十分だった。

それはなぜか？ 気づいたのは、本当に大事なことがなかなか表現されていない、され得ない、ということだった。本当に重要な情報は、技術企業はうまく表現できない、しない。ではどうしたら活用できる形と仕組みが創れるか。情報は本当に知っている人の体と頭の中にある。こうしてすでに東北経済連にいたアドバイザーの方々の情報が使えることに気づき、人を中心にすえてＩＴがサポートする仕組みを創り上げたのだ。これが機能した。最初の案件は、ゲームメーカーが求めた段ボール製の防音室。カラオケに使える。そのような優れた段ボール加工技術を持っている企業が見い出され、商品化に成功した。

こうしてリンカーズは成長し始めた。データベースでは間に合わず、核心に迫る立体的な情報網を、人を介して創り上げたのだ。これと類似のことが世界のイノベーションのエコシステムでは起きている。

## 情報は取りに行く！

さて、今度は「うちには世界最先端の技術をもっているベンチャーやVCがプレゼンに来る」という日本企業も多い。だがそれはちょっと待って欲しい。事業の顧客としての売り込みか、仮に投資の話であれば、それは欧米勢が首をタテにふらなかった案件なのだ。

2016年に楽天がバイバーというスカイプなどを超えて高品質で通話とコミュニケーションができるアプリを開発した企業を買収した。これはゴールドマンサックスの紹介と言われている。だが1年で減損会計してしまった。楽天の三木谷浩史氏は翌年、正月の新経済連盟の挨拶で、楽天は事業のグローバル化への対応が遅れていたと語ったが、その遅れを取り戻すつもりで買収したのだ。だが情報は日本勢には遅れて届くのだ。

情報収集という点について対照的な二つの企業をあげてみたい。スティーブ・ジョブズ時代のアップルと、マイケル・デルのDELLである。DELLは最新鋭のCPUなどをどんどん採用したが、プレゼンは自社の本社で受けていた。対してアップルはまだ存在しているかどうかわからないコンポーネントや最新の技術を求めて自ら情報を取りに行っていた。その一環として日本行脚は重要なものだった。私が現在のコンサルティングのクライアントには、そのような行動パターンのアップルからアプローチされて世界最高峰の技術と製品を提供してきた企業の経営者がいる。アップルの積極性、要求する内容の先進性、判断と投資へのスピード感はどの企業をも超えている、と言う。

もう一つ参考になる点がある。私は「では、アップルはどういう経緯で当社にたどり着いたのですか」、と訊ねた。それはその製造プロセスのさらに一段階上流部分の最重要な原料を提供している世界的な企業に、この分野で世界最高の技術を持つ企業はどこか訊ねてたどり着いたというのだ。つまりリンカーズと同じで、生きた情報が生きるのだ。

## 生きた情報、生きた判断力！

では情報収集に、スタートアップ企業のプレゼン資料はどうか？　これでも判らないというのが実感である。ではプレゼンそのものはどうか？　これは聞く方の技量にもよる、1時間通しで聞いていると、おもしろいとは思えても、判断はつかないかもしれない。というのは、イスラエル人同志だと必ず話の腰を折ったり折られたりして、有機的な会話になる。彼らは無意識にそういうシーンを想定しているから、プレゼンだけで核心まで説明できるようにというつくり込みをしている人はいない。しばしばテクノロジーと、ビジネスモデルの核心がうまく描けていないのだ。

したがって、仮に一枚紙のサマリー資料（ワンページャー）を準備してもらっても同じく核心まで届かない。では、いったいどうやって判断したらいいのだろうか？　生きた情報に迫る、生きた判断力を発揮するのだ。

まず「人の生きた情報網」から貴重なことがわかる。ただし、これについては経営者の過去の実績である。前の大成功した事業と似た発想で別の業界向けの事業を開発し、それが前の成功の名声によって過大評価されているかも、と思われる事例にも遭遇することもある。

ということは、本当に頼るべきは自分のチームと自分自身である。私たちはもう「自分自身の全身、全存在が情報のアンテナ」だという世界観に立った方がよい。そういう時代が到来した。世界の最先端で起きている現実感やスピード感がそれを示しているのではないか。だから自分を透明に磨きながら、感じとることや信頼できるような生き方をしていきたい。

ところで、次のことも知っておくとよい。一般的にシリコンバレーでもイスラエルでも、エコシステムでは、成功を収めた経営者が一番よいが、失敗をして次に挑戦している経営者も、次には僅差で同じくらい成功することも、現実感として、また統計的にも判っている。

つまりデューディリジェンス（DD）の段階や、投資や事業アライアンスの交渉で真の力が見えてくることもある。当方の経験では、これはもうGOだと当方の意向を固めて交渉に入って、DDでの情報や経営陣の人となりや周辺情報でNO‐GOとしたものは、計算の仕方によるのだが低く見積もって3分の1、高く見て2分の1という結果になった。つまり交渉などの最終段階での生きた情報もかなりの割合で重要だった。

いずれにしても、「生きた情報、生きた判断」という表現が示すプロセスが非常に大切と感じている。

# 第9章　急成長市場を見逃すな！
## ——市場の立体感からDisruptive Technologyに迫る

### 事業性の判断に迫る

さて、イスラエルをはじめて訪問したときにランダムにスタートアップ情報に接して感じたのは、「イノベーションの密度が濃い」ということであった。ランダムにといっても人が介在するので、もちろん完全なランダムではないのだろうが、たとえば、ざっと10の事業の説明を受けたときだ。比較対象は、いろいろな企業の新規事業開発や、社内ベンチャーや、R&Dのテーマなど。これまでに累計で数千は優に接してきている。それらのどのような場よりも「密度が濃い」と感じたのだ。そしてこの意外な実感覚が、その後のイスラエルの探求の一つの原動力になってきた。

では、それら一つひとつの事業の種をどう判断していけばいいのだろうか？　評価すべき内容を大きく分けると、次の三つに分かれる。

①事業内容
②経営陣
③ディール内容

そのうち最初の「事業」はさらに、①技術や斬新性、②市場性と事業性に分けて考えることができる。

なお余談だが、競合は強く意識しない。ディスラプティブな世界では、技術と斬新性があって、経営陣がよければ、あとはスピードで勝負という感覚の集団が勝つことが多い。競合よりスピードである。

それらの判断のうち、事業性については、しばしば不完全なマーケット調査や、関係当事者の直感、または好みで決められることが多い。とくに時間がないスタートアップの判断では、関係者の感覚で決めていく。市場性については、米国または米国＋ＥＵ、またはグローバルを意識に上らせる。しかしいずれにしても市場規模については、おおまかに念頭に置くだけで「十分大きい」で、ＧＯという感覚である。規模が一桁大きいか小さいかは、彼らは基本的に気にしてない。

気にしていない証拠に、投資のＤＤ段階、つまりまだ契約が完了していない段階で、投資する側が、「いまのマーケティング策よりもっと攻められそうだ、プライシングもよくなるはずだ」というような会話をしてしまう。これは驚くべき現象である。我々投資する側が気にしているのは、「経営陣とちゃんとした経営の話ができるか、マネジメントチームが強いか、さらに強くできるか」であって、「市場規模、事業価値が一桁上がるなら、交渉が不利にかるかもしれない」ことは気にならない。それはバリュエーションに反映しないのだ。本当に驚いた現実事象だった。

とは言いながら、我々日本企業が関係してくるときは、彼らと違って、最も気にしなくてはならないのが、市場性と事業性ではないか、という感を持っている。それはなぜか？　まず本書をここまで読み進めてこられた読者は、すでに「市場の本当の反応が、事業の可能性を大きく決めてしまう」ことを感じているだろう。そのダイナミックな現実感覚がここでも通用する。

イノベーションを産み出そうとしているスタートアップたちは、市場と事業の可能性が「十分大きければ」

攻めを選ぶ。だが日本企業は、基本は慎重なので見送る。だから「簡単に見送ってはならない事業価値がここにあるよ」「その可能性が高いよ」という警鐘が日本にとっては価値なのだ。そのためには、マーケット、顧客の本当の反応を立体的に感じることがとても有効であり、大切なのだ。

## 事例研究――米市場で急成長

事例研究をやってみよう。ここに、イスラエル発だが、ニューヨークを拠点に米国で急成長しているEコマースの事業がある。女性向けのアンダーウェア、主たる対象はブラジャー。衣類やファション製品のショッピングが好きな女性でも、ブラはとてもめんどくさいらしい。サイズだけでなく着用感や他の要素も重要なのだ。店舗でもめんどくさいが、インターネットはますます信じられない、ということで、実際にEコマースでの販売比率は、ブラについては圧倒的に低い。しかも米国ではその返品率が3割を超えて高い。

ここで登場する経営者はオリット・ハッシャイ女史。イスラエル生まれでコンサルティングとIT事業を経験して、すぐにブラの買い物の面倒くささを解消するビジネスに思い至った。着眼点は、クラウド解析で誰でも簡単に自分にあったブラが選択できるようにという発想である。顧客はまず自分に合う、好きなブラをWebに「放り込む」。すると他の多くの女性の好みがデータベースで解析されて、サイズ、フィット感、デザインなどの好みが自分に合いそうなブラはどれとどれ、という情報が提示されるのだ。ここで「放り込む」というのは表現であるが、実際にはWeb上の自分専用のクローゼットに型番データを入れる。一つでもいくつでもよい。

ブラヨーラはこの一連のエンジンについて、「自分専用のクローゼットをWeb上に持つ」と表現する。

オリット女史は会社をつくって最初の1年半は2万人の顧客を対象にクラウド解析のデータベースとエンジンを開発していった。そして事業をスタートさせて以来、売上は9億、10数億、30億円と急成長している。毎月2万人の顧客が新たに来店し、しかもリピート率は高い。返品率は1割を切っている。米国では、ビクトリア・シークレットだけが対象外で、日本のワコールを含めて、それ以外のブランドはすべて網羅されている。

さて、この事業のコンセプトがおもしろい。しかもAIエンジンは既に稼働していて、動作効果が検証されている。イスラエルのプロフェッショナルの間で評判もよい。こういうことが判ったので、実際に訪問して現場も確かめてみた。

それは知り合いの経営者が頭に浮かんだからだ。おもしろがるだろう、参考になるに違いない、こう思って紹介した。しかし何が起きたか?

### 日本には合わない?

情報が回された経営企画の幹部氏の結論は、すぐに日本の顧客には合わない、というものだった。その理由は、顧客がブラを着用している自身の写真をブラヨーラのサイトに送ると、解析されてフィッティングなどの助言が受けられる、というものだった。だがそういうことを日本人はしないだろう、と言うのだ。

びっくりした。なぜならこういう機能のことは当方はまったく知らなかったし、その企業の経営者にも伝えていなかった。つまり事業の核心ではないのだ。核心が伝わらないのか、言語の問題か、NOという理由を探すマインドがこういう働きをするのか?

そこで私は、最低限その写真によるアドバイスの機能はどうでもよいマイナーなものであることを伝え、事業の核心を再度伝えた。すると翌日、女性たちがこういう買い方をしないということがわかった、というフィードバックを受けた。3人に聞いてみたと言う。それは、「要らない、という人と、わからない、という人がいたが、使うという人はいなかった」ということだった。

3人。確かに私は、「3名」の潜在顧客のちょっと深い深層心理までつかめれば、マーケティングも事業の可能性も的確に、スピーディに判るということを説いている。だが、3名からは立体感をつかみたいのだ。また重要な話では、4~7、10名程度まではN数を増やしてみる。

そこで、いずれ確認したいと思っていたので、顧客の本格調査を急ぐこととした。その結果、1週間後に何が判ったか?

## よいエンジンが登場したら、市場の半分がECにシフトする

結論を先に述べて、あとで、何人かのサンプルデータをお見せしよう（図9-①・②）。

消費者調査で、N＝7くらいで判ってきた。だが、N=10、12、20と進んできてハッキリしてきた。その発見の第一は、今後女性のブラ市場も、ものすごいスピードでオンラインに移行するということである。えいやで言うと約半分だ。EC（電子商取引）が最も弱かったブラ市場だが、潜在的には女性顧客はECで簡単にシフトする。鍵は、自分の希望するブラが探せるエンジンの登場である。そしてその登場を「潜在的に強く願っている」顧客が3分の1もいるのだ。

逆に、実店舗がいいと思っている顧客も同じく3分の1。残る3分の1は、どちらでもよい、と思ってい

【図9 - ①】ブラの購買はECにシフト

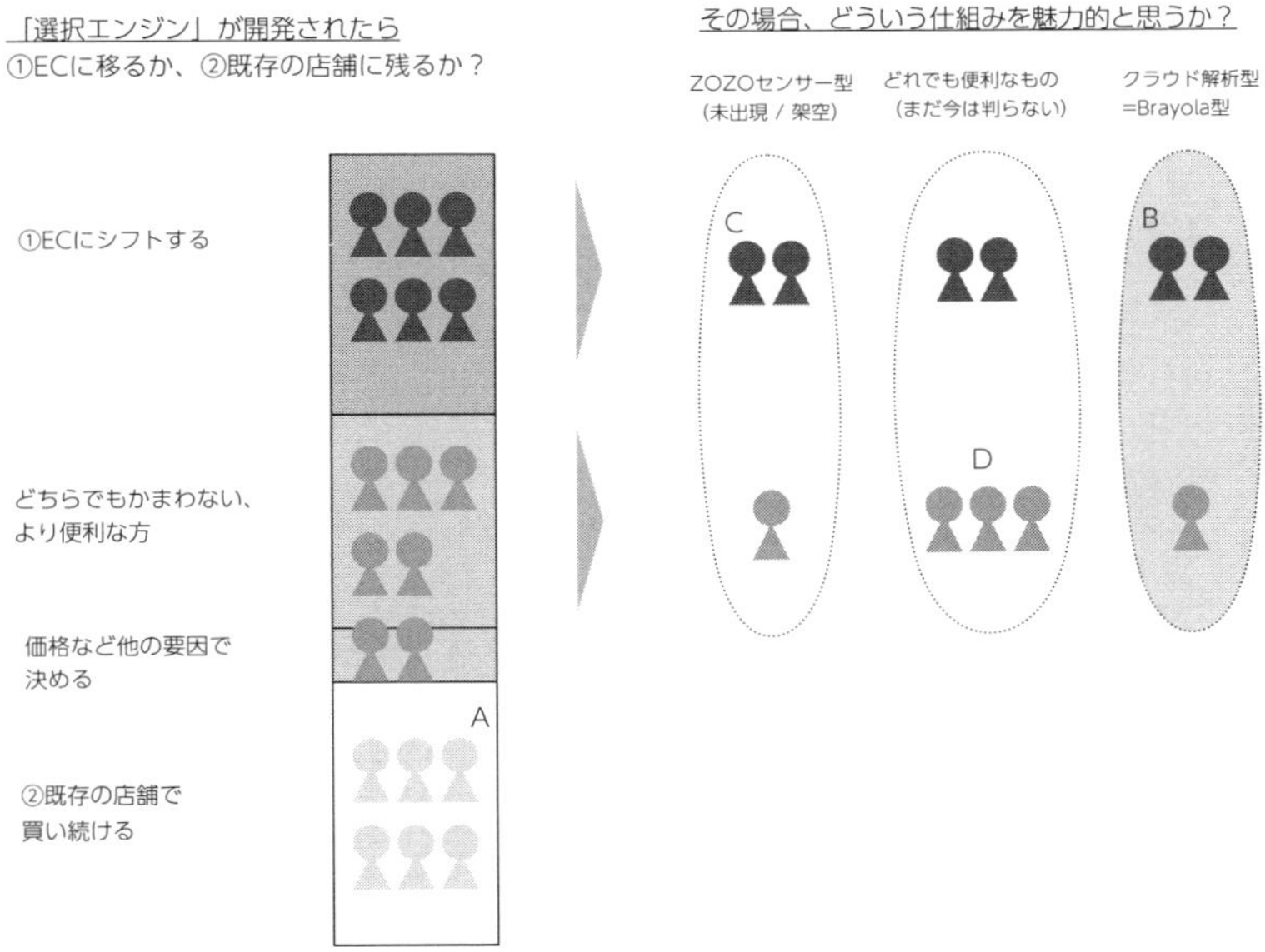


【図9 - ②】一人ひとりの本当の購買行動を決める「ちょっと深い深層心理」での反応

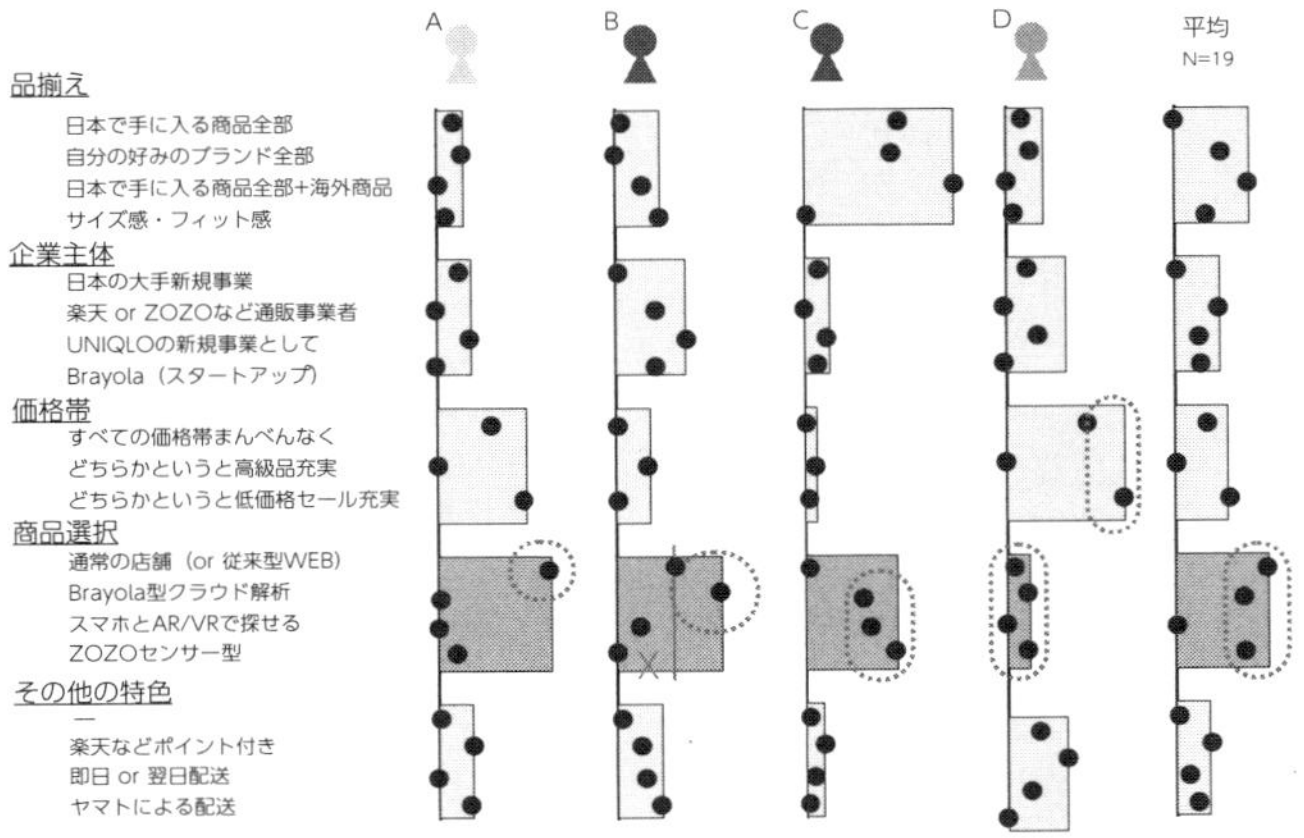


出所：筆者作成

る。どちらでも便利でよい買い物になるなら、それでいい。こだわりがまったくない。ということはエンジンの登場で、そのうちえいやで半分がＥＣにシフトするとみてよい。

この結論は驚くべきことである。ブラの市場を仮に日本で４０００億円とおいてみよう。しかるべき仕組みが生まれたら、半分の２０００億円が急速にＥＣに移行してしまうのだ。ということはそのときに主動権を取る企業は、その半分、１０００億円事業を立ち上げることになるだろう。これを見逃す手はない。では、主動権をとる企業はどういう企業なのだろうか？

鍵となるのはまず、ＥＣエンジンである。ではどういうエンジンが好まれるのか？　ブラヨーラ型のクラウド解析は魅力があるのか、ないのか？

## 女性顧客が求めるエンジンは何か？

私は、女性たちが、このブラヨーラ型のクラウド解析型を好むのか、ＺＯＺＯスーツ型を好むのか、変数に入れて見た。結果は、クラウド解析型が3名、ＺＯＺＯスーツ型（ブラ・センサー型）が3名。あとの5名はどちらでもよい、またはどういうエンジンがよいかはわからない、という反応だった。

この意味合いは何か？

まず、クラウド解析型がどうか、といきなり聞かれたとき、それがいい、と答える女性の割合は、全体の1～2割くらいしかいないことになる（19名中3名）。だから、先の日本企業の幹部氏が女性3名に訊ねたら、3名とも自分はそこでは買わないと答えたか、または判らないと答えたのだ。

自分は買わない、と答える人には2パターンあって、一つは店舗を好む人。もう一つは、ＺＯＺＯスーツ型を好む人。そしてわからない、と答えた人は、ECが望ましいか、または店舗と同じくらい望ましいと思っているが、エンジンが何がよいか判らない人なのだ。

だからその3名の反応を持って、ブラヨーラ型は日本人には合わないという結論を出すことは間違っている。顧客の反応の調査については、本当に深くやらないとならないのだが、本当の心理に迫れば答えが浮かび上がる。

顧客の本当の意識を、「本人の表層意識」ではなく、「表層意識よりちょっとだけ深い、本当の購買行動に結びついているレベル」がわかるような実験でつかんでみると、次のようなことがわかる。たとえばAさんは「店舗がいい」と思っている。ECには当面は絶対にシフトしない。しかしBさんは、クラウド解析型ならすぐ試してみたいと思っている。モデルブラ着用型はいやだと思っている。Cさんは逆にモデルブラ型は試したいと思っている。クラウド解析型でもAR／VR型には興味がある。Dさんは基本的には店舗でもECでもどっちでもいいと思っているが、ECエンジンには興味がある。特に価格的に買いやすいものが選びやすくなれば、そのECサイトに移りそうである。

つまり便利なエンジンが出現したら、日本だけで数千億円の新たなEC市場が出現するのだ。無視できない市場であることは間違いない。そしてこれらに的確にスピーディに対応できる力と、海外事業を成功させられるような経営力は呼応している。

## NOと判断する頭のクセ

なぜ日本企業の経営幹部氏が急成長市場を見逃しそうになるのだろうか？　第一に、すごく忙しい。いまの事業とそのオペレーションにものすごく忙しくて時間も意識も割けない。

第二に、顧客の反応から市場と事業の可能性がハッキリと浮かび上がるということを知らない。そもそも巨大な事業チャンスを見ながら仕事をしていないのだ。いまの業務だけでは薄々将来がダメだということは判っている。だが、いまの業務で手一杯なのだ。

それに、そもそも事業をつくり出した経験が創業者以外、誰にもない。そしてNOの理由を見つけて、合理的にNOだという結論を出すことがクセになっている。NOにしてケリをつけないと仕事にならないと考えているのだ。こうして頭のいい人はNOというのだ。

## 可能性に意識を向けるとどうなるか？

ではここで、逆に可能性に意識を向けるとどうなるかシミュレーションをしてみよう。まず2000億円市場をねらう事業開発に参加するために必要な資金が数億円。「判断が早ければ」これで日本での事業展開の、エクスクルーシビティについて何らかの権利を手に入れることさえできる。

それを念頭に、果たしてこの事業コンセプトが日本企業にとって助けになるかどうかを考えてみる。まず日本市場を考えるには、日本の顧客の反応を見る。それには、本書で展開したいくつもの事例と、その背景の解説が参考になるだろう。3時間、3日間、3週間という短い時間で確認していくことができる。本当の反応がわかるにつれ洞察力も得るだろう。

かかるコストは非常にわずかである。時間もかからない。だが、それでも経営幹部の意識が負担となる。企業文化は、可能性への攻めという文化に書き改められなければならない。

簡単な例を一つだけあげておこう。株式会社ミスミ（現ミスミホールディングス）。その社名は三菱三井住友からとられた。金型部品から始まって持たざる経営を志した。そうでなければ投資が絡むので急成長ができないということなのだが、ともかく1990年代に売上高が200億円を超えていた頃、社員を250名弱から増やさずに売上1000億円を目指す、と打ち上げた。いま社員はM＆Aなどにより相当増えたが、売上は2000億円を超えている。

そのミスミは、全役員は既存事業に割く時間を半分以下にせよ、と創業経営者の田口弘氏が打ち出した。半分以上の時間を、新規事業、抜本的に異なる事業展開への戦略に意識を向けよ。時間を使え、さまざまな可能性のある現場に出て行け、幹部をもそこに投入せよ、としたのだ。

現場のオペレーションに時間をとられることが仕事だと考えていては、ディスラプティブな世界には打って出られない。現状維持しかできないものなのだ。

ともかく、時間を捻出する、意識を事業の可能性に向けさせて、事業開発の種と具体策を何としてでも見つけてものにしないとならない。そういう状態をつくり出すのだ。そうして意識を可能性に向けると、次々にさらに見えることが出てくる。

## 日本で事業をするのか、グローバル事業に参加するのか、海外進出に使うのか

日本企業は、事業権を得て、日本で事業を行うことだけを考えなくてもよい。考え方を変えると、「グローバル事業に参加すること」が簡単にできてしまうのだ。そのとき日本市場はグローバル事業への参加のテコとなるだけなのだ。

あるＩＴ企業の役員間でこういう議論があった。魅力的なスタートアップ企業を見つけたとき、どうするのか？　買収かマジョリティ参加をするのか、それともマイナー参加をするのか？

当然、買収かマジョリティ参加、という声があった。だが、その企業はシリコンバレーでスタートアップ活用の試みには失敗をしていた。そして多数の現実を知っている役員は、彼らは海外の最先端のスタートアップ企業を経営はできない、マイナー参加が一番よい、と考えた。

どういうことか。彼らはスピードもあるし、優れている。その力を使うには、その企業自身にグローバルにどんどん力をつけて事業拡大していってもらう。そこに一部参加しながら恩恵を受けると考えたらいいのだ、と。

スタートアップ企業の成功は、技術がしっかりしていれば、あとは経営力による。つまりマーケティング、アライアンスを含めて、事業展開力による。

日本企業にとっては、単に日本市場だけ意識していればいいわけではない。イスラエルのスタートアップ企業から見れば、魅力的な日本企業が「アジア展開したい」と言えば、あっさりその経営権を譲ってくれる。最近も、向こうから「日本での事業展開を真剣にやるのなら中国市場の事業権すら譲ってもよい」、という話があった。

ブラヨーラのケースに戻ってみよう。米国での成功と成長を見ると、アジア他国でのマーケットの可能性も気になる。もちろん事業展開に手間と投資はかかる。だが日本市場をテコに使いながら事業参加し、米国、ＥＵだけでなく、他国への事業展開の恩恵を出資企業として得ることも、また事業展開の主体となることもできる。事業開発への強力なエンジンが手に入ればいいのだ。

## ＥＣを超えるＥＣへの挑戦

一般論として、さまざまな分野で商流も情報流も半分がＥＣに移行してきている。リアルな流れはゼロにはなるまいが、この半分の流れが急激に起きたので、結果としてＥＣの巨大なプラットフォームが誕生した。そのアマゾン、楽天の影響力は大きく、クレジットカードの発行の半分は、商流をテコに楽天が奪っていってしまう。

さらに、物流も引っ張っていってしまう。どういうことかと言うと、かつては商品の配送については、「クロネコヤマトの宅急便がいい」と日本の顧客の多くは思っていた。だいたい、ヤマトのプレミアムが１００円程度あったのだ。これも本書の「潜在的な顧客の本音」を計測する手法で正確につかむことができる。だが、先のブラヨーラについての顧客の反応のデータ（図９‐②）をよく見てほしい。すると、ヤマトのプレミアムはもう通用しない。それよりも楽天のポイント制度に顧客は引っ張られてしまうのだ。

このように、ＥＣプラットフォームは、バリューチェーンの上流も下流も振り回している。だが、これも過渡的な現象なのだ。変化はこれからもっと起きる。

### アマゾン・楽天を飛ばして

既存のＥＣプラットフォーム事業の周りで、ディスラプティブな技術やアイデアが続々と生まれている。それらを分類してみると、一つは、ＥＣプラットフォームに採用、搭載してもらうことが望ましいようなものになる。だがもう一つは、既存の事業者を飛ばした方がよいもの、または飛ばしたいと願う多くの事業者の心に響くものもある。もちろん、いずれでもいけるものもある。

さて、既存のＥＣを飛ばす動きとしては、たとえば、中小のショップがそのまま世界に打って出ることを支援するものがある。それから、新たなプラットフォームを提供するものも当然ある。

それらの一つとして、シュパーズを紹介しよう。イスラエルのスタートアップ企業だが、米国市場で緒戦に成功して、次の段階に成長させようとしている段階にあるものである。

提供する機能は三つ。一つは、海外旅行時のショッピングで、ショッピングセンターなどで顧客が「これを買うぞ」と決めたら、あとはあらゆる周辺の雑務をやってくれるものである。このシュパーズは、すでに米国のある巨大なショッピングモールと提携して、第一の機能について効果と成果を実証した。海外旅行でショッピングモールに立ち寄って、意外に買いたいものが多かった、大きかったという経験は誰にもあるだろう。

私にもたくさんある。独特の絵やポスター、たまたま気に入った製品ラインを見つけたセーター、ジャケット類。家具、ということもある。持ち帰りたい木製の書斎用の椅子。テイストが気に入ると、寝具でも何でもデザインを揃えたくなるので量がかさむ。結果として無理して持ち帰ったこともあるが、あきらめたことの方が多い。

ショッピングモールには、バスで立ち寄る観光ツアーもある。これはモールからは歓迎なのだが、バスに荷物が載らないという問題もしばしば起きていたらしい。結果としてツアー自体が自粛されてきた。

シュパーズと提携したモールはそれらの問題を一気に解決した。買い物をする顧客は、それをモールの中に設置された大きな処理袋に、支払い関係のペーパーとともに入れればよい。あとはシュパーズが発送し、自分の国に送り届けてくれる。そして、もしも問題があった場合には、日本で、日本語でその処理が全部できる。破損、間違い、返品。それらはすべて提携した物流業者が処理してくれる。

提供する第二の機能は、シュパーズと呼ばれるショッピングが好きな人たちが、商品やセールを紹介し、質問に答え、世界中で買い物を代行してくれるというものである。シュパーズ社と物流会社が提供するショッピング周りのありとあらゆるサポートシステムを使って、今度は、ショッピングをリード、またはサポートするシュパーズが、自分のお気に入りの商品やセールを世界に紹介していく。顧客をスマートフォンでサポートする。そして影響力のあるインフルエンサーは、それら後工程は自分でやらなくても、他のメンバーに託していくこともできる。こういう仕組みである。

第三の機能は、それらの機能をもしもリアル店舗が望むなら、店舗の中に自社でシュパーズを置いて、海外の顧客向けのサービスを行うことができる。特に海外への直接販売を強化したい店舗は、この仕組みを活用することもできる。

このような事業が立ち上がりつつある。こういう情報に接してわかるのは、この企業が成功するかどうかはわからない。しかし、アマゾンや楽天を通すいまの仕組みだけでなく、海外のショップやショップに消費者が直接アクセスできる何か他の仕組み経由での商流も今後伸びていくだろう、ということである。そういう発想の挑戦は多いのだ。

ちなみに、海外の商品を「直に買いたい」というパッションは、なぜか日本人は世界で稀なほど低いことが判っている。その理由が、国内での販売が充実しているのか、情報が行き渡っているのか、海外からの購入に関する不安感なのか、何なのかはわからない。だが、日本人を除く、ほとんどの国の消費者が海外から直の買い物には関心が高く、その結果、手軽な仕組みが実現されることを願っていることもわかっている。

したがって、なんらかの新しい仕組みが今後台頭し、私たち誰もの念頭に上るような時代がすぐに来るだろう。ではこのシュパーズがその一角を占めるのか？　このこと自体はそれほど重要ではない。「可能性に意識を向ける」ことと、「攻め」が大切なのだ。

## 可能性の大局観

ディスラプティブ時代に必要になるマインドと組織力は次のとおりである。

第一に、大局感。可能性をざっくり感じとること。ブラの販売がいまはECになっていないが、今後店舗から50％がECに移行することを感じとる、理解する、というような感覚である。

同様のことがいろいろな分野にある。たとえば日本では、自動車でEVを志向している割合が小さいように見られてきたが、それは違う。本書で示したような心理調査で、ざっくりEVに半分シフトしそうなことも、遅くても7年ほど前からハッキリとわかっている。有機野菜の販売で苦戦した企業もあったが、日本の消費者は「有機」というくくりではなく、「家族にプレミアムがかかってもよいものを食べさせたい」という気持ちが強く、そのような市場は有機野菜の10倍以上もあることもわかっている。

電力でも、「原子力以外の電力にはプレミアムを払っても応援したい」と思っている消費者が4分の3もいる。消費者の潜在意識と事業の大局感は、時間と共に事業にハッキリと影響を与えてくるのだ。そういう大局感を持っていないとならない。

もちろん大局感の次には、細かい正確なマーケティング判断力、製品の打ち出し方、プライシングの力、経営資源投下の決断力。市場が営業戦略向きか認知戦略向きかを見分ける力も、そもそもその違いをわかっていない企業が多いが、ときには重要である。だが、ここでは細かいことは置いて、ざっくり大局感で行ける、可能性がある、という判断を大きくできるかどうか。できたら、そこから的確な広い意味でのマーケティングと戦略の判断は、本書さまざまな事例研究などをご覧いただき、的確な判断をしていただきたい。こういう二段階のマインドと、検討ができる力が大切である。

第二に、世の中が大きく動こうとしているときにその世界に打って出ないことこそがリスクであることを意識すること。いまのディスラプティブな経営の世界では、それはリスクなのだ。

一つずつ技術やスタートアップを見て、良い、悪い、と決めていくそのやり方は消極的になってしまうことを知っておく。「判らないからNOにしておこう」という日本人、日本組織特有の判断に陥るからだ。これでは大きなチャンスを常に逃して失敗した日本海軍と一緒になってしまう。

なので、ざっくり可能性がありそうなところには、大きく網をかけて情報を拾ってしまう。情報を拾いながら大局感をつかんで、上位10のアイデアは、拾ってGOとするような経営力が必要と考えている。私の経験では、こちらが10選んでも、うち半分はDDで落ちていく。

私は、日本企業、日本人は真剣にディスラプティブな世界に意識を向ければ、自分たちでもできる力も相当あるとは思っているが、最前線のシリコンバレーやイスラエルの周辺にいる企業でさえ、自力だけで全部やる企業などいまや存在しない。自力開発を優先しただけで、あっという間に世界の最先端から転げ落ちたGEの例もある。だから世界のイノベーションの最前線で生まれるシーズたちとは力のかけ算を意識するのだ。彼らの事業に乗る感覚もいる。そうしながら刺激を受け、また与えていくのが、Disruptive Strategy

時代の基本モデルなのではないだろうか？　パイは大きくしてから分ける。人類のために、まず新しいイノベーションを産み出すのだ。

## 事業は創るもの

ディスラプティブな時代のおもしろさは、事業そのものを創るところにある。私たちはどこかで、「成功して確立した事業を使って既存事業を強める」という発想に陥りかねない。これではディスラプティブな時代には不十分である。また、もともと投資が主体ではなく、事業開発のためスタートしたはずなのだが、「成功しそうなところかどうか」という投資的な感覚でものごとを見始めたりもする。

それは違う。「事業は創るもの」である。スタートアップとの出会いから、そこから事業を一緒に創れるかどうかということを考えていく。

シュパーズ的なインフラを、たとえば世界の家具の販売に活用したらどうなるか？　日本ではニトリ、イケア、無印良品が大成功し、カッシーナも盛況であり、一方、百貨店や大塚家具は振るわない。私の知り合いには、海外から引っ越して帰るときに家具をそのまま日本に持ち込む人も多い。少なくとも過半数の人はそのことを考える。

家具については、消費者が求めるプライシングは桁違いに幅が広い。家、注文住宅の場合は坪20万円から100万円以上まで5倍以上の差がある。だが家具はそれ以上に差がある。その中で自分に合うものを探している。けれども理想の家具になかなか行き当らない。

大塚家具のかつてのモデルは、スタッフの方が丁寧にサポートしてくれて、その結果、大塚家具に入ったら最終の意思決定までしてしまって、クロージング率が高かった。サポートが離れると見送って帰る顧客が増える。こうして経営が悪化した。

家具を探す目で見てみると、一見いかに売り場が広くても、製品の価格のレンジが広い中で商品が分散されてしまうので、自分が欲しい家具となると選択肢が狭くなる。カッシーナの選択肢でも足りない。なぜなら、イタリアにいけばカッシーナだけではない。家具ブランドは一本の通りだけでも数十軒もある。スペインにだってある。

昨年夏、ミラノを歩いていたら、家具とインテリアのショップが数十軒もある通りに出くわした。夏のセールの時期だった。日本にも出荷できるとどこも言うが、大型のテーブルや椅子のセットで、いくらかかるかなどを訊ねたとき、ただの一軒も一人も例を示すことができなかった。その都度、見積をとるらしい。

またイタリアという国は、かつてベニス近郊の島であるムラノのガラスのシャンデリアを購入したとき、9カ月も届かない、届いたら色が違う、という経験をした。そういうお国柄ということはわかっていた。だが、新しい仕組みで世界中の家具のサンプルはある、世界中から希望の家具を、現地価格プラス輸送費で、セールはセール価格で手に入れることができることになったらどうなるか？

他のカテゴリーでもよい。シュパーズ的なインフラ、つまり世界中の店舗と消費者が直接つながるインフラは早晩、世界に生まれるだろう。そのような新たなECプラットフォームの世界を自社が事業として取り込もうとねらうかどうか。自力でいくのか、グローバル事業を志すスタートアップに参加しながら行うのか。どういう切り口で緒戦に挑むのか、具体策はあるのか？

## ディスラプティブなスタートアップの大局感

「イスラエルでは毎年生まれる企業の13分の1が成功することになるらしいですね」と、ある企業の事業開発の人が言った。なんでもイスラエルを訪問した人からの伝聞らしい。しかしこの数字は、もう少し現実事例やメカニズムに触れていくと異なって見えてくる。まず、いくつかの有力なVCと接してがわかることは、かれらの過去のトラックレコードで、概ね半分が成功、半分が失敗。または3分の1がかなりの成功、3分の1が失敗、3分の1がとんとん。それで投下資金については、2倍は超えて3倍とか、シリコンバレーより高いのではないか、と日本で最も投資をしてきている企業の某マネジャー氏は推測している。

またシリアル・アントレプレナーは次々に成功している。連続しているからシリアル・アントレプレナーなのだ。経営とはそういうものである、一つだけ成功しただけという人も日本にたくさんいるが、外資系企業で2社成功した人は、業界が異なっても連続して成功しているものである。経営にはほぼ成功という世界がある。スタートアップでも同じなのだ。

初期段階の可能性を見つけて、経営力をつぎ込む、そういうチームをつくり投下する。またはVCが動きだしたものについては、その初期の段階で一緒に動く。ディスラプティブな世界へ躍りでるスタートアップの対応には、大局感に応じた経営判断力と行動力を日本は備えないとならない。

# 第10章　エコシステムの大局感

## スタートアップ投資のマクロ数字

まず企業数から言うと、イスラエル全体で、テクノロジー系のスタートアップ企業とそれが成長したものは、約7000社あると考えられている。そして年間で立ち上がる数は、かつては700社、いまでは1300社ほどとされる。

では資金的にはどう動いているか。正確、正式な数字はなかなか見当たらないのだが、イスラエル経済省の投資担当のディレクター女史によると、2年前の数字で年間でのスタートアップ投資が6000億円ほど。過去のトレンドでは増えてきているので、その延長ではいま、7000億円かそこらだろう。

そのうち、どこの国の資金が入ってきているか？　えいやでいうと、米国から半分。残る半分を、EU、中国、イスラエルがこの順でほぼ3分割と推定される。では日本からはどうかというと、マクロ的には誤差の範囲、つまり0に近い数字となる。2％で100億程度というのはヒアリングからの一つの推計である。

日本からイスラエルへの投資金額については、報道情報からは大きめの印象を受けがちであることに注意しないとならない。なぜかと言うと、報道されるのは「スタートアップ段階への投資」ではなく、「EXIT段階の買い取り」が主だからだ。

これは投資する側から見ると投資だが、現地のエコシステムの動きからするとEXITであって、スタートアップ投資とは考えない。ステージが違うのだ。投資については、スタートアップにいくら投資しているか、それらが育って成功して、その後どうEXITしていくのか。この2段階をハッキリと分けて見ていかないとならない。

また、ファンド設立で「○○億円」という数字が出されることがある。それは数年間で投資する予定の総合計である。だから、単年度の数字で考えるときは、それを何分の1かに割って考えないとならない。

## 「イスラエルのエコシステム」の収益率

EXIT段階の投資金額がいくらかと言うと、同じくイスラエル経済省の数字で1兆2~3000億円。そして、伸び基調である。この数字はモバイルアイが1兆7000億円でインテルに買収された前の年である。

EXITというのは、日本など外部の国からみれば投資だが、イスラエルからみれば売却やIPO（新規公開株式）にあたるものである。その数字を使うと、投資対EXITの比率は約2倍となる。実際には投資してからEXITまでタイムラグがある。それを5年と見てみると、収益率は3倍程度となる。

このEXIT段階では、日本は活動的である。ある年の試算では日本は1割を占めたようである。日本は大型のEXIT投資をしてきている。たとえば、先で述べたように楽天はバイバーを900億円で買った。ソニーは通信用のアナログ半導体企業アルティア社を250億円で買った。その企業からは新製品が出ている。田辺三菱は、パーキンソン向けにデバイスと薬品を組み合わせた治療法を提供する技術を開発してきたニューロダーム社を1100億円で買った。これはその年、モバイルアイに次ぐEXIT投資の案件だったようである。そのニューロダーム社は上場していて株価総額が８００億程度だったので、３割のプレミアムでの買収という普通のバリュエーションになる。けれども驚くのは、事業の対象市場の小ささと、臨床試験でのデータのＮ数の少なさである。

これらの事例を見ると、一般的に日本企業はカネ余りで、反面、自力で事業開発したり、手間のかかる開発プロセスに、ヒト・モノ・カネを投下することが面倒になっていたりするのではないだろうかという印象を持ってしまう。

私は、日本はイスラエルで完成された技術やスタートアップを買い取るだけでは意味がないと思っている。その一段階か二段階でもさらにずっと手前でも、スタートアップのごく初期に目を向けると得るものが多い。このことを次に書いていこう。

## イスラエルのスタートアップの資金と経営と投資

シリコンバレーとイスラエルの両方に投資をしている、ある企業のＣＶＣのマネジャー氏が、やはりイスラエルの方が投資収益は高い、と語った。そのころ、我々はまだイスラエルのエコシステムの調査を始めたばかりだったので、現実はわからなかったのだが、だんだん判ってきたことがある。それは、一にその可能性はある、二は、もしそういう現象が起きるとするとそれは、主としてスタートアップ段階の「事業価値の過小評価」からくるのではないか、の二点である。

先に、ボストンのスタートアップで90億円で開発できなかったレベルに、イスラエルで13億円で開発が完了したという医療ロボットの話を記した。これがよい例なのだが、イスラエルでは、初期段階の価値が低い

（安い）のだ。なぜか？　まず最初は、どうしても事業価値を高くできないのだ。というのは価値を高くつけることができる大企業が近くにおらず、情報のパイプが細いからだ。このイスラエルで起きている現象はちょっと世界的には珍しい。このことを解説しよう。

まず忘れてならないのは、私たちが暮らしている世界は慢性的なカネ余りの社会だということである。それは、アメリカも日本もどの国も、中央銀行がカネを刷ってきたからだ。シカゴ大学のミルトン・フリードマン、つまりマネタリストの登場以来、カネを刷ることが経済によい、と信じている人たちが貨幣経済の中心にいる。私は個人的には、実際は違うと思っている。カネを刷るとその近くの金融機関には確実に有利になるからだ、と私は思っている。

それはともかく、カネ余りだから、カネは投資したい。だが、そうそう投資はさせてくれない。必然的に投資のためにはカネの方が不利になる。それがシリコンバレーである。けれどもイスラエルは、情報のパイプの細さと事業判断の弱さから、投資のインフレが起きていないのだ。結果として、見抜く、経営支援をする力のあるプロフェッショナル、VCたちはよい仕事ができる。このことはアーリーステージに目を向けてちゃんと判断と行動ができるなら、日本企業にとっても同じことが言えるのだ。

これ以外にも、イスラエルの「検証のN数の少なさ」と「行動のスピード」も、「多面的なものの見方」と「問題解決力の高さ」も、スタートアップ段階での魅力を高める。

日本は、そのスタートアップ段階には弱い。個別には動きが出ているが、全体としては、かつて「1割国家」だった日本が、スタートアップのエコシステムでは「1%国家」になってしまっているのだ。これはもったいないではないか。

## イスラエル経済省のサポートとリーダーシップ

次に、イスラエル政府の役割について記していこう。一般的に小国といっては失礼だが、人口の少ない国家の元首や政府高官は、自国を成り立たせることに本当に意識が行くのではないかと、イスラエルだけでなくルクセンブルクやシンガポールのことを思い浮かべて、そう思う。

イスラエルは１９８０年代にハイパーインフレーションに見舞われた。それを抜けて、１９９０年代に、国家主導でイノベーションを育て、加速して国家運営の柱にするビジョンを描き、国家でベンチャーキャピタルの設立を支援した。10章でも紹介するが、これをヨズマ・プログラムという。

それから10年で世界からは、シリコンバレー以外でなくてはならないイノベーションの基地国家という認識を与えた。そして、インテル、アップル、グーグルなどは米国の国外で唯一、イスラエルだけにＲ＆Ｄセンターを設けたのだ。こういう現実を産み出した。さらにそれから10年、いまのスタートアップ大国が生まれた。つまり政府の役割はうまくいったのだ。

現在では、イスラエル政府はＶＣを支援することはしていない。しかし、引き続き視点を新たに、刺激を与え続けていて、それらがうまくいっている。私が注目する働きは三つである。一つは、インキュベータの支援。インキュベータというのはＶＣよりも早い段階の案件を探して投資し、経営支援をする投資ファンドのことである。早い段階というのはリスクが高いのだ。まだ会社の体をなしていない、経営陣がいない段階のものである。この段階のものを対象とする投資ファンドに対して、またはそれらが投資する個別案件ごとに、イスラエル政府は投資金額の数十％から最大50％を支援する。

失敗した場合は政府の資金は返還しなくてよいが、成功した場合には返還する。そして成功して知的財産権を国外に持ち出す場合には、政府支援の何倍か（最大6倍）の資金で買いとることになる。

この支援制度もすこぶる評判がよく、幅広く活用が検討され、ＷＩＮ‐ＷＩＮが生まれているように見える。

二つめは、政府がみずから情報拡散や、関係者の紹介などに非常に熱心なこと。私が経済省に問い合わせをしたときに、課長クラスの人物が、私の宿泊しているホテルまで来てくれて、相談に乗ってくれたことがある。それも問い合わせから数日後のことである。非常に軽いフットワークとスピードと支援への意識の高さである。

三つめは、彼らは、予算は自分たち自身に向けてではなく、海外でイスラエルの価値を理解してくれる人たちとの情報網の構築に回す。たとえば過去３年間で日本人が合計３００人、無料で招聘された。それはイスラエルが豊かだからではない。大使館の予算は他国ほどないと考えられる。だが単に優先順位が戦略的なのだ。

ともかく、イスラエルのトップと政府は、砂漠に国を建て、イノベーション大国まで、そのリーダーシップには成功してきたのだ。ここまでちょうど70年だった。イスラエルを見ていると、また人々の意識にふれていると、日本も世界も、一企業でも、もっともっと創造的な社会づくりができると自然に感じるのは私だけではないだろう。

## ＶＣたちの現実をつかむ

次に、エコシステムで重要な役割を果たしているＶＣのマクロ感覚を伝えていこう。日本と違って業界団体などないので、なかなか全体像がつかめない。だが、投資ファンドのリスト的なものをようやく複数手に入れて総合的に判断した時点では、イスラエルに投資ファンドは２００と３００の間と見当をつけることができた。そこから、たとえばトップ20をインタビューすることができれば、ある意味、戦略的に重要なことはだいたいつかめるのではないかと考えた。

ところがいろいろなヒアリングをしてみたし、Ｗｅｂでも調べてみたのだが、トップ20もトップ10もなかなかわからない。さて困った。だがさまざまな関係者のヒアリングはしてみるものだ。きっかけがつかめてきた。ある経済省のマネジャー氏が、自分の現実感覚ではイスラエルには、ＶＣは50と１００の間くらいしかないのではないかと思う、と言ったのだ。こちらがつくったリストの３００にもなろうという数には、ＣＶＣも、バイアウトファンドも、また場合によっては資金力のあるエンジェルの個人ファンドも入っていたのだ。

日本のように、業界団体がすぐできるわけでも政府の調査や統計が充実しているわけでもないのだ。サンプル調査から全体像を浮かび上がらせる。かくして我々、ＶＣのリストとして、えいやで80程度、そのものすごくおおまかな規模感やアクティブさもようやくつかんできた。

さて、この数となると極端な話、彼らがどういう人たちで、どういうビジョンであれば日本と戦略的、有機的な関係が構築できるかは、すべてミーティングしてしまうことだってできる。けれども半分まではいらないだろう、3割でよい、やはり20数社のヒアリングを急ぎたい。もうイスラエルで3カ月を費やしている、来週一週間でやれないか？　こう考えたのがある年の10月だった。

私のパートナー女史は絶句した。だがイスラエルはスピードは早い。わからないなりに重要そうな50数社に背景を説明して、当方のビジョンとパッションを伝えて、訪問面談を依頼した。数日で面談ＯＫの返事が36社。うちイスラエルにいないので今度また、という企業2～3社をのぞいて、すべて一週間で面談してしまった。早朝から夜8時過ぎまでランチ抜きで車で走る、靴で走る。走りに走って最終日は1日で7社。エルサレム、テルアビブ間の移動をした日もある。

インタビュー相手はマネジャー氏というところも数社あったが、ほとんどが創業者かパートナー。しかも渋滞で遅れて本当に時間がなくなった1名を除いて全員、「日本との組み方」の心理選好について、コンジョイントのテストもやってくれた。全員がはじめての経験、見たこともない、ということだった。

しかし、彼らが経営で何を目指しているのか、何が問題やボトルネックなのか、どういうかたちで日本とつき合うのが望ましいと思っているのか、それらの本音が本当によくわかる。余談になるが、一つの国の一つの産業界の半分を超える数の企業の、一部マネジャーを含むものの、経営者たちと何か戦略を考えて心理選好テストまでとったのは、世界でこれがはじめての事例に違いない。

## ＶＣのねらいはさまざま

しかしそのお陰で、主なＶＣとその経営者たちで直接会って、しかも心理テストまでとらせてもらったことが、その後とても役に立っている。たとえば、我々の投資ファンドが投資家である日本企業のために検討している案件に、すでに投資していたVCが2社あった。いずれも私と私のパートナーは訪問していて選好まで判っている。「日本との情報パイプを強化したいと思っているな」「歓迎してくれるはずだ」というようなことが、顔が浮かび上がりながら判る。これは意外な効果だった。

そのような足で稼ぐ努力の効果は絶大だった。上位にあるVCの多くが、日本からの自分たちへのファンドへの投資を求めているわけではなかった。それよりも、もし投資先企業との戦略提携の可能性などのための情報パイプをシステマティックにつくることができるなら、参加したい、という意向が強かった。先にカネ余りと述べた。偏在はしていても、投資資金そのものはある。あるから、たとえば日本が投資したいと言っても逆に投資をすぐさせてくるとは限らない。カネよりも欲しいもの、それは、戦略空間に拡がる未来である。共同での戦略であり、そのための情報パイプ、生きた人の往来、一緒に未来戦略を考える基盤。そういうものだということを、わずか一週間で確認したのだった。もちろんその一週間のための下準備は3カ月もかかっていたのだが。

資金投資はまったくいらない、そこからの収益もいらない、戦略だ、情報だ、交流だ。こういう感覚のVCはちょうど3分の2にのぼった。残る3分の1は、さらに次の二つに分かれた。少なかったのが「まずは自分のVCに投資してくれ、話はそこからだ」という感覚。多いのが以上の二つの中間。「戦略、情報という仕組みは確かにいい」、だが「何割かはうちに投資をしてマネジメントフィーを落としてくれ」というものだった。

心理選考テストの結果は、その場で私のパートナーがコンピュータで解析して打ち出し、そのまま相手に見せて確認していった。すると本音が本当によく判る。考えてみれば当たり前かもしれない。VCの経営者の主眼は、これと見込んだ参加の企業を育てて世界の舞台に送り出すことなのだ。それができなければ、VCの収益はまったく上がらないのだ。彼らは資金集めではなく、見込んだ企業の成長と脱皮の戦略の支援を真剣に考えている。そして日本は、戦略のパートナーなのだ。

日本は信頼できると思っている。好きである。私がその一週間で会ったVCのパートナーとマネジャーたちは約40名だった。うち2名は新婚旅行が日本だった。さらに2名が、結婚がちょうど決まっていて新婚旅行先が日本だった。イスラエルは人口が少ないから目立たないが、日本旅行はかなりのブームなのだ。

投資も投資からのマネジメントフィーもいらない、という感覚はほとんどが大手だった。対して、できたばかり、小さめ、つまりファンドとしての拡大成長をいまから考えるというVCは、投資を受け入れたがっていた。

しかしかなりの大手で、非常にオフィスが綺麗で有名なVCが、強く投資を求めてきた。会議でのコメントもそうだし、心理テストでもハッキリとわかる。それはそのファンドの基本戦略が多くの投資家を集め、広範にスタートアップに投資をする。VC経営は、基本的にはマネジメントフィーで賄うという方針なのだ。こういうことまではっきりと判る。経営支援の力が弱い、資金調達を優先させるという戦略もあることはありうる、そういうVCは資金をこそ求めるであろう。こういうことも手に取るようにわかる。わかったうえでつき合えばよい。

このように、マーケティングの解説を各章で紹介したとおり、関係当事者の心理選好から、彼らの戦略が浮かび上がる。そしてこれを応用したことで、我々チームはイスラエル全土のVCの現実感覚を、一社ずつの特色とともにつかんでいくことができたのだった。

## リスクが高いが価値も高い――インキュベータ

投資ファンドには一般的なVCではないタイプのものもある。私が意識を向けたのは、インキュベータである。このインキュベータがイスラエルではときに重要な役割を果たしている。

中でも本当に参考になった事例が三つある。その中で視界が開ける感じがしたのが、ザ・キッチンとの出会いである。ザ・キッチンは欧州のストラウス社が設立したCVCである。その背景にある考えは、自社の乳製品を中心に売上が2000億円という企業。だが世界の食品飲料メーカーのR&D費用は、優に自社の売上を凌いでしまう。そのような競争環境の中で、しかも脱乳製品、動物保護、食品生産の生産性向上というR&D、技術競争が激化しようとしている現代において、いかにして戦略的に経営を成り立たせていくのか。

そこで目をつけたのが、イスラエルであり、インキュベータ段階の技術開発だった。VCが動き始めたあとでは投資金額は一桁上がる。そこから先は、背景の母体の事業規模と投資資金の投下力が効いてくる。だからそのような競争になる一歩前の段階に目をつけた。

インキュベータの働きを解説する前に、次のことを説明しよう。スタートアップの世界がよくわかってくる。それは、VCは「技術だけでは決して投資をしない」ということである。

VCが投資するにあたっては、実は経営陣の評価が非常に重要である。考えてみれば、投資した案件が成功するかどうかはすこぶる経営力による。技術課題の解決もあるが、スタートアップは技術開発が概ね完了した段階から、経営が始まるのだ。そして経営力次第で事業の成否が決まる。マーケティングもある、オペレーションもある、それから世界中の大企業たちとのアライアンスもある。そういうゲームに突入する。

ＶＣは、投資しようとしている企業の経営チームが弱くても強くても、投資とともに役員として経営を助けていく。弱いと目した場合には、ＣＥＯを外部から招くなどして、強化する協力もする。実際私は投資前からそういう話にはいった実例を目の当たりにしている。

しかし、それらはＶＣが動き始めた後の段階のことである。それに対してスタートアップのごく最初の段階では、当然、経営チームはいない。いるのは、基礎技術の周りでアイデアが閃いた大学教授や、エンジニア。ともかく一人か二人が冒険を始める。そして技術や新たなビジネスモデルのプロトタイプを創り、挑戦を始めるわけだが、フェーズが早いと投資する対象となる箱（法人）すらないことがある。ましてや経営チームがはっきりしない。ところがそういう段階でも、技術の可能性に目を見張る場合もある。

このような段階で、ＰｏＣを一段階行うのにコストがいくらかかるかものにもよるが、いままで聞いた中で安かったものは５００万円ということもあった。だいたい数千万円以下である。まだ会社設立やチーム構成前で技術のＰｏＣ主体というと、対象事業分野にはよるが、５０００万円というと相応の投資という現実感覚がする。数千万円から数億円までのシードマネー投資で、ＰｏＣを１～２段階クリアして、そこからＶＣとともに攻めに転ずるというのが典型的なモデルと考えてよい。

インキュベータは、そのＶＣが動き出す前の段階の、ごく初期段階の案件に投資をする投資ファンドである。特色は、一件一件の投資金額が小さいので、ファンドの総額が小さめである。またリスクが高い段階のものに投資をすることを意識していて、なんらかの形で手を打っている。

ザ・キッチン社の場合は、投資総額の予定も小さかった。それではマネジメントチームを支えられないだろうということがすぐ計算できる。それはストラウス社は、マネジメントフィーは別に固定費として計上するということだった。智慧と柔軟さを感じ、とても参考になった。

インキュベータで参考になった2番目は、トレンドライン社の存在である。インキュベータから出発して、いまは本体が上場している。つまり恒常的に収益をあげることも可能だという証左となる。

さらに参考になった3番目は、政府による入札（テンダー・オッファー）を経て、イスラエル政府から85%の助成金を受け取って設立したインキュベータの存在である。業界関係者からは、インキュベータだけではファンドとして経営がちゃんと成り立たないのではないだろうかという観測もあった。ところがそのインキュベータは、実は後工程でVCを併設している。そこで、全体を合わせて成り立っているのではないか、というのが一つの理解である。

どういうことかと言うと、政府のテンダー・オッファーは、毎年テーマを決めて、最有力な提案をしてきた投資母体を選ぶ。その助成金が85%、これは大きい。これによりイスラエル全土の、当該分野の基礎技術やアイデアを持っている人たちに、投資により資金提供ができることになる。幅広く声をかけるマーケティングツールとなる。そうしてインキュベータ段階をクリアしたものは、通常のVCが経営支援していく。

これは日本勢にとって参考になるだろう。ある年、我々もこの活用の可能性をごく短時間、検討したが、一社では間に合わない。競合となる相手がグローバルに名を知られた2~3社のコンソーシアムだったりする。すると当然、そちらが有利となる。経営力の差である。だが日本勢が覆すことは可能であろう。3社が真剣にある分野をねらったら、日本とイスラエルの関係の未来の可能性も期待され、十分考慮されるのではないか？　その政府によるテンダー・オッファーは、年により対象セクターが異なる。事前の準備が必要だろうし、日本企業の多くが単独での進出を志しているのは感じているが、日本勢、数社が力を合わせると魅力あるプレゼンテーション、つまり見せ方と提案ができるのは、意識しておくべき事実である。

## ファンドに投資するファンド・オブ・ファンド

次に、知っておくべきファンドの種類に、複数のファンドに投資するファンド・オブ・ファンド（ＦＯＦ）というものがある。私も、日本企業のために、場合によっては活かすことができるかと思ったこともあった。ただ戦略的な可能性を理解する前に、このＦＯＦがどういう性格を持つものかを理解しておかなければならない。

一般に、投資は①リアルの戦略か、または②金融利益か、どちらかの目的で行われるというのがわかりやすい二分法である。

そういう二分法からいくと、ＶＣは、日本では実際の経営への関与が薄いので本質的な役割が理解されにくいが、イスラエルなど日本の外では、実際のリアルな経営を助けるのが機能である。対してＦＯＦはリアルのビジネスに関心があるのではなく、ファイナンシャルな投資を行うことに特化したファンドである。ＦＯＦの経営者は、自分自身が戦略的な投資家ではない。金融的な投資家なのだ。

では、ＦＯＦの存在意義と戦略的着眼点であるが、それは次の3点だ。

第一が、もしもシリコンバレーやイスラエルなど有力なエコシステムで、有力な複数のファンドに投資することができたとしたら、その投資ファンドの収益はどうなるだろうか？　基本的にはそれら有力なファンドの平均的な収益を得ることができる。

第二は、実際にはＦＯＦにマネジメントフィーがかかるので、ＦＯＦに投資する投資家からすると、「平均」マイナス「ＦＯＦのマネジメントのコスト（フィーとキャピタルゲインからの成功報酬分）分」が利益となる。このため、ＦＯＦの経営者は、マネジメントコストをＶＣの４分の１くらいまで、ある意味限界まで圧縮する。なぜ圧縮できるのかというと、ＶＣはリアルな経営を支援する、それには優秀なマネジメントの力が要る。対してＦＯＦは金融の取引だけに特化するので、効率を上げることができる。

第三は、そういうＦＯＦは誰に対して価値を提供しているのか？　一つは投資家である。平均的にまずまずの収益が上げられるという期待を形成する。もう一つがＶＣ経営者である。ＶＣ経営者は意外に投資家との関係が「手間」と書くと語弊があるかもしれないが、時間とエネルギーがかかると考えていることが判ってきた。したがって基本的には投資家の数を絞っておきたいという意識が働いている。そのような意識からはＦＯＦからの投資を受け入れるのは、ある意味効率的なのだ。

## ＶＣの経営者はＶＣの経営者を仲間と感じる

ところでＶＣの経営者は、ＶＣの経営者が好きである。同じ人種と考えている。ＶＣは経営をよくすることを意識している。ＦＯＦとは意識が違うと感じるのだ。

このことは、日本との関係構築をテーマにＶＣ経営者たちに心理選好テストをしたときの結果にも表れている。先に、全体の６割、とくに上位の有力なファンドほど「自分たちのファンドに投資しなくてもよい」「戦略的な情報は出そう、自社が投資するところは教えてあげよう」「そこには君、直接投資していいよ」という意識が働くことを発見したと述べた。ほとんどの人が、「こんなことは考えたことがなかった。ファンドの世界にいると思いつかない。けれども日本との間だったら、いまの時代なら、こういう発想は成り立つ。協力したい。こんな戦略的なことをよくぞ思いついた！」となるのだ。

これは裏返すと、「あなたのファンドに投資するから投資先の情報をくれ」という発想でファンドを立ち上げようとしているファンドの経営者が仮にいたとしたら、それはＦＯＦの経営者であり、金融投資家であり、本当のところでは戦略の相談相手にはならない、と感じてしまうということである。こういうことはコンジョイントだけではわからない。だが、データを解析してその結果を見せながら会話をしていると、無意識で感じている核心のことが、早く表面に出てきてわかるのだ。

対して、ＦＯＦは、マネジメントフィーも薄くなくては成り立たない。その中で、日本企業のための情報収集や事業開発の機能を果たすとするファンドもあるが、その見せ方には、基本的には現実との乖離がある。つき合い方へのパッションが違ってくる。

## マーケティングに目をつけたアクセラレータの誕生

さらにもう一つ、イノベーションのエコシステムに生まれた投資ファンドの一つとして知っておくべきものがある。それはアクセラレータである。ＶＣに比べるとなじみの薄い名前だが、Dropbox や Airbnb は、シリコンバレーのアクセラレータから生まれた。こう聞けば、アクセラレータが重要な「生き物」であることがおわかりいただけるだろう。そのアクセラレータはＹコンビネータという。

Ｙコンビネータがどうして生まれ、成功したのかは大変興味深い。とくに本書の読者にとっては興味深いのではないかと思う。これを産み出したポール・グレアムは、もともとベンチャー事業を産み出した経営者なのだが、途中ほとんど失敗だったという年数が長く、なんとか命からがら生き延びた。そして最終的には、自分の事業に「価値を認めてくれる顧客」がいなければ事業にならないことに気づき、事業コンセプトとマーケティング策を変更して、7年もかけてやっと脱出、文字どおりＥＸＩＴできたのだ。

グレアムは、ＥＸＩＴに成功したとき、マーケティングと事業コンセプトの重要性、つまり価値を認めてくれる顧客と戦略が適合しなければ事業にならない、ということを学んだ。しかしもう次のベンチャー事業に向かう精神は持てなかった。かといって、ＶＣを始めるほどのキャピタルゲインは得ていない。

とは言え、自分が学んだベンチャー事業成功の鍵は伝えたい。そこである種の教育プログラムを始めた。期間は3カ月。エントリーが認められたチームには、場所が提供される。そこでやらなくてもよいが、毎週決まったディナーには参加が強く推奨される。提供されたのは、教育プログラム、シリコンバレーで成功してきた人たちとの交流、刺激、ある種のメンタリング。そして3カ月後のプレゼンの機会である。そのプレゼンにはＶＣたちが参加する。投資機会も得られる。

Ｙコンビネータは、最終審査で合格と認めた案件には、当初はわずか2万ドルを投資した。その投資と引き替えに7％の株式を得る。ということは事業価値を逆算すると３０００万円強に設定している。合格しても断ってもよいのだが、多くの企業は受け入れた。なぜか？　それは、ネットワークである。また学ぶものがあったのだろう。またわずか数％なら株主になって欲しいと思ったのだろう。それは信用にもなる。ちなみにAir bnbに投資したのは２００７年である。比較的新しいが、このことから投資から数年で、世界で有名になったことがイメージできるだろう。

Drop BoxやAir bnbは、企業価値、つまりバリュエーションが数年で数千億円台に昇った。こうして、

Yコンビネータの企業価値も、兆円台に達した。Yコンビネータはこれまで数百社に少額投資をしたが、自社の企業価値については、ポートフォリオのうちトップが50％の価値を占め、次がその半分、さらに次がそのまた半分……、というような割合だという。これでいくとやはり既に総額が数千億円台になっている。

## 日本がアクセラレータを生かすには？

この華々しい成功に刺激されて、全米で300ほどもアクセラレータが生まれた。厳密な数は、ハーバードビジネススクールも判らないらしい。生まれたり消えたりが激しいのだ。また、企業のアクセラレータプログラムもある。

ハーバードの事例研究に、全米約10位のアクセラレータがどう経営を立て直そうか、というものがある。つまり、非常に数少ないアクセラレータしか成功していないのだ。その理由はわかる。スタートアップチームにとってはありがたいが、場所と時間のコミットメントが3カ月となると、どこか一箇所にしか参加できない。となれば、トップクラスに参加希望が集中する。

イスラエルでもアクセラレータプログラムはよく聞くが、私の仲間たちと会話してみると、「数年以上、連続で聞くものはない」ことがわかる。アクセラレータプログラムの立ち上げで、全イスラエルの情報収集が可能となればそれは素晴らしいのだが、誰もが考えるその方法は維持可能なものではなかったようである。

実際、ある国のファンドでアクセラレータ的な仕組みで少額の投資を多めにスピーディにしていった投資ファンドも現れた。そのファンドは数百万とは言わず、1000万円ほどの投資もしていったが、結局資金が続かなかった。つまり投資家がついてこなかった。現地では「ランダムにお金を蒔いている」と称された。

根本的な課題は、「成功しそうなところに投資する」のではなく、「投資して投資先を成功まで持って行けるのか?」なのだ。これが現地イスラエルのVCの基本的な役割であり、認識である。

アクセラレータは、基礎技術やアイデアを有するチームへの魅力が最大の鍵となる。基礎技術やアイデアを持つチームに、どれだけ現実の経営力の助けができるのか。初期段階のわずかな資金投資そのものが魅力なのではない。だから日本の産業界がアクセラレータ的な仕組みを考えるとしたら、アクセラレータ自体ではなく、アクセラレータの要素を取り出して作り直したものでなければならないだろう。

たとえばイスラエルで、他のアクセラレータで合格したものには無条件に、共同投資(co-investment)するという仕組みで、2年前に日本との情報交流と事業展開のドアを開ける仕組みを考えてみたことがあった。しかし、イスラエルでは、アクセラレータ自体が米国ほど盛んではないという判断に至り、この構想は一旦は捨てた。ちなみに、なぜイスラエルでアクセラレータがアメリカほど流行らないのだろうか。いま思うに、それはスタートアップのスピード感と人の自立意識の違いではないだろうか。イスラエルは早い。3カ月のゆるやかな拘束は長すぎるのではないか。また投資する方も、アイデアを持つ方も、もっと自立を前提にしているのではないだろうか。

日本がアクセラレータ的な仕組みでイスラエルの技術を活用するには、情報収集と早期投資の発想では不十分で事業として育てる力との掛け算まで組み込まないとならない。

# 第11章　ディスラプティブな仕組みで挑む

## イスラエルの感動は説明できない?!

このPart3では、前章までイスラエルのイノベーションの力を描写しながら、日本がその力を生かすための着眼点を、現実感覚とともに紹介した。だが、ここから先、現実にはどう動いたらいいのだろうか？　その前に、イスラエルを訪問した日本人は軒並み揃って感動を味わっている。何かがあることは皆、感じとる。けれども日本に帰ってそのことを本社でなかなかきちんと報告できない感覚もまた、味わうことになる。もちろん、きちんとレポートは提出するし、報告会も開催して好評を博す。だが感動と可能性の全貌はどうしても伝えられない。それはなぜか？

感動することは多岐に渡る。意外に町が安全である。夜中まで人が出歩いているし、テルアビブ、繁華街、朝の3時でも安全で、人もよい。会議では率直、ストレートで裏表がなさそうだ。そしてイノベーションの種に驚く。おもしろい、スピードが早い。熱心、誠実。会議の展開から感じとるものは人それぞれだろうが、やはり真剣さ、話の展開のスピード感なども感じとるのではないだろうか。

ではイスラエルの感動をなぜ言葉やレポートでうまく表現できないのだろうか？　理由は三つある。一つは、エコシステムの全貌がなかなか見えない。この点は、ささやかながら本書で誌面を割いた部分は助けになるかもしれない。

だが二つめは、そもそも言葉やロジックで「説明できない」ような何かが、魅力として感じられているからだ。それは、人の意識のあり方、向けられ方。私たちは「空気」という言い方をすることがある。「場の空気」はその場にいる人の意識が作り出す。人の意識を感じとっているのではないだろうか。この目に見えない部分が伝えられないのだ。

## 可能性の意識の共鳴共振

伝えられない理由はさらにある。三つめは、そういうイスラエルの場にいるとなんとなく自分（たち）も、もっともっとやれる、ということを何となく感じ始める。けれどもそれを論理的に書き表すことができない。そもそも、「自分がいつもよりもっとやれると可能性を感じていること」を自分の頭でははっきり認識できていないかもしれない。頭脳は深層心理、体の深いところで感じているのでうまくつかめない、表現できない。

人は、共鳴共振する。そして可能性を始終追いかけている人の近くにいると、エネルギーが共鳴共振して、自分自身が深いところで同じように可能性を感じたり、追いかけたりする部分が表に出てくるのだ。これは、フラワーエッセンスと呼ばれるナチュラルヒーリングの世界での知見でもある。大自然の健康的で美しい、さまざまなエネルギー振動に触れると、私たちは体の中の共鳴共振する美しい部分が表に出てきて調子もよくなるものなのだ。この知見は英国のエドワード・バッチ医師が発見して世界に広めた。本質的にはこれと同じことである。

以上のような、言葉やレポートでうまく本社に報告できないような部分も、非常に重要なのである。これらをも活かしていくにはどうしたらいいのか？

イスラエルを活かして日本のイノベーションを進化させるための着眼点は三つある。

一つめは、イスラエルの種そのものの活用である。これを「イスラエル 日本 パートナー戦略」と仮に称しておこう。

二つめは、イスラエルのエコシステムのダイナミズムを参考にすることである。特に、彼らの動きの背景にある「世界観」を参考にすることである。参考にして日本企業も具体的な行動がとれるように仕組みを進化させないとならない。これは「グローバル最前線の世界観戦略」となるだろうか。

そして三つめは、個人個人の共鳴共振である。何度も共鳴共振して、体の周りのエネルギー振動で「凝り固まったノイズ」を振り落とす。そして本当に大切な可能性に向かって私たち一人ひとりの意識がクリアになっていくことである。

## 第一の動き イスラエル 日本 パートナー作戦

ディスラプティブな世界の最先端に日本はどう挑むか。このことを考えたとき、イスラエルは日本にとって最大のテコにできる。イスラエルを通して世界の最先端が見える。それはイスラエルがアメリカなども当然意識して、そのうえで世界の最先端で価値を出そうとしているからである。この解釈はあるクライアント企業の役員氏だ。シリコンバレーのように弾かれず、私たち日本はイスラエルの内側に入れる。

イスラエルは全土を巡っても、車で1日あれば端までたどり着ける。全土を見渡せる。スタートアップ投資は年間6000～7000億円である。わずか6000億円だ。しかし、全額日本が出すとは言わない。

当然、そんないい話はないし、出させてはくれない。それに日本には出させてもらえるまでの実力もない。実力の本質は資金力以外の経営力をいう。カネ余りの世界経済の中で、カネ自体に価値は薄い。

なぜなら仮に資金だけの問題だとしてみよう。日本には民間資金は余っている。投資機会を見つけられない金融機関だらけではないか。こうしてみるとイスラエルは世界のイノベーションで最も成功しているエコシステムなのだ。金融的にリターンは大きい。そんないい話はないのだが、このような全体感を持っておくことは大切である。

私は「イスラエルでのイノベーションの全貌を日本が何とか見ることができないだろうか」と願う。言い換えると、「イスラエル全土が日本との共同のR&Dセンターのようなイメージになったらいいのに」、と。

①情報収集

その理想に向かって考えを進めてみよう。最初に必要なのは、情報収集である。だが最先端については、データベースでは不十分であり、間に合わない。データベースを作成する方の力量が追いつかないし、3~6カ月で状況も変わる、彼らの戦略のターゲットも変わる。

さらに数年間ステルスモードで開発されるものもある。情報をWebにもどこにも出さないのだ。たとえば我々のファンドで経営陣の半分が真剣に考慮すべき、と判断したトップ10~12の中で、ステルスモードだったものが二つある。FOFは、ネットワークは広いが、その情報も間に合わない。間接的すぎるのだ。これら二つは参考情報にすぎない。

日本の中小企業の技術活用で社会貢献しているリンカーズは、現実の立体感と機微、本当の価値を知っている人たちのネットワークでマッチングを実現した。これは参考になる。要するに、直接情報、現実感覚あふれる情報の網にどうやって入るか、創るか、という問題である。真剣にその場で将棋や碁を打つ人にしか見えない世界がある。では、私たちは具体的にはどうしたらいいのか。

一つは、現実に投資することであるが、これは一見、トートロジー（循環論法）になってしまう。だが私は、とりあえずイスラエルでのトップ10％に投資してしまったらどうなるか真剣に考えたことがある。もう一つは、生きた情報をもつ生身のプロフェッショナルたちの情報網の中に入ってしまう、あるいは網を作ってしまうことである。この二つは、ＭＥＣＥ（排他的）ではない。工夫して創り上げることができるはずである。

②判断

情報が入ったら、次は判断となる。まず不十分な判断の仕方は、一つひとつの案件を判断していくこと、しかもそれを事業部に判断させることだ。日本の大企業の多くは現在、この二つが主流である。その結果、世界でイノベーションの最先端の活用力が低いままに留まっている。

やるべきことはまず、次の三つある。

第一に、一つひとつの案件を見ていくのではなく、関連セクターの全部の案件に網をかけること。そこから絞り込んでいく。ロングリストからショートリスト。こうしていくと、自然に触発されながら見ていくので、可能性に意識が向いていく。この全体のプロセスを経た人と、経ずに最後に選ばれた案件のみ見る人とではマインドが大きく違う。また全体の傾向がわかることも参考になる。触発されて自社のイノベーションに活かすこともできる。逆に手薄な分野で気づくこともある。

第二に、判断する内容と判断する人を分ける。判断すべきはスタートアップの①技術、②事業性、③経営陣の三つ。日本企業の日本人だけでは全部は判断できない。ローカルのプロ、かつグローバルな最先端を意識しているプロフェッショナルの力は内部に取り込むべきである。

第三に、いま書いたことであるが、「グローバルな最先端」という判断軸を入れることである。ディスラプティブな世界なのだ。その最先端に日本、自社が打って出ていなければ始まらない。ディスラプティブな最先端で勝ち戦を考えるチームを持たなければならない。

それから、そもそも「うまくいきそうなものはどれか」というマインドはすでに間違っている。「世界最先端の事業にまで育てられるものは何か」というマインドでなければならない。

もちろん事業の主動権をとらなくてもよい。それは、いきなりはできないかもしれない。また、すべての案件で主動権をとる必要もない。参加するスタイルから始めてよい。また参加するものが多い中で、ものによっては主動権、というくらいかもしれない。

③交渉

次に、交渉力。交渉して事業権のことや、共同での事業開発や、そもそも投資段階での価値算定（バリュエーション）をする。

これは、日本人にはＭＢＡだろうが、戦略コンサルティング出身者だろうが、投資銀行だろうが、大企業や成熟産業で交渉力を発揮した経験があろうが、非常に難しい。イスラエルの外でベンチャー投資した者でも無理である。

交渉はローカルのトップ中のトップに任せる。だが交渉といっても弁護士のことを言っているのではない。経営の判断と価値判断と交渉内容が統合されて判断できて、しかも1時間に2～3回、話がひっくりかえったり、カウンター提案できたりする力がないとだめである。逆に言うと、それができるという人やチームという世界がある。

交渉で創り上げる青写真のポイントを簡単に言えば、①段階的な投資で投資リスクを下げる、②それと事業権などオプション契約、ウォラントも組み合わせて合意点を見つける、③さらにそもそもバリュエーションの適不適を判断する、④信頼関係を損なっては元も子もない。

それらの判断が的確であると、相手方に表面に出ない問題がある場合にも気づく。鈍いと気づけない。

私が経験した案件では、提携交渉している相手候補企業にこれまでメインに投資してきた企業に財政問題があった。その影響とリスクの回避が重要な点となったのだ。現実感覚がローカルで研ぎ澄まされていれば、DDと事前交渉の段階でそのようなデリケートな問題にも気づくことができる。弁護士、会計士は守秘義務を守る。だが空気がわかるまでの判断力をこちらに備えることができる。

交渉力とは、金額と事業の権利だけの話ではない。それらは静的にすぎる。時計を止めていまだけ見ていたら未来が創れない。交渉力で日本にとって意外にプラスに効いているものがある。それは、やる気。信頼されること。一緒に未来が創れる、創りたいと思われること。そういうような人、チーム、そしてエネルギーというか組織風土、会社そのものだ。企業の実力はもちろん効く。優れた技術や製品サービスを拡げることのできる経営力、瞬時に販売できるマーケティングと営業の基盤、こういうものは効いてくる。だが、基本はやはり人間同士なのだ。スピリット同士、信頼できる、楽しい、が本質的にはやはり効く。

そのうえで、高度な交渉力は、現地のパートナーに任せていくということである。

## 第二の動き　グローバル最前線の戦略思想で動く

イスラエルがなぜ世界の最先端に出て行っていったのか。国土が小さく、人口が８００万人しかいない。国が砂漠で、資源が少ない。人の知恵は豊富にある。こうしてテクノロジーの最先端で一気に世界に出ていくことを意識した。

ハイテク立国を国が政策として取り入れてスタートしたのは１９９２年である。先に紹介した、ヨズマ・プログラムだ。国家がヨズマ・ベンチャー・キャピタルを設立して、直接スタートアップに投資するのではなく、10のベンチャーキャピタルの設立を支援した。成功したら元金プラス金利を返還する。しかし失敗したら返さなくてよい。このようなプログラムだが、応じて設立されたＶＣは10にのぼり、うち９社が成功して10年後には次のステージに進んだ。

日本では、産業革新機構や、経済産業省以外の農林水産省ほか各省庁が設立した政府系ＶＣがイノベーションへの投資がうまくできていないことが話題になるが、イスラエルでそのとき以来成功してきたＶＣ経営者は、政府には無理だと素直に言う。ここで既に学ぶべきことがあるが、それはさておき、イスラエルがなぜ世界のイノベーションの最先端に出て行けたのか。

それは、技術開発が世界最先端を目指す。それを活用しての事業展開について、デイ・ワンから世界を意識せざるを得なかったからだ。人口８００万人では事業にならない。日本はなぜイノベーションでこの20年間、世界に遅れたか？　一つの理由は、日本の貯蓄１３００兆円が消費に回れば内需で景気がよくなる、という論者が多かったからだ。日本中、ひところ内需、内需と叫ばれていた。イスラエルの正反対である。国が成り立つかどうかの前には、マクロ経済的に景気がどうなるのかは霞んでしまう。

では、日本がグローバルを意識するとはどういうことか？

世界最先端の技術を買えるプラットフォーム企業は、最低でも売上が数十兆円企業である。自分の会社の売上が数百億円、数千億円、あるいは数兆円しかなければどうしたらいいのか。数兆円では魅力がないのではないか。

それには、いち早く動くしかない。そして、「自社単独」で世界一の事業を創るという意識を捨てることである。たとえて言えば、将棋の米長邦雄の言う「勢いのある守り」をすることである。「勢いのある守り」とは、機会をつかんだらすぐ攻める意識で守ることを言う。具体的には、世界の最先端にマイナーでも乗ることである。世界最先端の攻めに、なんとか理由をつけて魅力を見せて、とにかく乗る。乗って最先端の事業展開を見る。最低限以上の貢献はする。そうして、十に一つでも本当の攻めをする。つまり中心になって世界最先端事業を繰り出す。

こういう動きを考えると、日本市場は「テコ」にできる。日本市場で貢献するから、というのは十分、魅力的なことである。アジア全体はどうか、くらい言って返せるだろう。それくらい日本を「テコ」とする魅力は相手に訴えるものがある。

## 小さくてもグローバル最前線のイノベーションを産み出す

日本の総合電機メーカーが総崩れになったのは、総合だったからというのが一つの理由である。たとえば日立。国産技術で世界の最高峰になんとか追いつこうとして、モーターから発電機からつくり始めて、重電から家電まで総合電機メーカーになった。だが、シェアは日本国内でも1位2位はほとんどなく、4、5、6位くらいが多かった。だがそういう日本勢が１９８０年代に世界を席巻すると、相手方は追い込まれて単独事業で世界トップという状態を作り出すようになった。そういう会社しか残らなくなってきたのだ。

いまはさらに違う。世界の中心は、最新技術で世界一イノベーティブなものを産み出すか、それを買収するか活用して搭載して、自社の事業を魅力あるものにするか。

世界一イノベーティブなものを産み出すだけなら、日本勢でもできる。世界一を産み出してきた歴史がある。最後まで自社で世界に打って出ようとしなければいいのだ。資本注入、M＆Aで搭載してもらえばよい。

## リアルとファイナンスの統合　あらゆる経営力の統合

日本は伝統的にファイナンスの戦略が弱い。幕藩体制の影響があるからかもしれない。家を守る意識は、家のM＆Aに意識が及ばない。

だがいまは、ディスラプティブな世界では、資本戦略は自在に発動されて使われている。資本戦略とリアルな実業の戦略を統合して考える時代となってしまっているのだ。

大切なのは、一に世界一を産み出すこと、二に産み出した世界一を、本当に世界一の事業にするために資本戦略を自在に発動すること。どう切り貼ってもどう売り払ってもよい。世界一になれなければ、その生み出した価値が最大限活かされるシナリオであれば何でもよい。

世界一はどうやって開発するのか、できるのか？

米長邦雄、故永世棋聖は、どうやって名人位を得るかを研究するときに、谷川浩司と自分の将棋を３００局ずつ並べて検討した。同じことをすればよい。イスラエルまたはシリコンバレーのスタートアップを３００局研究する。自社のイノベーションもである。30でも研究する。

世界で最も尖った技術を開発して、ＰｏＣ、検証をしたら、最善の方法で世界に打って出させればよい。資本政策は自在に使えないとならない。

未来への可能性に気づく、開発する、スピード、最小限のＰｏＣを行う、資本政策は自在に世の中に出してしまう。こういうことを簡単にスピーディにしている人たちがいる。そして産み出されているものがある。

## 第三の動き　創造する心への進化

「ロールモデル」というのは、三次元的な世界をイメージしたときに出てくる表現であろう。「薫陶を受ける」というのは、人の心や意識、つまり目に見えないエネルギーの影響を指していると思うが、「先生から受ける」というニュアンスが強くなる。

人との「共鳴共振」は、相手がロールモデルでも先生でも、仲間でも、単に事業の場で知り合ったに過ぎない相手でもかまわない。人は共鳴共振して、優れた要素がより表に出てくるということが起きる。頻繁に共鳴共振して、時に強いショックを受けるのはよいことである。もちろんネガティブな共鳴共振もあるだろうが、一人心静かに美しいものや感謝に心を合わせる時間を持てばよいだけである。

また大自然との共鳴共振で人間の体の中の美しく健康的なエネルギーがより引き出されるという、ナチュラルヒーリングの知見もある。

イスラエルの魅力の最大のものはこの点にある。三次元レベルで学べることもあるが、私たちは同時にエネルギーのバイブレーションを感じとっている。この「共鳴共振」の効果も大きいのだ。私たち自身が変化変容していくのだ。

以上のような議論を踏まえて、いま、日本がイスラエルを一つの最大のきっかけとして世界のディスラプティブな世界の最先端で勝負するための作戦計画はあるか？　例示をしておきたい。

達成するイメージは、次のとおりである。

①日本がイスラエルで毎年生まれる１３００もの豊富なイノベーションから、産業界、自社にとって有益な情報がつかめる状態を作り出すことである。

②そして、必要に応じてそれを手に入れる、または活用する。

①それらの動きに前もって、また刺激を受けて、日本の事業開発のための組織力が進化する。

## ＶＣのトップ30社の経営陣の日本への感覚

まず、情報網については、２６６頁の図10を見て欲しい。有力なＶＣ経営者たちは、パートナー会議を経たわけではないが、少なくとも個人レベルでは、短期的なマネジメントフィーがどうだというような議論に一切興味がなく、日本との情報網を創ることに協力したいと考えている。

その対象となる相手であるが、1社よりも数社、また直接関係のないセクター（業界）の企業でも数多く入っていた方がいい、という感覚である。

【図10 - ①】イスラエルVCの経営陣の日本への感覚

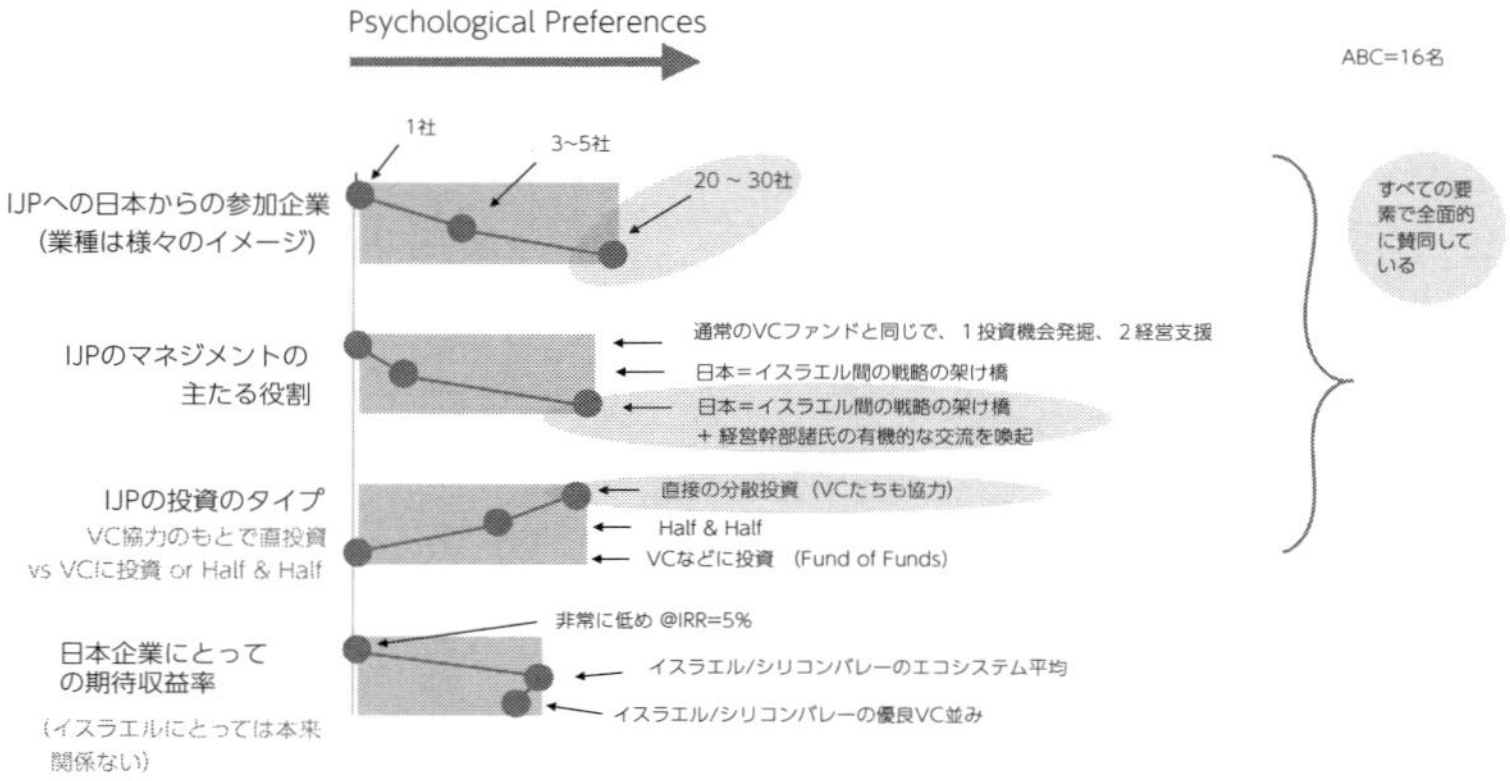


【図10 - ②】VCの代表30数社の経営陣の本音にせまる

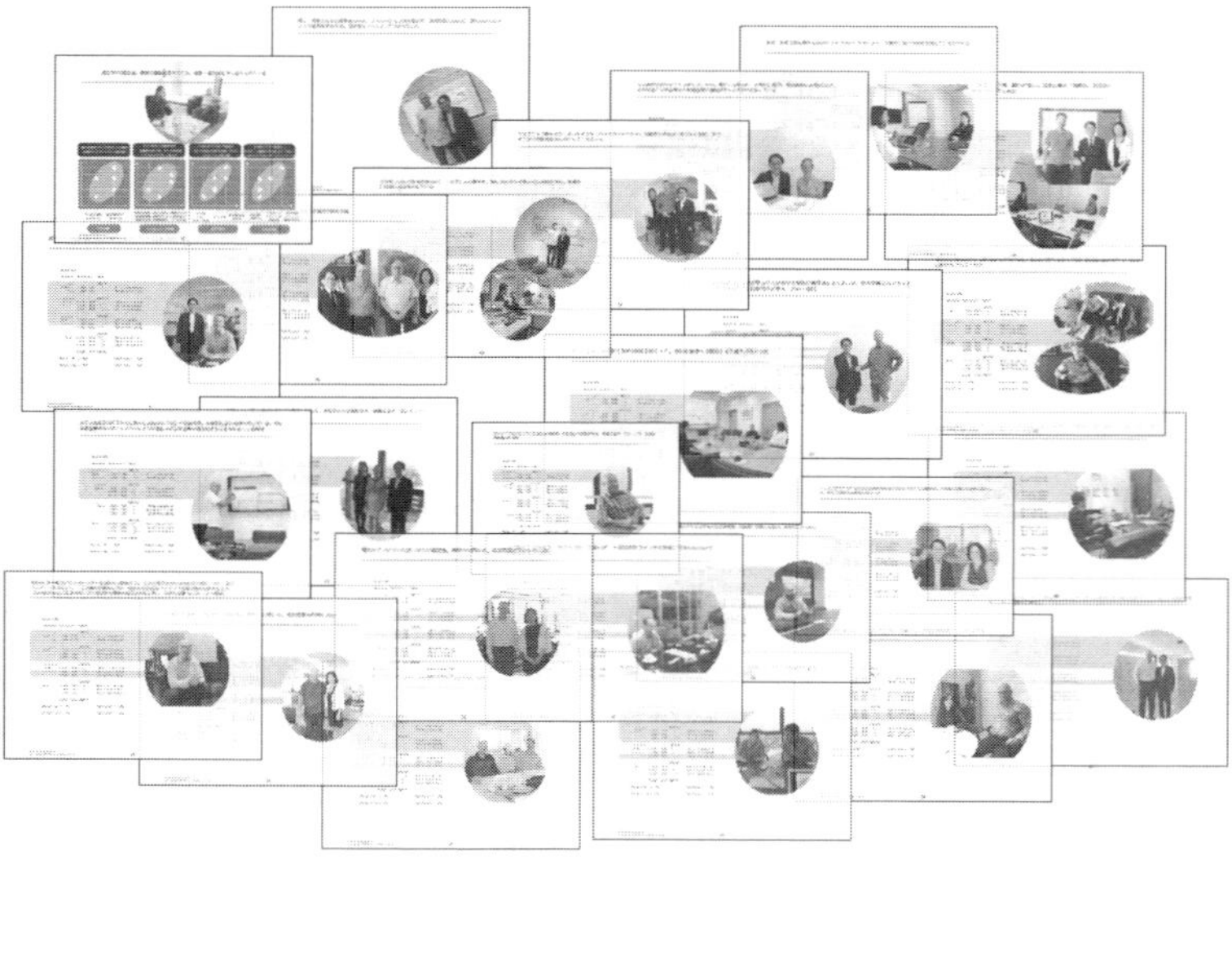

ただ彼らと現実に情報交換をするのには、イスラエル独特の難しさがある。それは口頭での情報交換はするが、ペーパーレベルに落とすことについて、ものすごく軽視するということである。手間をかけていられないのだろう。スピードと経営効果の裏返しである。簡単な話、プレゼンのあと資料を送ると約束して、確約してくれて、それで送ってくれる確率は数割以下なのだ。悪気はない。文化が違う。情報網は生きていて的確だが、粗くて紙文化ではない。

ということは、情報網は、なんらかのリアルな事業の動き、つまり実戦を伴わせながら創るしかない。しかも当方主導で創ることが重要である。そこに、判断力としては、日本と同じ立場において、信頼のできるローカルで超優秀なマネジメントチームが必要である。こうして、生きた時々刻々の情報をつかめる人と人のネットワークを創り上げるのだ。

## 日本の遅れを防ぐディス・リンクという考え方

日本は意思決定がどうしても遅い。遅い理由は文化の他に、日本国内での事業収益を考えると、世界の最先端でなくてもよいことがわかっているからだ。たとえば、Ｕｂｅｒが生まれても日本は関係なく、７年ほどたってようやくタクシー業会がアプリで効率化を始める。10年近く経ってまだ改善はしているが、もちろんＵｂｅｒなどほど完成度も高くなく、普及もしていない。

だが、これでＯＫなのは、国内で収益を上げるという視点からのみである。日本の産業界がディスラプティブな世界に打って出て、最先端で事業展開するにはあまりにもギャップが大きすぎる。

しかし、世界の最先端を目指しても最先端はわかりにくい、どうしてもギャップが出る可能性があるのだ。

ここに有効な考え方がある。それは「ディス・リンク」、つまり切り離して考える、という考え方である。切り離すことで日本の遅れを解消する戦略がありうるのだ。

その第一は、ギリギリ2年まで縮めることである。世界の中で、日本勢だけがいま、2年の遅れがあっても有利な取引ができるということをいくつかの交渉から感じている。セクターによって違いがあるかもしれないが、経験したのはPoCがうまくいけば、という条件付きというか、そのときに判断するということで2年後に事業の権利を手に入れる取り決めをする。もちろん一定の少額の投資は必要である。けれども、達成したい構想から逆算して、これをシステマティックに組み込む設計は可能である。日本はそれほど有利なのだ。遅れてきたから、そして日本勢が遅いから、そして、世界の中で重要なマーケットであるが、最重要ではなくちょうどいいからこそ、可能な考え方なのだ。根底に日本の信頼がある。

第二に、次に切り離すのは、Disruptive Strategy の意思決定を、事業部から切り離すことである。まったく別のコーポレートの事業開発部門、または、「Disruptive Innovation」室などというものが意思決定をするのは一法だ。事業部のPL、BSから切り離すコントロールシステムを入れて、ディスラプティブさについては定性的に扱うのも一法。やり方はいろいろある。

第三は、さらに切り離すのは、日本の事業にとってよいかどうかと、世界の Disruptive Innovation の最先端に出られるかどうかを切り離すこと。このためには、世界の Disruptive Strategy の最先端とイスラエルのシーズだけを見ているマネジメントチームをつくって、判断させる。

これを仕組み的に担保することは可能である。彼らにとって、世界の Disruptive Strategy の最先端のシーズを追いかけて見つけ、先導的に判断することが理にかなうマネジメントの仕組みをつくればよい。最初のディス・リンク策の、2年の判断の遅れと事業権について、2年経過したら、参加企業以外や日系企業以外に回せる仕組みなどを入れておくのも有効な手かもしれない。

## ディスラプティブなエコシステムの基本のＡＢＣ

スタートアップ企業とのつき合い方には、基本のＡＢＣがある。つき合い方で、やってはいけないことは、一言で言えば、そのＡＢＣを外すことである。基本を外してはいけない。だが、これを知らずにやるのが日本企業である。

まず、日本企業は投資を嫌がる。日頃投資をしないで育つ幹部が多いことがあるが、アライアンスや業務を優先して考えるのが普通の感覚である。だが、2年経ったら事業価値は大きく変わる。投資とアライアンス、業務提携は同時に考えて解かないと、あとで機会損失が生まれる。それだけならいいが、権利の売買にともない不測のことが生まれかねない。重要な事業の種は投資を含めて抑えるのが鉄則である。

次に、日本やシリコンバレーや、欧州のどこかの基地（子会社）経由でのつき合い方や、投資を考える。これも間違っている。ある日本人、投資銀行を経由したＭＢＡ氏が、イスラエルを訪問して感動して、投資をしたい、本社で提言したいと話した。するとイスラエルのスタートアップや他のグローバル企業の幹部諸氏から、事務所もないのに投資できると考えているのか、と信じてもらえなかった。言われてはたと気づいた。本人は家族の関係で現地に赴任したくなかったのだが、それではまずいと気づいた。

このようにローカルプレゼンスなしに投資できるという考えは、基本的には日本勢の外にはない。スタートアップとのつき合いのＡＢＣに、30分かせいぜい1時間の距離で経営がわかること、というのがある。

## 思いつきか閃きか？　イスラエル　ジャパン　ブリッジ

日本とイスラエルの間に、Disruptive Strategyの世界を巡る戦略的な架け橋が本当にできるといい。そうして、ＥＸＩＴ段階や、Ｂラウンドや C、Ｄラウンド以降での投資でなく、インキュベータ段階やＡやA+段階でのつき合いが始まるといいと思う。

これを1社でやるか、数社でやるか、10社か20社か、日本のもっと多くの産業界の企業が力を合わせて行うか、である。

既に一社でやるということがハッキリしていて稼働を始めた例がある。その企業の実体に合わせた世界で始めての仕組みとチームを創り上げることができた。基本的には本書で表現したビジョンと要素は、その研究と実現の過程でつかんだものであり、つかみながら実現していったものである。

これを全セクター、日本全体でやろうとすると、予算がいくらかかるか？　かつて最低が１５０億円と試算した。ただし事業権利のストックオプションはこれ以外にかかる。しかしそれは工夫しようがあるだろう。というのは、2年の時間差を買うための仕組みも「短期の戦略的なブリッジ投資」である。そのエコノミクス（経済性、収益性）も回ると想定してよい。さらに仕組みの基本的な性格は投資ファンドが母体だが、それはイスラエルの上位30社の平均的なパフォーマンス並に運営することができる。ここで言う日本の産業界のための仕組みは、単なるＦＯＦとは異なり、直接投資なのだ。

ということは、参加企業にとっては、情報が手に入り、最前線の動きから触発され、Disruptve Strategyを発動できる分が純粋にプラスとして手に入れられるのだ。いまの世の中は、リスクはあるようで、工夫しながら積極的に攻めれば、夢のように理想が実現できるチャンスが確かにあるのだ。そしてDisruptive Strategyの最先端の企業たちは、そういう企業、経営者、経営幹部が創り上げているのだ。

Colum 4

# 「戦略」は「経営者の世界観」とともに進化する

私が30歳で戦略経営コンサルタントになってすぐに気づいたことがある。それは、クライアントが新しい戦略に踏み出すためには、同時に「世界観のようなもの」が変わっていかなければならないということだった。だが、これが容易でないのだ。心の中の恐れや、都合や、組織の中での葛藤など、さまざまなことが阻んでくることを感じるのだ。だからそれらを超えるための「波長合わせ」のような作業こそ、戦略コンサルタントにとって最も重要なことなのではないか、と感じていた。そしてその作業はいつもとても大変だったが、同時に深い喜びを与えてくれた（ちなみに本書もその同じ目的のために書いている）。

さて、過去30年間、日本企業が世界の最先端から取り残されてきたのは、我々が努力しなかったからではない。我々はいつももの凄く努力していた。では何が悪かったのか？　努力していたのなら、問題は「努力の方向や内容」だったということになる。

つまり努力の大前提となる「世界観」が狭かったのだ。あるいは古かったのだ。つまり我々は、努力する前に、世界観こそを世界の最先端にまで進化させないとならないのだ。実は経営者にとっては、「組織の世界観と戦略を同時に進化」させることこそが、最大の役割なのではないか。

**【最先端１】世界最先端の戦略観は、まず、ＰＥ（プライベート・エクィティ）から見えてくる！**

ここで最先端の「世界観」と「戦略感覚」を描いておこう。まず第一に、「ＰＥ的な戦略感覚」を我々は知っておかねばならない。

VCを含むPEは、実は過去20年間、先進国では最大の成長セクターである。そして日本の伸びが1%を切った2000年以降、現在までで見ると、5~6倍という伸びを示している。ではその「PEの戦略感覚」は何か？ そしてなぜ成功しているのか？ PEも進化してきたのだ。そして、その進化といまの戦略感覚を、我々日本企業を直ちに学んでこれを凌がないとならないのだ。

まずPEは、その発祥は、1980年代のハリウッドの「プリティ・ウーマン」や「ウォール街」で描かれたように、買収したらブレークアップ（資産分割と売却）による価値向上にあった（PE1・0の時代）。けれども1990年代のインターネットバブルと2000年のその崩壊を経て（中身に入らずイメージで投資した、PE2・0の時代）、いまでは完全に生まれ変わってしまっている。一言で言うと「実体の戦略のハードワークをする」組織体に変貌しているのだ（試行錯誤のPE3・0の時代を経て、これをPE4・0という）。

## 集中的なM&A、既存事業群とのシナジー、イノベーション投資

そのハードワークの中身は、①積極的かつ集中的なM&A、②その買収した企業との間のシナジーの発揮。②には二つあって、一つは買収した企業の技術や製品力と、他の企業の販売力とのかけ算。もう一つはオペレーション自体の改革、それによる効率やコストの改革。③さらに、新技術やスタートアップ企業への投資による取り込み。これらをコツコツと地に足をつけて行っているのだ。

ファイナンス的には、ざっくりEBITDAでいくらくらいをターゲットにする、というくらい。おおざっぱであり、また意外にそのターゲットは低いことがある（結果として高い率を実現することがあるが、利益よりは成長を志向している。これは第1章で指摘した通りでもある。）。ベータ（β）やWACCや、割引現在価値など細かい話には決して入らない。

## 資金の制約を考えずに、未来と狙った世界での「戦略」を考える

要するに、成功している現代版のPE4・0は、まず第一に、「戦略の中身」を見るのだ。集中的なM&A、集中的なイノベーション投資、そして投資先のオペレーションのシナジーによる改善をきちんとやるのだ。こういうPEと組んだ企業は強い。なぜなら、戦略さえしっかりしていて、その実行力（execution）が備わったなら、PE経由で、ファイナンス資金は「制限なく使える」ことを感じるからだ。これが第二の特徴である。こうなると戦略とファイナンスを基本的には制約なく考えはじめることができる。日本人経営幹部がしばしば陥る「経営資源が制約条件、希少価値、ROIを高めよ」という感覚はそこにはない。仮に資金が潤沢だったとして、「未来を攻める有効な戦略が描けるか」を問うのだ。

こうしてPEの経営者と、企業の経営者はともに、攻めのシナリオを描き、実現していく。リスクは取るのだが、もはやリスクという感覚から離れている。というのは、ファイナンスの世界では、もともと、個別の事業のリスクはキャンセルアウトされることをみな知っている。予想外にうまくいくものもあれば、その逆もある。それらをならしてどういう結果になるかを考えている。どんどん攻めていく。

## イスラエルは巨大なPE！

こうしてみると、イスラエルのスタートアップの経営者たちも同じ戦略感覚でいることがわかる。彼らは資金の活用には慎重だが、最小限の使い方を「山ほど」して、アイディアを試す、PoCを急ぐ。それが成功すれば、その次に進むための資金は潤沢に回ってくることを知っているのだ。つまり、慎重だが意識も思考も資金にはまったく制約されていないのだ。

## 【最先端 2】 最先端の戦略観は、マイクロバイオームから!

第二に、医療の世界を例え話として使わせて欲しい。近代医療はギリシャのヒッポクラテス以来、「分析的なアプローチ」を中心哲学に据えて発展してきて、ついに極限まで来て、遺伝子、ヒトゲノムを解明した。

そのヒトゲノム解析はいま、コスト的には1万円でできる。そこでこの究極の遺伝子の解析により予防医療にも役立てられるはず、と思って商業化してきた企業はたくさんあるが、20年近く経つのになかなか成果が出ない。日本の外では専門家の中では、もうヒトゲノムでは不十分というものの見方が強まっている。

いま、医療の最先端の一角にマイクロバイオームという世界がある。これは、人間の身体の中には、体重にして20%近くが細菌叢《そう》であり、その数は150兆個、それらの遺伝子は人間の遺伝子の何桁も上回ってあって、それらが人間の健康に影響を与えている、という世界である。ヒトの遺伝子はわずか0・5%というのだ。

そうして、それら細菌たちは、人や動物が何十世代もかけて進化しないと対応できないような状況の中を、場合によっては4日間というような短期間で対応してしまうこともあるというのだ。こういう世界観からすると、とうていヒトゲノムの世界では不十分というわけである。

こうしてマイクロバイオームは、現代医療の最先端の一角を占めている。私にも関心の高いスタートアップ技術などがある。ヒトゲノムの世界観と、マイクロバイオームの世界観はまったく異なっている。というか、一つの世界の外にもう一つの世界がある。世界観によって戦略が異なるよい実例でもある。

ところがそのこと以上に、このマイクロビオームは企業戦略についておもしろいことを示唆しているように私には見える。すなわち、大企業が自分のDNAを進化させるのでは間に合わない時代がすでに到来している。いま、優れて世界で成功している企業は、社外の人材も、スタートアップ技術も企業も、活用することがものすごく得意な企業なのだ。

こうしてマイクロバイームは、一方では、「世界観とともに戦略が進化する」ということを我々企業戦略家に教えてくれる。だが他方では、「外部の進化を取り込むことの大切さ」も教えてくれているのだ。医療でマイクロバイオームの世界では、戦略的に「外部の進化を取り込むこと」がイノベーションと戦略の根幹となっている。我々企業戦略家も、日本企業が外部のイノベーション、つまり進化を戦略的に取り込んでいく、そのための「経営のイノベーション」を全力で追究すべきなのではないか。

## 【最先端の3】 哲学、宗教、物理学の最先端の世界観から

さて、このコラムでは「世界観とともに戦略が進化する」ということを書いている。ところでその「世界観」には、二つの次元がある。その一つの次元は「現世的に考えが及ぶ範囲での戦略の世界観」である。しかしもう一つある。ここから先、私が本音で大切と信じることを自由に書かせていただく。それは「人生はどう生きるのか。この世はどうなっているのか」というような、哲学・宗教・宇宙観の次元での世界観である。

木村さんのリンゴの事例を思い起こしてみよう。青森県の木村秋則氏が、畑の雑草まで味噌汁に入れて食べた、文字通り食うや食わずの年月を経てついに無農薬栽培方法に成功した話である。

### Out of Box

木村さんは、他の農作物の無農薬栽培の例にならって、ありとあらゆる農薬の代替となり得るものを、自分の全部の畑を使って試行錯誤して、それらがすべて失敗したのだった。そして最後に、家族の生活を救うために自分がいなくてはということで、磐梯山に入っていって偶然、月明かりに輝いていた栗の木をリンゴの木を見間違えたことがきっかけとなって気づいたのは、「何か農薬の代替のものを与えることではなくて」、「大自然の中と同じように、根の回りに雑草が生えていて、そのため土壌に細菌もたくさんあって、土が軟らかく

温かい状態を創り出すこと」だったのだ。ものを与えることではなかったのだ。これは「現世的な範囲での世界観」の進化と戦略の進化の事例となる。

## N＝3　顧客の深層心理を摑むことこそ、最強のマーケティング・戦略論

また本書のPartで展開している、顧客の深層心理をN＝3で摑めば、戦略がハッキリと解る、という世界もこの範疇に入る。

しかし、木村さんの理解はそこにとどまらなかった。彼は「命とひき替えに答えをもらったようなものだ」「ばかになることだ」という。彼は、その「発見にいたった事件」を偶然とは少しも思っていないのだ。

プリンストン大学で哲学と科学を極めたアービン・ラズロー博士を思い起こしてみよう。この目に見える世界で発したすべての物理的な力や、発言や、想念は、目に見えない量子レベルのエネルギーフィールド（場）に、エネルギー波として痕跡を残す。これらはいかに合成されようとも決して消え去ることはなく、宇宙に影響を与えている。そして基本的には光速の場であるエネルギー場では、現世の時間軸とは異なる時間軸が存在している。つまり、エネルギー場の「痕跡の波」は、過去、現在、未来をつないで波打っている。宇宙のありとあらゆることは、現在だけでなく、過去とも未来ともつながっている。「偶然など何一つないのです」。彼の、また量子力学の提示する世界観がいかに宗教的・哲学的であることか。

## 全てのものごとはつながっていて、偶然など何一つない

### 過去・現在・未来はエネルギー波でつながっている
### 現世の出来事はすべてエネルギー波に影響を与え、エネルギー波は現世に影響を与える

果たして、我々が棲息している宇宙がこういうものだという「世界観」に立って見よう。そうしたら人生も、仕事の仕方も、戦略の考え方も変化してしまう。考えることの重要性が下がり、フレディ・マーキュリーがゾロアスター教の父親から教わった、「いい考え、いい言葉、いい行動」のようまのもの重要性が高まる。失敗は失敗ではない。失敗は何かにつながる、それは偶然の出会いであったり、発見であったりする。こういう人類の、または親や祖父母たちから私たちも聞いて育ってきた叡智のようなものに近づいていく。偶然は繋がりから生まれるのだ。

ネガティブなエネルギーに反応するよりは、失敗に落ち込むよりは、ただ可能性を見る。美しいと感じるものに波長を合わせていく。さらに行動していく。感謝や、知らない世界でのなにかをお詫びする心を忘れない。そして、自分の身体の芯で感じる好奇心やパッションを無視しない。大切にして、それらをセンサーとして生きていく。

### 可能性への体内感覚を信じて生きる

結局、最後の最後は、好奇心。可能性と共鳴するパッション。虚心坦懐、感謝、愛、許し、お詫び。そして美しさや勇気といった宇宙の中での美徳。これらの一見、戦略論と全く関係のないように響く言葉が、実は戦略の世界観の一つの次元にあるのではないだろうか。本音中の本音で書くと、私の体験からはこうなるのだ。

スピード、勇気、挑戦、行動という具体的なものを忘れてはいけない。そして出会い。インスピレーション。

来るべき時代の戦略の世界観においては、「心」こそ大切なのだ。その「心」とは、片や顧客の潜在意識や社会の時代意識にN＝3で迫る。また片や、自分の好奇心、心をセンサーとして生きていく。この二つのあとは、スピード、勇気、行動、なのだ。心の世界では、すべてのエネルギー波がつながっている。だから、生き方の脱皮と、戦略の最前線と、事業の人類社会への貢献の三つは、すべて同値なのではないだろうか？

# Part.4

# 最先端への進化

# 第12章　「破壊的戦略力」への五つの鍵

## 根底は脱皮と進化

ここまで、日本企業が「破壊的戦略力」を身につけるための、五つの鍵を示してきた。
第一に「攻めとスピード」、
第二に「認識の壁の打破」、これは特に市場の本当の反応をきっかけにして
第三に「思考パターンの打破」、
第四に「作戦思想の進化」、
そして第五が「生き方、哲学、宇宙観の進化」であった。
さて、この五つの鍵は、全体としてすべてが「脱皮」と「進化」を説いている。そこで本章では、最初の四つの鍵のそれぞれについて、本質的な話まで掘り下げていこう。そうすると、それらの話はいずれも、第五の鍵である「生き方、哲学、宇宙観の進化」に通じていく。

## 第一の鍵――考えるより攻めろ

「思考より行動が大切」「考えるより行動」「攻めろ」、こういうことについては、Ｐａｒｔ１、Ｐａｒｔ２で事例を交えながら述べてきた。だが、この鍵にはもっと宇宙観に関係のある意味がある。このことを前面

から書いておきたい。

まず、「考えるときには現時点のことしか考えることができない。だが宇宙の中では偶然の出会いも奇跡もある」ということである。宇宙のうち、エネルギーの世界で共振共鳴して何か新たなことがスタートした場合、そのほとばしりは瞬間に起きる。だがこの世でものごとが実現していくには時間がかかる。それはエネルギーの世界と物質の世界の違いである。したがって、人生で本当の勝負は、考える範囲にはない。考えることのできない無限の時間軸の世界にある。それは逆に瞬間の世界といってもよい。

ではどうしたらいいか？　考えすぎず積極的に行動することである。それが「考えるより攻めろ」である。第2章で紹介した、考えるくせに陥っていた日本海軍と、最も積極的に攻める司令官を登用していた米国海軍の違いを思い起こそう。また、考えるよりいいことがあるものという感覚で行動を起こす人の周りにこそ、本当にイノベーションが起きている。そのことを思い起こそう。

事業が進化するということは、宇宙の一部分が進化するということである。進化するとき、「アイデア」「志」「共鳴」。これらのことは瞬時に起きる。物資的な世界で何が起きていくのかが必ずしも確実に計算できなくてもかまわない。確実な計算なんてできない。計算すると敗退していくのだ。

だが、進化は自社の「外」では必ず起きる。だから自社の進化のためにはアイデアは試す。最小限の動きでＰｏＣを証明して、そのうえで、次に進むための戦略を全力で考える。外からの経営資源をも入れて使い、一気に最大限の開花までイメージする。あとは願いを宇宙にかけながら、現実に努力していくだけである。

## 第二の鍵――マーケティングと「時代意識」との共鳴

さて「思考の進化」こそが、破壊的戦略力への近道なのだが、本書では、思考を脱皮・進化させる大きなきっかけにマーケティングの本当の力がテコとなることを示してきた。N=3や顧客の深層心理、コンジョイント分析などの角度からも解説した。

「認識の壁の打破」、とも表現したが、企業はとりわけ「顧客の深層心理」「市場の本当の反応」について、判っているつもりで判っていないことがほとんどだということを、実に多くの事例で例証した。

このことの本質的な意味合いをもう少し解説しておきたい。それは事業とマーケティングの本当の成功には、「時代意識」、つまり「人類の集合的無意識」のようなものに迫ることが必要であり、それが可能だということである。

顧客は意外に時代の先、社会を作る基本的な考えとなるようなものにプレミアム価値を払う。マーケティングを本当に研究していくと、顧客は時代をつくり出すような新たな展開ができる企業を歓迎していることがわかる。

だから本書で、本当に伝えたいこととは、時代意識に迫り、いち早くそれを具現化して顧客と社会を幸せにするような事業展開を行うということなのだ。

## 第三の鍵――思考からインスピレーションへ

私たちは、子供の頃から「よく考えろ」と言われて育ってきた。しかし本書では、考えるということ自体に問題があることを指摘してきた。思考は現代人の中毒なのだ。「一所懸命に考えている」つもりが、実は、過去の経験、思考パターン、組織内ものの見方の枠に囚われてしまって、現実対応力が著しく低下してしまっているのだ。

考えることにはさらなる問題がある。頭がビジーな間は、ちょっとしたヒントから大事なことに気づくということがない。

宇宙は物質的な目に見える世界と、エネルギーの目に見えない世界とから成り立っている。そのうちエネルギーの世界には、エネルギー振動の形で膨大な情報が満ち満ちている。だが頭で一所懸命に考えるということは、自分の思考パターンの中に閉じこもっていることと同値である。井伏鱒二の頭でっかちの『山椒魚』になってしまうのだ。

つまり岩の間の洞窟に入って、そのまま自分の殻に閉じこもって考えることばかりしていた山椒魚はとうとう洞窟から出られなくなって、「ああ寒いほど独りぼっちだ」とつぶやく。これは考えることは、宇宙のインスピレーションから切り離されてしまい、ひとりぼっちになってしまうことを暗喩しているのではないか。

## 思考の進化から

どんなに努力しても、考えていることが同じだったら結果は大差ない。したがって考えていることが進化することは必須である。

ではどうしたらいいのか？　攻め、行動、気づき、インスピレーション、宇宙の叡智、それらから「思考を進化させるきっかけ」をつかむのだ。

自分とまったくことなる発想をする人や集団や文化と触れることもとてもよいことである。イスラエル人は、自分にない発想の角度からのコメントが会議でなされると、ピタっと耳を傾ける。日本人は、相手が話し終えるまで聞いているのが行儀がよいと考えているが、イスラエル人は、会議の価値を高めるためには、積極的に、異なる角度からの議論でジャンプインすることがよいと考えている。そして自分になかったアイデアを本当に大切に聞く。

圧倒的なスピードでイノベーションを繰り出す文化の人たちや事例に触れると、同じ人間なのだから、私たち日本人もできるということを感じ始めるだろう。

だが、思考に関しては、もっと大事なことがある。私たちは、思考は「自分の頭脳の中」で生まれていると思っている。だが「頭脳」の機能は、まだ本当のところは十分に解明されてはいない。ただ頭脳が「エネルギー振動」に反応してものごとを認識していることはわかっている。このことから「頭脳」は外界、つまり宇宙に某大に飛び交う「情報エネルギーの振動」を拾うことができるセンサーでもあると考える心理学者や物理学者は多い（たとえば「ホログラフィック宇宙論」）。

## インスピレーションへの叡智

ラジオのダイヤルを回すように飛び込んでくる「情報エネルギーの振動」、それがインスピレーション。だが、目に見えないエネルギー振動の世界からは、私たちの知覚や思考を圧倒的に超える膨大な量の情報が飛び込んでくる。だから、思考で取捨選択をしていくことはできない。それに、仮にそれらの膨大な情報をすべて私たちの頭脳が拾ったら、パンクして気が狂ってしまうに違いない（笑）。

では、どうしたらいいのか？　一つには心を清らかにしているうちに、知らず知らずに共鳴するという智慧がある。実際、超越瞑想でもマインドフルネスでも忙しい頭脳の働きを静かにさせる。

もう一つ、私のあるライフ・コーチは次のことを教えてくれた。私たちは基本的に共鳴共振しながら生きている。けれども膨大な出来事と情報は私たちの頭脳での認識を圧倒的に超えている。だから、基本的には自分自身を美しいエネルギー、すなわち感謝や愛や謝罪や許しや、さらに言えば勇気など、宇宙の美徳のエネルギーを意識して思い起こしたらいいのだ、と。

彼女は、私たちが何か問題を抱えたとき、つまり私たちが目に見えないエネルギー振動のうち、ある意味ネガティブな何かを感じとったときは、それはそれで自分自身が共鳴したことになる。しかし膨大なエネルギー情報の中で何がどうしたのかなどは判らない、考えても始まらない。だから、愛や美しさや許しを思い浮かべてそのうちいいことがあるとでも考えて手放しておけばよい、という。

なかなか実践的なアドバイスである。宇宙のインスピレーションのメカニズムなどまだ物理学的には解明できていない、判らない。けれどもここで述べたような、達人たちが教えてくれる智慧に従っていると、ものごとがピンチになっても簡単にはギブアップしないですむ。考え込まないで、可能性をギリギリ探してなんとかしようとする生き方に自然になっていくではないだろうか。

## 第四の鍵――「作戦思想の進化」の現実感覚

次に、個人の思考の進化ということを超えて、組織全体の思考の進化についてまとめておこう。これが「作戦思想の進化」というテーマである。

「考え方」と「組織の作戦思想」が進化するということについて、抽象的な解説よりも、ここではファイナンスの世界を例にとって解説してみよう。ファイナンスについての根本的な考え方が違うと、こうも結果が違うという話である。ファイナンスとアカウンティングは、「組織の作戦思想」が仕組みとして埋め込まれたよい例なのだ。

## ファイナンスの根底にある考え方の違い

ファイナンスについて、アメリカで教育を受けた人間が最初に学ぶのは、「ブレーク・イーブン・ポイント（BEP）」という感覚である。これはファイナンスの教科書以前、もしかしたら子供時代に父親のアルバイトをしていて、または学生時代に事業をやってみて最初に考えることでもある。

翻訳すれば、日本語では「損益分岐点分析」となるかもしれないが、そう訳すとちょっと本質がわからなくなってしまうだろう。簡単に説明すると、何かアイデアがあって、商品を投下してみる。またはマーケティング施策を打ってみる。それで元がとれるだろうか、とれないだろうか？　どれくらいの反応があれば元がとれるだろうか？　こういうことを考えることを「ブレーク・イーブン・ポイント」という一言が示している。

これに対して、日本で上場企業約１００社と接してきて、ファイナンスについて一番よく聞かされた概念はこうである。事業計画、作戦計画について、「投資は減価償却の範囲内で行います」。これが何を意味するのか？　二つある。一つは、新たに投資をして元がとれるかどうか、というような激しさがまったくない。

二つめは、各年次の予算で数字をつくる感覚が満杯である。これでは攻められない。

そもそもファイナンスとは何か？　事業に着眼点があって攻めたいのだが、先立つものが十分ではない。だからどこから調達してくるか。どれだけ調達するか。つまり、ファイナンスというのは攻めの戦略を支援するお金の側面のメカニズムであり、理論であり、考え方なのだ。このあたりがまったく違っていて、「「正確さ」「お金を失わないための考え方」、または「年次の予算会議を乗り切るためのもの」と思ってしまうと、そのような人たちや会社は、当然成長しない。

次に、アメリカでファイナンスを学び始めると、BEPの次に早い段階で学ぶコンセプトは、サスティナブル・グロース・レイト（維持可能成長率）。これは何か？　本質的な内容が2点ある。

第一は、企業の倒産は、主として事業の成長段階で起きている、ということである。どういうことかというと、事業不振よりも、事業が成長し始めると、何かにつけ先行投資の連続となる。それに堪えられずに倒産する、というケースが倒産理由のトップである。事業不振なら廃業すればいいだけなのだ。

第二は、では、「外から追加資金を注入しない」で、倒産しないで済む成長率は何％なのか？　これが気になるわけである。このことを意識して、それ以上、成長させるならば、外部資金を注入するのだ。それはどういうタイプのものをどうしたらいいか……。こう話が続いていく。ごく簡単に言うと、成長率が10％だとするとBSとPLが10％ずつ拡大したときに資金ショートが起きないか？　これを決めるのは粗利率、純利益率、投資が必要な割合と、法人税率。これらになる。利益率が圧倒的に高くて投資がいらない事業モデルならば成長率が高くてもよい。

これがアメリカで学ぶファイナンスである。攻めの感覚が根底にある。

だが日本では、一般的にファイナンスに携わる人たちの基本的な考え方はそのような攻めに直結したものではない。すぐその案件が大丈夫なのか、やめておいたらどうか。「いえ大丈夫です。減価償却の範囲内で考えますから経営にマイナス影響は与えません」。こういう発想でいくと、当然、成長はしない。このように、ファイナンスに対する「考え方」「哲学」によって、企業の戦略と結果が大きく変わるのだ。

基本的には、ファイナンス理論が発展したのは米国においてである。米国の経営環境を土壌に、ファイナンス理論と共に攻めの経営戦略感覚が発達したのだ。

だが、そのような攻めのファイナンス理論ですら間に合わない世界が世の中にある。言い換えると、そのような米国のMBAや戦略コンサルティングの感覚を飛ばしてしまうファイナンス感覚を持つ経営者が世の中には存在していて、いまの時代の現実に影響を与えている。もっと言うと、いまの時代、最先端は、サスティナブル・グロウスなどという感覚を飛び越えたファイナンス感覚で動いている。

## 「サスティナブル」を吹き飛ばすファイナンス哲学

それが一番出ているのが、世界のイノベーションを産み出しているエコシステムにあるのだ。一番それが強く出ているのはイスラエルである。

ファイナンスでは、Valuation（価値評価）という概念がしばしば鍵となる。これは「事業価値の算出」のことを指す。企業や事業の投資やM&Aでは、目に見えないものが対象となる。目に見えないものは、人は基本的に安く評価しがちである。それでは困るということで目に見えない将来価値を目に見えるようにしたものが、Valuationと考えると大筋は間違っていない。

たとえばマッキンゼーが『VALUATION――企業価値評価』(上・下巻　ダイヤモンド社)という本が出版されているが、大判で分厚く何百ページもある。アメリカのビジネススクールで使うファイナンスの教科書はすべて同じく細かい文字で分厚い。そしてIRR(内部収益率)、NPV(正味現在価値)に留まらず、ファイナンス理論の根幹をなすCAPM(キャピタル・アセット・プライシング・モデル、期待値の最大化のための資産価値決定の核心モデル)、そしてその中で使うある種の相関係数であるβ(ベータ)の精緻な計算方法。そしてCAPMが使える場合と乖離する場合の議論などに入ると、ものすごく精緻で綺麗な理論の世界なのだが、実戦ではもうまったく使わない話になってしまう。これらを学んでいく。

ところがイスラエルでValuationというと、そういう計算のことを誰も念頭には置かない。Valuationは?　と聞かれると、「言い値」のことになる。「これまで2億円投資してきてここまで証明ができた。もう一段階の開発のためには、半導体チップに載せて実験する必要があって、それには3億円かかる。その3億円の調達と引き替えに株式を○○%渡そう。つまりValuationはいくらと考えている」こういうシンプルな話で済んでしまう。そこから先は交渉なのだ。

このおおざっぱな方法に馴染んだ人は、精緻なファイナンス理論を元に育った人よりも破壊力がある。本書のタイトルの『Disruptive Strategy』の力に近いのだ。

なぜか?　それは、アイデアがある、基礎技術につながる発見がある。こういうとき、サスティナブルな展開ができるかどうか考え始めると、気が遠くなってしまう。どだいそこまではどんなに考えても工夫しても無理なのだ。だが、アイデアがある、えいやで一緒にやれないか?　こういう感覚の人や企業が世界の最先端を目指していて、手にいれることができるのだ。

## 作戦思想＝経営の意思

作戦思想の進化について解説を続けていこう。

作戦思想は、「経営が何を目指すのか？」である。すなわち経営の意思と考えることができる。そしてこれによって現実の経営結果が本当に大きく変わる。基本的には、意識が目指すとおりに経営は進む。「Energy follows intention」という、宇宙的な説明を持ち出す以前に、現実がそう動いていく。

日本企業が、少しでも成功を、繁栄を、存続をということを目指して、激しく日本で戦って海外に出て行っていたころがある。1970年代〜1980年代だ。貧しさからようやく抜け出たと思ったら貿易金額のウェイトが高い電機、自動車、精密機械の3大産業で世界を席巻してしまった。

そのころ海外で成功している多くの日本企業ではせいぜい2〜3割の事業が黒字で、他は軒並み赤字。日立だけは例外で工場独立採算制のもとで黒字主義だったが、東芝、NEC、エレクトロニクス、重電、機械、軒並みこういう状況だった。

これでは他国がたまらない。プラザ合意、激しい円高、前川リポート、未曾有の円高対策、バブル、崩壊、失われた10年と続き、原因として突然強力にキャッシュフロー経営の欠如が言われるようになった。キャッシュ・イズ・キング、併せて目標管理。こうして2000年以降は、日本中が目先の利益を追いかけるようになった。部門別、担当別の「今年の利益」または「今年のキャッシュ（またはEVAやROIなど、ほぼキャッシュに相当する指標）」が重視されるようになった。この結果がいまである。では何が生まれたか。

赤字部門が7〜8割もある企業はいまではどこにも見当たらない。だが、ほとんどの企業が「今年の黒字」

を追いかけ、1年1年なんとか黒字にするが、大局感として戦略的に海外企業に勝てるのかは検討しないので、台湾企業や韓国企業にコンポーネント（重要部品）の生産を許してしまった。そして10年もしないで事業自体がまったく出来なくなってしまう、ということが続出してしまった。

バリューチェーンで見ると、コンポーネントはテクノロジーを価値として具現化したものであり、少数寡占状態が生まれやすく、そのため利益源なのだが、それを海外に許してしまったのだ。日本人でコンポーネントが鍵だ、と言っていた人は少数派だろう。

さらに誰も「グローバルな業界で、来年が黒字でもそのあとはあるのか？」と問わなかったのだ。予算会議では単年度の数字の話からはいるので、そういうことは問われない。予算資料も事業計画書も、黒字か？キャッシュは？　ＥＶＡは？　またはＲＯＩは？　こういう流れになっていた。

だがサムソンのイ・ゴンヒは三つのことを言い続けた。世界ナンバーワン。コンポーネントの内製化が勝負。ブランドのプレミアム価値。

彼らは彼らでそれを実現した。日本も目指していたことを実現した。彼らは世界ナンバーワンの製品を送り出し、利益率の非常に高い企業体を創り上げた。我々も史上最高益を上げるようになったのだが、サムソンにはかなわず、国際競争力もイノベーション力もいまひとつという状況が生まれた。

経営意思は重要である。それは経営哲学とも言える。経営者と企業は意識しなくてもなんらかの「経営哲学」にもとづいた経営をして、その延長線上で現実を創り出す。ナンバーワンかナンバーツーといったジャック・ウェルチは、実際に10年以上かけてそういう企業体を創り出した。それで成長が鈍化してきたので、自社事業を15％以下に再定義して、広い土俵で成長させよ、という方針を繰り出して成長戦略に乗せた。

## 経営意思の「陥穽」

シンプルに「経営が目指すもの」、その意識が目指すとおりに経営は進む。これについて二番目に大切なことは、この「経営が目指すもの」、つまり「経営哲学」に必ず陥穽が内包されていることである。この「陥穽」が手痛いしっぺ返しを私たちにくらわすのだ。

ジャック・ウェルチが、ナンバーワンかナンバーツーを唱えて、企業体をそのような事業の集合体にもってき、十数年して、成長が鈍化した。「狭い世界でナンバーワンかナンバーツー」をねらったから、視野が狭くなったのだ。成長を目指さなくなってしまったのだ。

ディー・エヌ・エーは、ナンバーワンを目指す企業体である。なぜか？ そしてその結果どうなったか？まずなぜかについては、これは会社が生まれたときの最初の事業がオークションサイトだったことにある。手本にしたはずの超成功企業であったイーベイですら日本から撤退した。そしてディー・エヌ・エーは上場できるかできないかの前に、持ちこたえられるかどうなのか、という期間が5～6年もあって、そのとき、ナンバーワン以外は苦しいと痛感したのだ。

もう一点、企業の成り立ちが「リサーチ」にある。さまざまな業界を調べて、他社事例研究をして、優良企業を拾い出して、参考にして事業化するというカルチャー、生き方が内包されていた。したがって、キュレーションが浮上したとき、数十億円というM&Aをして一気に業界トップに駆け上がろうとしたのだ。違う生き方、経営哲学をもっていれば、浮上しかけた成功事例を参考にしなくてもよいのだ。たとえばイスラエルでは皆、「独自のものを創り出して試そう。ＰｏＣを検証しよう」、となる。違う生き方が存在しているのだ。

「今年の利益、来年の利益」を目指す企業は、それは実現するが、構造的な国際競争力やイノベーション力を失っていく。こうして部門ごとに利益管理とそれによる信賞必罰を行う企業は、じわりじわりと攻めずに弱くなっていくのだ。日本中でこのような現象が起きている。

最後にもう一点、「利益を出せよ」。この経営意思は、コストカットをもたらす。だがコストカット以外の攻め手が必要で効果的な事業が山ほどある。だから、「勝つためのメカニズム研究」と「その鍵を抑えた攻めの戦略をしろ」ということに触れないトップマネジメントは、必ず事業を長期的には衰退させる。短期的には利益を出しながら衰退させる。ＧＥのイメルトの例は既に述べた。

経営意思、経営哲学の陥穽。最大で最もわかりやすいのは、「利益やキャッシュを求めさせる経営は、皮肉なことにそれらを長期的には失っていく」ということである。

出井氏がＥＶＡやＲＯＩを問うた残滓はまだ残っていて、ソニーの各事業部門やソニーから出資を受けた企業の経営者は軒並み事業投資に慎重である。すぐＲＯＩを念頭に浮かべる。だが攻めなければ勝てない。ミッドウェイと同じで、本当は素早く積極的に攻めることのできるリーダーが、高い成果、ＲＯＩをもたらすことができる。

## 「経営者の交代」と「作戦思想の後退」

経営者が交代すると、必ず経営には影響がある。良くなるか悪くなるか、ハッキリとわかるものである。それは何によるのか？　戦略そのものもあるが、経営者の世界観、作戦思想が影響を与えるのだ。

例をあげていこう。スティーブ・ジョブズは、消費者が本当に欲しいものは何かをずっとイメージすることをした人物である。そうしてiMacを世に送り出しただけでなく、iPodも、iTunesもiPadもiPhoneも創り出した。自分は悟っていると認識していて、顧客には聞かない。自分の感性で市場性がありそうで判り易くて、かつ優れた製品がまだ出ていない分野で、新製品や新サービスをイメージした。そしてそれらはすべて出た瞬間に圧倒的な支持を顧客から得た。

さて、あとを継いだティム・クックは、スティーブ・ジョブズの送別の挨拶で、「世に出るまでは誰も欲しいと思わなかったものを、出したあとはなくてはならないものにした」という言葉で称えた。それがiPadだというわけである。だがそれは違っていた。私は、iPadが出る前に顧客の深層心理テストをしてみたことがあるが、何に使えるかはわからなくても、数万円という価格で買ってもいいと思っている人たちが3～4割ははっきりと存在していた。

だが、Apple Watchにはそのような反応を示す顧客はいない。ティム・クックはおかしいな、と思った。そしてイノベーティブな商品を市場に出すということが解らなくなっている。こうしていま、アップルが出す製品やサービスについては、スティーブ・ジョブズ時代と異なり、アップル初というものがないし、最大シェアも取れていない。ティム・クックになってからじわりじわりと製品価格を上げてきたから2018年までは利益も株価も上がってきたが、イノベーションとエキサイトメント、顧客のパッションにかつての輝きはない。

欧州のある医療器メーカーは世界で最も重要な米国でシェアトップであった。その優れた製品が日本ではシェア数%。顧客の好みが違うという説明がなされていたが、その日本企業の社長を引き受けて、数十億円の下の方から100億円を超える企業に数年間で育てた経営者がいる。仮に福島弘毅氏としておこう。彼は社長を引き受けてすぐ、社員の平均給与を上げて、業界並みにした。今後一緒に攻める仲間というわけである。良い経験をした人が転職していくのでは勝負ができないと思った。

そうして毎年の予算は立てるのだが、アグレッシブだから先にどんどん予算を使うことになる。事業への投資の色合いが濃い。だから毎年予算は未達だったのだが、事業自体はものすごく伸びていった。したがってグローバル経営会議では本人は知らなかったらしいが、エンペラーと呼ばれていた。アグレッシブな采配、自信のある判断、だが予算未達。でも前の経営者にはできなかった成長と、結局は大きな価値をもたらした。

10年が過ぎて後任は丁寧に2年かけて探した。ある元経営コンサルタント氏で決めたとき、福島氏は本当に嬉しそうだった。だが後任の氏の下ですぐに経営は下降線をたどった。冷静に計算するタイプで攻めが弱い。人が違う、タイプが違う。何よりも経営というものに対しての考え方がまったく違っていた。攻めか管理か。成長か利益か。「管理」と「利益」の経営が弱いことは歴然としている。

オムロンの立石一真氏は、京都系企業を初めて1000億円の大台に乗せた名経営者であるが、経営を次に譲って2年で経営が弱くなった。失ったのは一つである。それはスピード。製品開発の提案スピード。これが落ちたのだ。なぜ落ちたのか？　トップマネジメントチームに合議制が入れられた。トップと現場が遠くなった。トップが数字のような抽象的なレベルで経営を始めると弱い。そのときオムロンは、立石氏が采配を再び取ってスピードと開発力を取り戻した。

一般論として、「攻め」「スピード」「最もアグレッシブなリーダー」、これらが企業を栄えさせる。もちろん例外はある。つまり攻めの巧拙はある。

ミサワホームは、不景気の中を坪単価40万円という低価格で攻めようとした。セキスイとダイワは60万円かそれ以上。量を追わなかった。ミサワは不動産投資のあとの価格下落もあるが、経営が破綻した。これと同じことが海外のエンジニアリング業界が厳しかったとき、つまり景気の谷を迎えたときにも起きた。日揮、東洋エンジニアリング、千代田化工。うち一社は低価格で量を拡大して乗り越えようとしたが、破綻した。他は、価格はなるべく下げずに規模が縮小することを受け入れた。つまり何でもいつでも攻める、というわけでは勿論ない。しかし、第2章の攻めとスピードについて書いた章で述べたことであるが、「攻め」「スピード」「最もアグレッシブなリーダー」。これらが事業を産み出し栄えさせる。

ところでその「攻め」、というのは「評価」とはしばしば逆の判断を必要とする。一旦「評価」を確定させたい、と司令官が思うと、追撃しなくなる。第二次攻撃隊を送らない。こうして大きな勝負所を失っていく。第2章で紹介した真珠湾ですらである。ＲＯＥや利益を重視する経営に同じことが言えているのではないだろうか?

つまり作戦思想の進化と組織的な仕組み、たとえば評価というようなものの進化は同時に起きなければならない。同時に進化させるべきものなのだ。

## 作戦思想の進化 ⇅ 仕組みの進化

先に、ファイナンスの考え方を解説した。ファイナンスの概念、学問、実践が世界で最も進んでいるのは間違いなく米国である。その米国のファイナンスのごく基本に、サスティナブル・グロースという概念があることを先に述べた。

ところが世の中には既に、そんなサスティナブルなどということを考えない人たちがいる。考えない人たちは、ものすごいアイデアで世界の最先端に打って出る可能性があるかどうかだけを考える。そして、「可能性あり」と考えると、最小限の投下努力で第一段階の証明を行う。ＰｏＣである。最小限のＰｏＣが証明できたら、次の段階に進むことを考える。そのときには新たな資源注入が必要である。それができたらもう一段階進む。

だんだん事業としての証明にも入る。事業のパートナーシップ、アライアンスによる世界展開を考える。世の中にはあるものはある。経営資源についてもお金は世界中で余っているし、事業展開をするための物理的、組織的、人的な経営資源も世界にすでにあるのだ。どう出会い、どう組み合わせて、最速最大インパクトで世界一の事業展開をやるか。こういう発想の人たちがいる。

アイデアから最小限のＰｏＣへ。ＰｏＣから、宇宙のダイナミズムと共振共鳴の中での出会いと、アライアンスへ。いま、世界を先導しているファイナンス哲学はこうなっている。これが世界のイノベーションを先導しているエコシステムのファイナンス感覚である。

これも作戦思想の進化のよい例である。

組織の作戦思想の進化は、マネジメントのエンジンともいえる「仕組み」の進化をともなわせないと実現しないのだ。

日本企業は脱皮、進化しなければならない。だが、脱皮、進化する参考モデルは既に世界に存在しているのだ。では本来、日本人にとってそれは容易なことではなかっただろうか。世界の最先端へ打って出るためのファイナンス感覚とその現実感覚、そしてその仕組みを学んで、日本企業の中にビルトインしていければいいのだが、と私は理想を描いている。

だが、そう言いながら、日本の全体が遅れていたわけではないことを指摘しておかないとならない。一般論として日本には世界一の片鱗がいたるところにある。このファイナンス感覚と経営の現実の世界にもある。

世界最先端のファイナンス感覚、つまりＰｏＣとエコシステムを土台においたファイナンス感覚は、２０００年頃から始まった。シリコンバレーでインターネットバブルが崩壊したとき以来である。企業からスピンオフせざるを得なかったエンジニアたちと、それを生かそうとする動きが繋がったのはそのときである。萌芽は１９９０年代にあった。

イスラエルでも本格化は２０００年、萌芽は１９９０年代。そこには政府主導の初期のベンチャー・キャピタル設立があった。

ところが日本人、斑目力曠氏が、外部から成長事業への資金中入を支える仕組みが十分整っていなかった時代に、ありとあらゆる経営資源を注入して世界最高峰のスイッチング電源を開発したのは、なんとアップルがApple IIを世に出した１９７０年代の話である。その技術開発と製品力は世界の最先端、最高峰であったが、経営のファイナンス感覚も世界の潮流の20年先を行っていた。斑目氏はファイナンスなど学んでいない。松下幸之助と同様に実践の経営者である。だが根底には仏教哲学があった。「無一物中無尽蔵」。作戦思想の進化のことを書いていくと、究極はスピリチュアルであり、宇宙観がどうしても関係してくるのだ。

## 「感謝」という作戦思想に到達した経営者

では、作戦思想そのものは、どのように進化させていけばいいのだろうか、あるいは効果のある進化の仕方はあるのだろうか？　ここで最低限、作戦思想を進化させるうえでの鍵を理解しておきたい。三つあげておこう。

第一の鍵は、「作戦思想が現実を狭めている」ことを知って、「脱皮」が必要だということを常に意識するようになること。経営者なら作戦思想を進化させるためには、組織プロセスの進化をさせないとならない。

第二の鍵は、「現場現実」にヒントがある。現場現実が狭められていることが生じていたら、作戦思想は進化させるヒントがそこにある。私が提唱するN＝３で、経営者みずからが現場現実や顧客の深層心理を見るのは、そのためにあるといってよい。

第三の鍵は、突き抜けた経営者たちの言葉の使い方、意識の使い方、考え方、行動の仕方もヒントにすることである。それらには時代の達人たちの生き方、哲学、宇宙観が表れてくる。それらのうち、自分が共鳴共振するものを取り入れる。

第６章で紹介した梅の花の社長の場合は、経営が傾いて苦しくて仕方がなくなっていたときに、寺に貼ってあった「感謝」の文字に気づいて、本当の意味で、ものに、顧客に、感謝したことがあっただろうか、と内省した。そうして顧客に近づいていって、偶然、銀行からの融資が受けられ、最後の挑戦をする資金を得たのだった。感謝、生き方、哲学、宇宙観。

このように作戦思想の進化、という括りを立ててみても、究極は、根本的な「哲学」というか「世界観」の進化と関係してくるのだ。

かくして、第一から第四の鍵はすべて、生き方、哲学、宇宙観の進化と関係があるということを理解しておいていただけたかと思う。では、それは何を指しているのだろうか。

# 第13章　「生き方」と「宇宙観」の進化

## 次元の違う世界観

一般的に私たち日本人は、問題に対する答えが「一つ」だとどこかで無意識に考えている。だが「考え方」「世界観」が違うと、異なる解決策がある。つまり「次元の違う解」がある。このことに気づいておくことは「戦略の進化」を考えるうえで非常に大切である。

ここで、「スパッと次元が違う」という感覚が伝わる例を紹介しよう。

人間にとって「なぜスピードは快感なのか？」という問題が心理学にある。これはフロイト心理学では、人間が生まれたときには何もできないけれど、だからこそ周りがすべてやってくれる。それにより逆説的に「全能感」を持つようになる、と説明される。そしてスピードは全能感を満たす、と解説するのだ。山の景色が爽快であることも同様に説明されるだろう。

だが、それらの説明はちょっとまどろっこしくないだろうか。学生時代に始めてそのような解説に触れたとき、私は説明のワンクッションに疑問をいだいたものだ。違う解説として、もしも人にスピリチュアル、つまり魂の時代があるとしよう。そして自在に飛び回っていたとしよう。そうしたらスピードや展望が爽快感を与えてくれることがスパッと説明されるのではないか？　これらは次元の違う世界感に、次元の違う「解」があることを示している。

関連する別の実例がある。アメリカのフロリダ州で、ある女性が心身症的にいろいろなことに困っていた。中でも水が怖くて日常生活ができない。診療にあたったのはブライアン・ワイスというコロンビア大学の医学博士、精神科医。彼はトラウマの原因が幼少期にあると判断して退行させたら、確かに子供のころにおぼれそうになって怖い思いをしていたことがわかった。普通はそれで治るらしいのだが、その女性はまったく症状が軽くならない。

そこで次のセッションでそのブライアン・ワイスは、キャサリンに、問題の根本原因の出来事のところまで退行するように指示を出した。そのときうっかり子供のころに、と制限をつけることを忘れていたらしい。すると何が起きたか。キャサリンはどうやらエジプト時代を描出し始めた。だがその後、事実として彼女は治ってしまった。ブライアン・ワイス博士は、この「できごと」以来、多くの患者の過去生退行を経験し、症例のハッキリした好転を手伝ってきて、その数が1000例、のちに2000例と上っていった。数冊の本が出版され、その数は世界的な数百万部のベストセラーとなっている。これも「異なる世界観」の上にある「違う解」の例である。

フロイトは幼少期のトラウマや、ジェンダー（性）や、人間の生と死に内包された問題を取り扱った。だがフロイトに触発され師事していたユングは、人類の集合的無意識の世界を扱い、はじめて袂を分かった。見ていた世界の次元が違った。違うと問題の本質の見方が変わり、違う解決策、つまり戦略解が見つかる可能性を示唆している。

## 次元の違う戦略解

戦略の話で、戦国時代の話から引用しよう。徳川家康の祖父、松平清康は若いときから戦にめっぽう強かった。かくして若かりし頃、隣国の刈屋を攻めて勝って、城主水野忠政との和議の場に及んだ。その酒席で清康は、水野の正妻を見初めた。そして俺にくれと、戯れ言を言った。

水野はどうしたか。言われた方にとっては戯れ言にならない。そこで清康が女に目を向けるようなら先は自分が勝てる、いずれ攻め入ってやろう、いまは忍従だと肝に銘じて、傍目にも睦まじかったというその正妻を離縁して岡崎に送り届けたとされる。

話は続く。水野は後に、松平を攻めることができないことに気づいた。戦の前線に立つのは我が子たち。その子らには実母の住む居城は攻められない。

解決策は何か？

水野は自分の娘を再び松平の嫁に出すこととした。実はそのとき松平は清康亡き後の弱い広忠の時代。対して水野が優勢に立っていた。ではなぜか？　水野は心の入っていない表面的な戦略は戦略にならないと学んだ。だが娘の子の代になれば孫は双方の孫、和平を願にかけたとされる。つまり隣国同士戦って勝ったり負けたりする世界から抜けようとした。後世の私たちから見れば興味深くも凄まじい話である。これこそ「世界観」、つまり「境地」、つまり「次元」の違いによって、「異なる戦略解」があるという、よい例と言えるのではないだろうか。

## 目に見えない「生き方」「哲学」「宇宙観」の影響

さてここまで述べてきたことは、事実に基づいてある程度までは証明できることであった。だが、仮に証明できなくても「本当に大切」ということが、生き方や宇宙観についてはある。日本の経営の場ではあまり語られないかもしれないが、それが確実に現実に影響を与えている、というものがある。

たとえば簡単な例からいくと、「偶然」についてである。私のイスラエルのプロフェッショナル仲間は、「すべてのイノベーションは偶然から生まれた」「このことを、イノベーションに携わる人は皆知っている」と言う。実際、イノベーティブな事業を産み出した創業者は、軒並みセレンディピティ（思いがけないものの発見）、偶然、失敗体験が偶然のヒントになったような何か核心的なきっかけを持っている。

同様に事業というものは「偶然としか言いようのない出会い」があって成り立ってきているものだという実感をもっている人が多くいる。

## 偶然のメッセージ

では「偶然」とはどういうことか。

米国ペンシルバニア州に人間能力開発研究所というところがある。いまは亡き理学療法士、グレンドーマン博士が設立、開発したメソッドで、脳障害児たちを健常児並みか、それ以上に育てて、世界全体で何万人という人の治療をしたところである。ソニー創業者の井深氏、盛田氏両名もこの財団の強力なスポンサーであった。

そのメソッドは、脳障害が先天的に起きているのであれ、手術や外傷で起きたものであれ、その障害のレベルを脳の発育段階として、魚段階、両生類段階、は虫類段階、ほ乳類段階、人間段階のどこにあるのかをまず見極める。そして見極めたら、おとな三人がかりで一人の脳障害児を数カ月、ほぼ24時間体勢で、その脳の段階に適当なありとあらゆる刺激を与えて脳の発育を促進させるというものである。

だが開発は困難を極めた。天才的な脳外科医がいた病院だったのだが、この開発を始めて数年で倒産の危機に瀕してしまった。しかも、どうしても病院を移転しないとならないことになったのだが、その予算がまったく工面できなかった。万事休す、グレンドーマン博士にはついに打開策がない、開発そのものが無理だったのだと結論づけて、ついに病院の閉鎖を決定して、ある朝、皆に周知することとした。

しかしその日、その病院兼研究所に着くと、定年間近のナースがオフィスに来た。そして「大切な研究をしていることを知っています。お金が必要なことも解ります。これは自分が老後のために貯めてきた貯金ですが活かしてください。無利子でお貸しします」と言ったのだ。そこでその日は、病院を閉めるというアナウンスをし損ねた。それから数日して今度はある秘書がやはり同じことを言う。それからしばらくして今度は別のスタッフから自分の叔父に会ってくれ、と言われてまとまった金額の小切手の寄贈を受けた。それから数日して今度は、近所の小学校が閉鎖になり、そのすべてをある金額で譲り渡したいと言われた。その金額を聞いたとき、彼はもう驚かなかったという。それは小切手の額と一致していたというのだ。

私は1995年の12月、直接ペンシルバニア州にグレンドーマン博士を訪問した。すると彼はこう言った。

「I took it as a message, Mr. Ogawa」

すべてがまったくの偶然なのかもしれない。だがグレンドーマン博士は気づいた。貸し付けや寄贈を申し出てくれた老齢の女性スタッフたちほどの覚悟が自分や医師などプロフェッショナルなスタッフにちょっとだけあれば、そして移転さえできれば、経営は乗り切ることができるのではないかと。それから数年、治療法の核心に気づき、メソッドの開発に成功したのだった。偶然は、少なくともただの偶然ではない。

## 輪は回っていく

ささやかな偶然かテレパシーなら、私自身、数多く経験してきている。

一つ事例をあげる。ハーバードに留学していたときのこと、夏休みに西海岸旅行をしたのだが、旅行中ずっと家人がなぜか自分の父親のことを気にし始めた。いまと違って携帯も電子メールもない。そうしてボストンのアパートに戻った翌朝、ふといつもより早く目覚めると、家人はすでに起きていて、机の上にはクレジットカードからビル（請求書）から、支払いのためにサインした小切手などさまざまなものが並んでいた。そのとき電話が鳴った。義父が死の床についていたことを私たちはまったく知らされてなかった。だが私たちは顔を合わせて、瞬時に何が起きているかを理解した。家人は結果、ボストン、サンフランシスコ、成田、羽田、国内便と乗り継いで、20数時間後、奇跡的に父親に5分間だけ会えたのだった。

戦後日本人で初のノーベル物理学賞を受賞したのは、朝永振一郎氏。朝永氏の受賞は、彼の「場の量子論」に関する理論形成が、共同受賞したジュリアン・シュウィンガーとリチャード・ファインマンの発見と本質的に同じであることが証明されたからだ。それを証明した英国人の天才的物理学者フリーマン・ダイソン博士はかつてこう言った。「テレパシーは科学的に再現して証明できないから神秘的な現象だと考えられている。しかしそれは存在している」、と。

ソニーでＡＩＢＯを開発した中央研究所の所長として有名な土井利忠氏。フィリップスとのアライアンスでコンパクトディスクを世に出し、ワークステーションを成功させた。しかし、私が興味を持ったのは故井深氏からの命を受けて、天外伺朗というペンネームで『ここまで来たあの世の科学』という本を世に出したことにあった。その本に出てくる物理学者たちは、井深氏が日本に招聘して行ったコンファレンスの参加者たちだった。

その土井氏を紹介してくれないかと、ある時、知人に依頼した。それはやはり井深氏がソニーに設置していたエスパー研究室の室長。その佐古氏は手帳をめくりながら「しばらく日本に帰ってきませんね、欧州からスコットランドに回る予定です」と言った。私は驚いた。私もそれから3～4週間後にスコットランドのある町に行く予定があったのだ。そしてまさにその町で、一晩だけスケジュールが重なっていた。行ってみるとその町にはパブが二つしかなかった。そして私がドアを開けた最初のパブに土井氏とその一行がいた。

ちなみにその町はフィンドホーンという。寒風吹きすさぶ砂地に、育つはずのないバラが育ち、巨大なキャベツができた。その場を開拓して植物を育てた人たちは、自然界の生き物のディーバ（魂）と意識を通わせているという本を読んでいた。のちに、ある日、その町にある唯一の出版社で、出版パーティが開かれているところに遭遇した。ハリーポッターの映画のシーンのような感じだった。スピーチを始めた著者はオランダの第三王女、プリンセス・イレーヌ。子供のころから一人を好み、森を散歩し、木々と会話をしていたらしい。その自叙伝、『Dialogue with Nature』を買い求めた。

その週、そのスコットランドの町では大自然と関係にあるヒーリングの第五回世界コンファレンスが行われていた。そしてその主催者が書いた本の表紙にはスコティッシュ・プリムローズという、さくら草の一種の写真が載せられていた。花言葉は「無条件の愛」。

さて、ヒースロー空港から日本への帰り、となりに座っていたハーフの高校生が英語で、「仕事は何をしているのですか?」と話しかけてきた。私は「しばらく研究したいことがある」と言って、本を何冊か見せた。そうすると彼女は、「いままで人に話したことはないが、自分も木々と話をしてきた」と言った。そして、「They have a lot more patience than we think (木たちは、私たちが思っているよりもずっと忍耐強いんです)」と言った。それから、本の表紙を指さしながら「This is my favorite flower (私が一番好きな花です)」と言うのだ。私は、「This is SCOTISH primrose (この花は、スコティッシュ・プリムローズですよ)」と言った。すると、彼女は「I know. I see many in my grandfather's house in Arcansas (知っています、私のアーカンソーの祖父母の家にたくさん咲いていました)」。「なんでもお手伝いしますよ」、と言ってくれた。励まされた気がした。

そして、それから4年後の2001年には、その世界コンファレンスの第七回を日本で行うことができた。別のある年、私は本を書き始めた。そうすると知人が、「昨日出会ったのだが」と言って出版社の編集者の方を紹介してくれた。電話で「原稿を執筆されているのでしたら送ってくださいますか」と言われた。その女性編集者の方が受信したファックスを確認しに行ったとき、流れていたページには「脳障害から奇跡的な回復をしたあるお子さんのエピソード」が書かれていた。彼女は驚いた。なぜなら、偶然その時に自分が読み終えた『致知』という雑誌にその子供のことが書かれていたのだった。こうして出版が決まった。私は、お子さんが詠んだ短歌で「人と社会の輪」がテーマになっていたものを紹介していた。輪は回っていくイメージである。さて、本の刊行と同時にその編集者の方は出版社を卒業された。そして数年後、本の内容に関係のある活動を始められた。これも輪なのだろうか。

## He is gone to Colorado

今度は少しコンサルティングに関係のある話である。ある年事業開発のために米国出張を2カ月したときのこと。前半一カ月は西海岸、後半一カ月はニューヨーク。ミッションを終えたとき、そのニューヨークからフロリダに電話をかけた。その先は、ブライアン・ワイス博士のクリニック。過去生退行で有名なベストセラーの著者。最初に有名になった著書は、『Many Lives, Many Masters（たくさんの人生、たくさんのマスターたち）』という。

私は、「日本から出張に来ていて、訪問させていただきたいと思っていたのですが、実はその時間が無くなってしまった。せめて電話で少しだけ話を聞かせていただけないでしょうか?」と。すると、「I am sorry, …」という言葉が返ってきた。そうだろうな、忙しいだろうなと思ったが、続けて「Dr. Brian Weiss is gone to Colorado today」という声が流れてきた。驚いた。なぜなら翌日、私も最後のインタビューでコロラドに行くことを決めた直後だったのだ。コロラド州は小さい、ボルダーかデンバーのどちらかに違いない、しかもその間はレンタカーで一時間しかかからない。こうして、ブライアン・ワイス博士にお会いすることができたのだった。

生まれてこの方、読んだ本の著者に会いたいと思って、直接のアクションを取ったことは2回しかない。そして2回ともこういう「偶然」でお会いできた。

本当は、「偶然の出会い」というものは、多くの人の人生でいろいろなところで起きているのだろう。その偶然に気づくことも、気づかないこともあるだろう。けれどもそのような人との出会いや繋がりから新たな気づきが生まれたり、事業が生まれたりしているのだろう。

さて、偶然ではない「偶然」があるかもしれないからといって、偶然を頼むわけにはいかない。偶然は期待どおりにはまったく起きてくれない。けれども世界観が広がると、少なくとも「機械的な確率論の世界」に生きているよりもずっと泥臭い努力ができる気がするように、私は思う。また人生が味わえる気もする。

これらのエピソードは導入に過ぎない。ここから本当に書いていきたいことに入っていこう。「生き方」「哲学」「宇宙観」は、人生にとっても経営にとっても、根幹にある大切なものなのではないだろうか。

## 胡蝶の夢

昔者（むかし）、荘周（＝荘子のこと）夢に胡蝶と為る。栩々然として胡蝶なり。自ら喩しみて志に適えるかな。周たるを知らざるなり。俄然として覚むれば、則ち蘧々然として周なり。知らず、周の夢に胡蝶と為れるか、胡蝶の夢に周と為れるかを。周と胡蝶とは、則ち必ず分有らん。此を之れ物化と謂う。

（「荘子」斉物論）

荘子は、荘周という存在が夢で蝶になったのか、夢で蝶である存在が目覚めて荘周となったのか、判らない、と言っている。だが、その二つは両方あって存在しているのであって、片方だけのものではない、と言っている。そして、これを「物化」という、と言うのだ。

高校生がこの「物化」を口語に翻訳するのは難しい。だが「物化」、一方向の言葉。これは胡蝶が存在の本質であって、荘周が物質化しているが、それが幻、夢だということを示しているのではないだろうか。そう思って改めて気づくのは、タイトルも『胡蝶の夢』であり、荘周の夢ではないのだ。

私が40代の後半だったころ、ある仏教経営者に仕えていた税理士の方がこういった。「代表にとってはあの世が本当で、この世は幻ですからね」。私は本当に驚いた。そういうものの見方があることは知っていた。だが言葉でそうはっきりと言われると、私はやはり驚いてしまったのだ。

頭で理解するのと現実として直面するのでは、やはり大きなギャップがあったのだ。ところで、その頭で理解することを先行させてみると、「この世が幻」であり、「宇宙の本質は目に見えないエネルギー振動だ」ということは、もう定説になっているのが現代物理学の世界である。ただ私は素人であるので、素人なりの理解をしてきた。そのエッセンスを描いておきたい。

## 「色」即是空より「空」即是色

色即是空の意味は、「色」、つまり形ある物質は、「空」。つまり目に見えないエネルギー振動と同じ、ということである。だが、色即是空、空即是色と二つ並べて言われると、私たちはつい誤解してしまう。「色」と「空」が表と裏、同じウェイトで世界を作っていると考えてしまう。

だが、どうも違うのではないか？　誰かが「違う」と言ってくれると、物理学的な理解が一気に進む気がする。どちらかというと「空」が色をつくっているのではないか？

ウェイトについていうと、全宇宙の質量のうち「色」にあたるものは、たかだか15％しかないと考えられている。ウェイトとして「空」の方が大きいのだ。その空は、ダークマターやダークエネルギーからなる。ダークマターはまだはっきりとは解明されていないが、私たちがまだ発見していない、高次元の薄い、物質化が不可能な次元に畳み込まれているかもしれない、などの仮説が提示されている。それはともかく、「目に見えないエネルギー振動」のウェイトが「色」より大きいのだ。これは驚きではないだろうか。

「色」の15％の内訳は、まず、宇宙の中の恒星、惑星などをすべて足し合わせても2％かそこらしかならない。暗黒にしか見えない広大な小宇宙間の塵芥を足して5％かそこらである。クォークを足してやっと15％。それ以外は目に見えないものからこの宇宙はできている。なので、まずウェイトから言って、宇宙では「空」が重要、無視できないことは理解していただけるであろう。

ではその「空」とは何か。基本的には、それは振動しているエネルギーの海である。量子力学的に、モノの粒子を細かく見ていった先の先がエネルギー振動になることは判っている。振動しているエネルギーの波。波には途切れがない。となると、全てのものも人も波なので、全ては全てと繋がってしまう。全てが繋がって影響し合う海。これが「空」の世界の一つの基本的な特徴である。

第二のポイントは、そのエネルギーの海は、ビッグバン以降、つまり太古の昔から今日に至るまでの、「色、つまり物質の世界」で起きた全ての現象、想念、感情の情報を波として畳み込んでいる、ということである。このことを、天才的なピアニストであり物理学者、そしてブダペストクラブの創設者、アーヴィン・ラズロ博士は次のように言う。

「池に石を投げると水面に波が立つ。これと同じことが物質界とエネルギー界の間で起きる。物質界で起きたすべてのできごとは、エネルギーの振動の海の水面に波を立てる。その波は次々に合成されていくが、決して消えることはない」、「そしてしかるべく方法で分解することすら数学的にはできる」

つまり、宇宙に一旦エネルギー振動として放出された、あらゆるできごとの「情報」は、消えることなく宇宙に残っていて、その情報を取り出すこともできるのだ、と、ラズロー博士は述べている。数学Ⅲか解析の入門のフーリエ級数をイメージして欲しい。数学的にはあらゆる波の合成も分解もできる。

そして今度は、ラズロー博士は、そのように全ての出来事は宇宙に痕跡を残していて、それが物質界に影響を与えてくる、とも言うのだ。これが色即是空、空即是色の物理学的な一つの最もシンプルな説明であろう。

どうやって取り出すのかは別として、太古以来すべての情報が宇宙のエネルギー振動の海に封じ込められている、という物理学的な説明は、アカシックレコード（宇宙が誕生してから現在までのあらゆる情報の記録）のことを解説している。

ではどうやって、現実の物資界は影響を受けるのであろうか？

## 空＝「微織な量子エネルギーの場」

ではどうやって、現実の物質界は影響を受けるのであろうか？　という問に入る前に、ここで引用するアーヴィン・ラズロー博士のことと、彼の言葉をもう少し丁寧に引用させていただこう。ここで解説していくのは現代の私たちが理解しておくべき、あまりにも大切な宇宙観だけれども、彼の解説と私の補足要点解説のかけ算が一番わかりやすいのではないかと思うからだ。

ラズロー博士は、1032年ハンガリーの靴職人の子として生まれたが5歳でピアノを弾き始め、7歳でリストアカデミー推薦入学、9歳のときにはじめてブダペストフィルと共演した。けれども20代で、コロンビア大学で物理学を、エール大学で哲学を学び、33歳でピアノの公演活動を一切辞めて、物理と哲学の世界での学究生活に入った。映画『地球交響曲　ガイアシンフォニー第5番』から引用していこう。

「多分私が音楽家だったからだと思うのですが、私はかなり若い時からこの世界を全体のつながりの中で見ると言うものの見方を持っていました。この世界視は、西洋近代の常識である還元主義的な世界観とはかなり違います。最近の科学の進歩によって、どんどん明らかになっている事ですが、自然界には何一つ偶然はない。全ては互いにつながって起こっており、純粋に偶然に起こる事など何もないのです。全ての命が共に働き共に変化し共に進化し互いに同調しながら響き合っているのです。」

「それでは、全ての存在はいかにつながっているのか、ということが問として浮かび上がります。私は科学者として、単なる想像ではなく科学的にその答えを探しました。最近10年間の素粒子レベルの実験やエピデンスによって、この世界は極めて微細なレベルで、強くつながっていることがわかってきました。あまりに微細なレベルなので、簡単に実感するのは難しいのですが。

全ての存在はその存在の一番奥深いところでつながり、実際に微細なエネルギーや情報を交換していることがわかってきたのです。つまり、全ての存在を途切れることなくつないでいる目に見えない場のようなものがあるのです。細胞も分子も生命体も生態系も、惑星も銀河も、皆その場の中にあって互いにつながれています。つないでいるのは場なのです。

では一体どんな場なのか。」

「それはとても微細なエネルギーの場です。原子よりもさらに小さい、量子のレベルで働いている場です。この世界で起きるすべての出来事は、この微細なレベルで働く量子エネルギー場になんらかの痕跡を残します。

単純な比喩で話してみましょう。波のない静かな池を想像してみてください。そこに小さな石を投げると波紋が生まれ、池中に広がっていきます。もう一つ石を投げるともう一っ波紋が生まれ、2つの波がであったとしましょう。

（そのとき）2つの波が出会って全く新しい波の形がが生まれるのですが、面白いことに、その新しい波の形の中に「前の波の情報」が記憶されているのです。ですから新しい波の形を分析することによって前の波はどんな大きさのどんな重さの石が、どの方向から投げ入れられてできたのかということが数学的に読み取れるのです。別の言い方をするならば過去に起こった出来事の内容を、いまある波の形の中から解読できるということです。」

「ところで宇宙全体は目に見えないエネルギーで満たされた池、すなわち場であると想像してみてくださ い。多くの人が宇宙の真空は何もない空っぽな場であると考えていますが、最新の物理学の考え方によれば、真空は超高密度のエネルギーに満たされていることがわかってきました。ある計算によれば、わずか1立方センチメートルの真空の中に、宇宙の全ての物質の中にあるエネルギーより大きなエネルギーが存在すると言われています。そして、すべての存在の背後にこのエネルギー場があるのです。そうしてこの世に起こる全ての出来事がこのエネルギー場に波という痕跡を残します。この痕跡が過去の出来事の情報を保存しているのです。」

「ですから、いま私が一番強く主張したい新しい考え方は、この量子レベルのエネルギー波は単にエネルギーを運搬するだけではなく情報も伝達しているということです。いちど生まれた情報は決して消え去らないで量子エネルギー場に保存される。宇宙で生まれた情報が何一つ消えないとすれば過去に起こった全ての出来事は今現在もここにあり、その情報にアクセスする方法さえ知っていれば現在に蘇らせることもできる。過去は今も生きていると言うことです。この宇宙観は今までの宇宙観と大きく違います。宇宙は記憶を持っていると言うことです。過去は宇宙の波に保存されており、そこから情報を得て新しい世界を構築することができるのです。」

## 美、勇気、挑戦

以上のアーヴィン・ラズローの解説から次の五つのことが読み取れる。

第一に、宇宙には我々の目には見えず、触れず、ほとんど感知ができないが、太古の昔のビッグバン以降、ありとあらゆる出来事、喜怒哀楽など、目に見える物質界でのできごとの痕跡がエネルギーの波の形で全て残されていること。

第二に、それは数学的、思考実験的には、解析して取り出すことができる、という解説の仕方。

第三に、目に見えない世界のエネルギー場の振動という「過去からの情報」は、今度は、いまの私たちに影響を与えているということ、過去はいまを創っている。

第四に、偶然は偶然ではなく、エネルギー場でのエネルギー作用が影響をしている、つながっている出来事なのだ。

第五には、引用したラズロー博士のコメントの範疇を超えるが、いまの私たちの世界も私たちも、過去からの蓄積の影響をものすごく受けているはずであるが、それだけではない。いま、瞬間瞬間、私たちは自由意思を持っていて、瞬間瞬間、意思決定をして、選択をしている。そうして波を微細な量子エネルギー場に送り込んでいる。


最後は、私の直感的な世界観になるが、では、我々はどういうエネルギーを「その微細な量子エネルギー場」に毎日毎日、瞬間瞬間、送り込んでいるのだろうか？ 送り込んだらいいのだろうか？ 私の答えは、だから美、なのだ。勇気と挑戦。感謝。愛。いろいろな問題やらネガティブな衝突やらのエネルギーもまた飛び交っているはずのエネルギー場である。立った一回の瞬間のエネルギー放出では打ち消せないかも知れない。けれども、休まず倦まず、果敢に美と勇気で挑戦していけば、そのうち何かおもしろいことがあるだろうと、少なくとも勝手に思うことにしている。なぜなら、世界観、宇宙観なのだから。

問題というものはいずれ、美と勇気で挑戦していけば消えていく。ならば消えていく問題のことをわざわざ一所懸命に思い浮かべて、宇宙に「問題のエネルギー」を送り込まなくてはいいではないか。解決されたときのイメージや、夢こそが大切だ。

さて、それでは「ではどうやって、現実の物質界は影響を受けるのだろうか？」という問に戻っていこう。

## 脳が世界を創り出している

まず、現実の物質界といっても、その世界はエネルギーの波の振動から成り立っている。ところが実際には、私たちの目には、堅い机やＰＣが目に入り、窓の外には緑の木々や花や頂に雪が残った山が見える。なぜか？　実際は、素粒子は飛び交っているかもしれないが、エネルギーの波の振動の海、本来は超すかすかで、目に見えないほどごくごく薄いもやもやとした状態であるはずの世界が、私たちの目と脳には、すばらしく美しい地球の姿として目に入る。

これは、私たちの脳が、そのように認識するように創られたから、という説明がなされることがある。もやもやではおもしろくない、地球が綺麗にも見えない。それはつまらない。ということで、私たちの脳は、地球と呼応して、現実がハッキリと綺麗に見えるように同時に創られた。こういう考え方が宇宙論の主流の一角に確かにある。

そして実際、心理実験でも、私たちの脳が波に反応している、ということが判っている。脳はエネルギー振動の海の「波」を理解するように創られている。つまり脳が、「空」の世界であるエネルギー振動の海に、あたかも固定物から成っていて形も匂いも色もある「色」の世界を私たちに見せてくれているのだ。脳がなければ私たちが見ているような世界は見えない、触れない、感じられない。ということは、脳が世界を創り出していることになるのではないか。

これがホログラフ宇宙論を中心とする考え方のエッセンスである。言い換えれば、やはりこの世は幻と言ってもよいのだ。

## 現実の壁も幻想

さて、いきなり宇宙論まで行ってしまったが、今度はいきなり経営の世界に戻ってこよう。本書のねらいは、破壊的な進化とイノベーションのための経営論である。

経営で、分厚い現実の壁に直面することがしばしばある。解決策なし、なんとも動かない現実の壁。その「分厚い現実の壁」は何か？　宇宙論からは、それもまた宇宙の中の、ごくごく薄いもやもやということになる。

なお念のため、もやもやだから柔らかい、ということにはならない。もやもやだけれど、強い核力と弱い核力という強力な原子レベルの力が作用していて、固体は私たちがぶつかると体を弾き返す。つまり莫大なエネルギーと力はある。

それと同じで、経営課題ももの凄いエネルギーと力を持っている。けれども、そのエネルギーは万物ともつながっている。そして太古の昔からのありとあらゆる情報の影響を受けている。それはエネルギー振動の海を通して影響を受けている。その情報の中には、現実の出来事だけでなく、想念の軌跡、感情の動きまでもが入る。すると、解決策が、いままで考えていたことと違う次元にあるかもしれないことに気づくではないか。

現実に腕力で迫るだけが経営戦略ではない。考え方の進化、意識の向け方、進化、感謝、愛、美の追究、勇気、さまざまな宇宙の美徳。それらは全て問題にも解決策にも影響してくるのだ。

米長邦雄故永世棋聖は、将棋は、実力と運の二つで決まる、と考えた。そして運は、謙虚と笑い、この二つを好む運命の女神によってもたらされると考えた。そうして実際に20年かけて名人位を射止めたのだった。彼は後人の私たちにこのようなものの見方を伝えてくれるために、あえて20年かけてくれたのではないかという気すらしてくる。ありがたい。謙虚と笑いは、エネルギーの海によい影響があるのだろう。

アサヒビールの中條氏は、将は明るく、決断力とスピード、と言う。顧客に近づく、とも言う。だが合わせて、ピンチをチャンスに変えることができること、と言う。壁は本質的には、私たちの想念の壁なのだ。思考と意識のあり方、向け方で、壁は解決できるものなのだ。

## 「幻想の壁」とは「豊かさの海」

「現実（＝幻）の壁」を作っている「もやもやのエネルギーの波」と、「豊かさの海」は、同じものを指している。つまり情報を持った「エネルギーの波の海」なのだ。ではこの「豊かさの海」とのつき合い方は、どう整理したらいいだろうか。

思い出して欲しいのだが、この「海」と私たちが見聞き、経験する世界はつながっている。私たちのあらゆる思考、想念、感情の動き、意識のあり方も向け方もつながっている。つき合い方については、大きく二つの智慧があるように私には見えてきている。

一つは、自らのビジョン、願いを思い切り宇宙に投影するというものである。成功哲学の多くはなんらかの形でこのことを根底に置いている。ただし、重要な「ただし」がある。それは、願いはなるべく深く、広く、多くの人々や人を超えた環境などまで到達するものがよい、ということである。願いやビジョンがより多く、広く、深く賛同をえることができるものほど宇宙はそう動いていくということではないだろうか。

もう一つは、そもそも願いをかけないというものである。することは意識のクリーニング。単に宇宙に満ち満ちているさまざまなエネルギーの波、それらは過去から脈々と未来に向かって繰り返しているノイズ。波は放っておけば未来にも同じことを再生していく。それらの影響下に私たちはいる。だが同時に私たちは、自由意思を持っている。自由にものごとを決めて、考えて、行動して、情報やエネルギーを発信することができる。だからといって、過去からのノイズを真逆に消去する波を計算して発信することは、可能には思えない。

そこで、たとえば、ガンジーの無抵抗主義が生まれる。自らは暴力を発しない。また過去生退行的なものは、気づきによりノイズとなるような過去のエネルギーを手放し、消去するプロセスといえる。あるいは、ハワイの伝統的なヒーリングには、人々の意識の深い先、無意識の深い先、つまり宇宙に波打つネガティブなノイズに対して、お詫び、許し、感謝、愛などのエネルギーを送り込む、というものがある。

すると自然にノイズの影響から離れてより未来創造的な情報の波に波長を合わせていくことができる。それがインスピレーションである。

神仏に願いをかけないといえば、米長邦雄故名人や、斑目力曠氏の教えを思い出す。そして彼らは、両人ともインスピレーションの大切さを知っていた。

たとえば米長邦雄は、著書の中で唯摩経をかなり研究したことを書いている。それによると、唯摩経の中では、在家のつまり人間である唯摩居士が、仏様の中でも頭脳が最も明晰な文殊菩薩を諭すエピソードがある。文殊菩薩というのは私たちが棲んでいる世界を一つとして、三千世界すなわち三千もの世界のすべての人間の頭脳を集積しただけの頭脳を持つとされる。その限界まで頭脳が明晰な菩薩に向かって、いかに頭脳が明晰でもそれではいかん、と諭す。仏の心の眼がなければ頭脳などではいかんのだ、と。仏の心の眼。インスピレーション。同じことを指しているように私には思えている。

つまり、人間の思考を超えた「豊かさの海の目」でものごとを見よ、という哲学を、米長邦雄永世棋聖は追究していたのだ。だからこそ、ＡＩボンクラーズにも率先して挑んでいったのだ。心の眼をすれば解はあると信じていた。それを実証しようとしたのだ。

## 破壊的イノベーションと「心」

これらの話は何を意味しているか？

端的に言うと、日本企業が仮にいかに壁に直面していても、その打破には、現実世界での力技だけが問題なのではないということである。本書では「壁」が簡単に崩せた事例をいくつも紹介した。

心次第で、経営課題は解ける。進化できる。破壊的イノベーションの真髄はここにある。そして私たち日本企業は、収益最大化という価値観と、組織コントロールの仕組み、経営プロセスを超えて、再び世界のイノベーションの最前線で活躍するシナリオを選択できるのだ。心に描いたビジョン。心の向け方。境地。これらが進化の具体的戦略を決めるのだ。はじめに「心」ありきなのだ。

# 第14章　破壊的イノベーションと「戦略進化」への処方箋

## 思考のディスラプション

日本企業もこの本を読んでいる人もすべて、ディスラプション、つまり破壊的進化の最前線に躍り出ることができる。そのための最初の条件は、「組織と人の『思考』の破壊的進化」である。考えていることが古くて堅いと、戦略が古くて堅い。思考が崩れ去る、溶ける、柔らかくなる。いまの時代の戦略の第一は、思考の崩壊である。考えることからの脱皮と言ってもよい。これがスタートである。

## バウンダリーレスの意識

次に、意識の「壁」が取り払われなくてはならない。戦略上、最初の壁は「社内の壁」である。社内の部門ごとの数字的な目標管理について、それがＲＯＩであれ、ＥＶＡであれ、ＰＬであれ、攻めの戦略を妨げるという現象が多発していることを本書では紹介した。典型例はＤＥＬＬでありソニーであるが、それら企業に限らず日本の多くの企業はだいたい当てはまる。

次の壁は「会社の壁」である。ＧＥのイメルトが、せっかくジャック・ウェルチが「会社の壁」も取っ払って戦略を考える風土を育て実現してきたところで、「社内のシーズ優先」という采配を振るって、ＧＥを凋落させた事例を紹介した。ビジネスのシーズ、その育て方に、社内を優先してはならないのだ。人の登用もしかり。

次に何の壁を取っ払うのか。何を見るのか、何を意識するのか。それは一気に世界を、である。また合わせて人類の集合的な無意識の世界に意識を馳せることである。このことを述べていこう。

## 世界の最前線と人類の集合的無意識

Disruptive Strategyは言い換えれば、世界トップ、人類社会の最前線にいかに貢献できるか、するのか、という戦いである。

つまり世界トップが意識に入っていなければならない。イスラエルの仲間たちが日本を信用してくれるのが、日本が世界トップを数多く生み出したからだったことを思い起こそう。その実績があって、いまでもそれができると信じてくれているから、信用がある。だから当然、私たち世代も世界トップを意識に入れる。その意識に入れるか入れないかの選択が、Disruptive Strategyの世界に参入するための入り口である。当然、意識に入れることを選択するのだ。

それともう一つ。世界の最先端は、空即是色、人類の集合的無意識、エネルギーの微細な振動の場、これらが産み出してくる。これらと私たちの「幻か現実かこの3次元世界」は相互作用をしているが、人類の集合的無意識は関係してくる。このことも意識に入れる。

スティーブ・ジョブズにはその感覚があった。

このシンプルな事例は、世界一と、人々の深層心理がいかに結びついているか。またその感覚に優れているかどうかが、企業の戦略の成否をここまで決定してしまうということの証左ではないだろうか。

## ディスラプティブかつストラテジックなリーダーの像

さて、破壊的な進化とイノベーションの時代に必要なリーダー像は、ハッキリしてきている。まずは「攻め」と「スピード」、アグレッシブなリーダー。

管理型ではない。つまり、部門別のＲＯＩや、利益や数字的な目標管理で組織を動かすタイプではない。それらは既存の事業を少しだけ強化や拡大するときの手法にすぎないからだ。それだけではなく、プロセス重視でもない。既存の経営プロセスでは間に合わない事態に対応できなければならない。

シンプルなプロセスを好む。シンプルで本質的な会議とする。シンプルで人ベースのプロセスを創り出す。それらを通して、事業の全体を自分自身で把握する。そしてスピリチャルでもある。時代意識、集合的無意識、世界の最先端を産み出すエネルギーフィールド、場、これらに意識が向かう。

ディスラプティブな世界の最先端を引っ張ってきた経営者は、すべて自社の事業の全体をつかんでいることを思い起こそう。シンプルに事業全体をつかむ。そしてスピリチャルなほど世界の最先端を見るということ。これらの反対が管理型。目標、数字、利益。これらを通しては世界の最先端も、人類の集合的無意識の場も最先端も、当然、見えない。

経営プロセスについては、戦略的に進化させなければならない。具体的にはどういう進化させたらいいのか、大きく分けて二つの方向である。

## 「具体的・現実的なベクトル」での進化

一つは、具体的、現実的なベクトルである。

その着眼点としては、「数字や利益の管理からの脱却」が大前提である。そのうえで、事業の具体的な戦略を進化させる。

その鍵の第一は、事業戦略の要が「攻めとスピード」にあることである。考えるより攻めに意識を向ける。そしてスピード軸が非常に事業に効いていることをなんとか認識に入れ、自社の戦略に生かす。

第二は、マーケットからの気づきを、戦略進化に転換することである。N＝3マーケティング、顧客の深層心理、マーケティングと「時代意識」との共鳴。これらの理解とそれを戦略進化に生かす。

第三は、思考の脱皮。考えていることが古いから戦略が古いのだ。顧客の意識との乖離は大多数の事業で見られている。また攻めどころの勘違いは、消去法的な論理分析で直ちに解明ができる。経営資源投下の費用対効果もざっくりつかめる。こういう世界がある。経営プロセスでは、数字による管理ではなく、事業強化と進化の肝を議論する場を設置しないとならない。

以上で、相当、事業も戦略もよくなるものである。どれくらいよくなるかというと、私の経験では、延べ十数日間のコンサルティングで、数千億円の企業が数千億円の企業とM&Aして、業績を一気に向上させた例がある。国内外の顧客の反応が非常に厳しいことが判っていったのだった。それによりかつて考えていた技術開発や、新事業開発では厳しいという現実を目の当たりに下のだ。すると攻める場所がなさそうに見える。だが実際は違う。常に宇宙は進化と反映への可能性を与えてくれるのではないだろうか。迷いと混乱を抜けられればいいのだ。

設計と調達を連動したコストダウンのプロジェクトを始めた組織変更、人材登用が変わる。海外とのアライアンスも始めた。海外進出を加速させた。そしてさらに、業界内の再編により、バリューチェーン上の上流との関係、下流との関係での力関係と、効率の向上を達成したのだ。これはマイケルポーターの業界戦略的な戦略である。日立と三菱重工が火力発電を経営統合したのも同じだ。こうして戦略についての考え方自体も進化させながら、「可能性はここしかない」ということが意識の中心に入っているから、一見困難な経営統合も成功させてしまって、成果を出したのだ。

また別の例では、顧客の反応から、R&Dと製品開発、事業開発、マーケティング、営業、これらのベクトルを大胆に変更してしまった。過去数年間の努力の方向が間違っていたことにハッキリと気づいたのだった。おかしいな、という感覚や、衝撃を超えて、方向転換した。その結果、赤字状態から一気に抜け出て黒字体質となり、攻めを続けている。利益率は半年で5%以上、1年では10%も改善した。

いずれの事例も、数字、利益を目標にしなかった。それらは結果なのだ。眼のつけどころに気づき、考え方を変え、事業の努力ポイントを明確にして心を合わせた、攻めた、スピードが上がった。それらの結果、数字も大きく好転したのだ。

きっかけは、具体的、現実的。しばしば顧客のN=3やN=10や、せいぜい30からの気づきが助けになる。そうでなければ、現場でのN=3のいかなる現実でもよいのだ。これで事業も経営も、ものすごくよくできる。経営会議の仕方も変わる。そして実際の戦略が進化するにしたがって、戦略観も進化していく。

だが、これだけでは、世界のDisruptive Strategyの舞台で戦い成功していくことはできない。そのためには、一気に世界の最前線を見ないとならない。それは可能である。

## 「世界観的・宇宙的なベクトル」での進化

二つ目は、世界観的、宇宙的なベクトルである。

世界のDisruptive Strategyの舞台に打って出る。そして戦って成果を収める。そのためには、まず一気に世界の戦略観の最前線を見て、触れてしまうことが早い。

反対に、一歩ずつ力をつけながら進化していく、という考え方がある。作戦思想の進化、という世界である。それを最大限にスピーディに、そして効果的に行う方法について、本書ではすでに事例の紹介と共に論を展開してきた。それは一つひとつの企業にとっては革命的な戦略上の進化となる。

だが、これでは間に合わないことがある。そしてDisruptive Strategyの世界は、人類社会の最先端をねらっている。これに対処するには、一気に最先端で戦うことを先に決めないとならない。そして見に行く。力が足りなければ外の力を使うことを考える、なぜならばそれは戦略の世界観の一部だから。とにかく何とか、Disruptive Strategyの世界の最前線での動きに参加する戦略を考える。動きながら、自社の戦略観を世界の最前線に合わせてしまう。この「合わせる」ということは、経営プロセスを、従前のものと分けないとできない。トップマネジメントのメンバーが直に動く、役員会の承認も別扱いにする、くらいにしないと対応できない。だがやれば何でもできる。これも世界観だ。

宇宙的なベクトル。全てのイノベーションは偶然から生まれる。全てのスタートアップの立ち上げ、成功の裏には、偶然の出会いがある。これらのことは、経験した関係者は皆、知っている。偶然か必然か。セレンディピティ。デスティニィ。カルマ。共鳴共振。シンクロニシティ。スティーブ・ジョブズの有名なスタンフォード大学のスピーチと同じだ。何と呼ぼうがかまわないが、偶然の出会いはある。その宇宙論的な解説は20世紀の終わりごろから、され始めたばかりかもしれない。だが解説は後回しにして、何かを当事者は皆感じている。

「人類社会の世界の最前線」に挑むDisruptive Strategyの世界は、左脳的な判断力だけでは無理である。事業と戦略についての考え方、また決め方、リスクの取り方。あるいはリスクそのものについての根本的な考え方。哲学的な理解。またメリットについての根本的な考え方。これらを根本から変えてしまった経営プロセスを通さなければ対応できない。参加できない。そもそも楽しくない。

楽しいからこそ、最先端に私たちは望んでいくことができる。その楽しさはハートで感じるものである。それを、ハートで感じる何かをそぎ落とした経営プロセスで制御するのは無理がある。次に書く「リスクについての考え方の進化」も必要である。これ自体、宇宙的な理解に近づいていく一つの例かもしれない。

## 「リスク」の考え方の進化

リスクについての考え方、といっても簡単である。三つ書こう。最初は挑戦して失敗するリスク。これがほとんどの人の念頭に最初に来るだろう。そして日本企業の経営会議では最も気にされるところである。だが違うリスクがある。「やらないことによりチャンスを失うリスク」。これは頭ではすぐに判るだろう。だが、現実に私たち一人ひとり、「やって失敗するリスク」と「やらなくて失敗するリスク」と二つあることを意識したら、どちらのウェイトが高いだろうか。自然、自然と私たち日本で育ち教育を受けて棲息していると、

「やるリスクが大きい」気がしてしまっていないだろうか。

それが間違いなのだ。日本海軍の幹部の大多数も間違って認識していた。だが、イギリス海軍は違う。見敵必戦主義をとっていた。敵を見つけたら、有利不利、勝てそう、勝てそうでない、そういうことは一切考えなくていい。ただ、戦いに挑む。日本は違った。常に幕僚が会議をして攻めるか、逃げるか、考えた。その結果、多くの場合に戦わずに逃げたのだ。その結果、大きな機会を逃し続けたのだ。

源田実は、真珠湾作戦の準備と実行に貢献し、のちミッドウェイの采配で大失敗した張本人である。南雲艦隊、その実は源田艦隊と呼ばれたが、それほど采配に影響があった。その彼の人生の最大の課題は「見敵必戦主義は有効な考え方であるか否か」だった。海軍大学校の卒業口頭試験で、このことが問われた。彼のそのときの答えはさておき、戦後たどり着いた彼の境地はストレートに書くと「見敵必戦主義は正しい」であった。「黄昏の英国海軍と思っていたが、侮りがたたし。『見敵必戦主義』は、個別に見れば、一勝一敗する。けれども大きなチャンスを見逃すことがない」。これが結論であった。

日本海軍は、大きなチャンスをことごとく逃したのだ。戦略に前もって頭で計算する、考える、議論する、というのはこういうことなのだ。スピードを失う、チャンスを逃す。したがって個別のチャレンジに勝とうが負けようが、大局感としては勢いを失う。これがまったくそのまま、いまの日本企業の戦略判断力なのではないだろうか？　だから本書の始めに書いたように利益は叩き出しているが、国力がどんどん落ちていることにつながる。また世界のイノベーションの最先端に遅れていくのではないだろうか、という話につながる。

つまり、リスクについて、三番目の考え方として「大きなチャンスを逃すリスク」を考慮に入れなければならない。この現実感覚を私たちはリーダーの個人としても、組織としても、手に入れておかねばならない。これはもう一つ、「世界の最先端、Disruptive Strategy の舞台に上れないリスク」に通じている。リスクについて、「挑戦して失敗するリスク」を中心に議論する経営会議は、それこそがリスクなのだ。少なくとも、Disruptive Strategy の世界においては、リスクの考え方が根本から変わらなければならない。

## 問の中に答あり、答の中に問あり

ここまで書いて、私のあるスタッフはこう言った。「そもそも『リスクなんて幻想』という考え方がありますよ。そこまでたどり着かない話で無理に戦争ものを読ませなくてもいいんです」、と批判を受けたのだが、このことも正直に書いておこう。というのは、このスタッフのような感覚で生きている人は、現代社会にすでにかなり増えていると私も感じているからだ。

イスラエル。失敗を失敗と考えない。失敗は単にプロセスでしかない。失敗がヒントをくれていて次に進むことを助けてくれる。斑目氏は、失敗の中に答あり、答の中に失敗の種あり、という教えを伝えてくれたものである。これも同じことを言っている。

そもそもリスクは幻想かもしれないのだ、少なくともプロセスに過ぎない。宇宙、つまり人類の深い深層心理、つまり集合的無意識がよい、つまり価値があると判断するものには、究極リスクはないのだ。単に、私たちにその道を見つけることができるかどうかが問われるだけなのかもしれないのだ。読者にはこの記述を極論だと感じる人もいるかもしれない。だが、新しい、価値あることに挑戦している真っ只中では、こういう境地でないとやっていられない、ということがあるのは事実ではないだろうか。またそのとき、頭で計算するのではない、ハートが共鳴しているかどうか、そして自分の全身のアンテナが鈍っていないか、よどんでいないか。こういう意識で進めていくしかない、それでなんとかなることが多いのも事実ではないだろうか。

リスクについての考え方は、どんどん進化していかなければならない。イノベーションの最前線では進化している。人材登用、経営プロセス、役員会、ガバナンス、実質的に進化していく時期が到来しているのだ。挑戦しないことこそリスクなのだ。世界のDisruptive Strategyの世界に打って出ないことこそリスクなのだ。打って出て、そのうえでなんとかして帰ってくることができる人材を見い出し、投入し、それを組織の都合を超えて組織的に応援できる経営プレセスはどうあればいいか？　これが問われている。

### 世界の「エコシステムの土俵」を使う

次に日本企業にとって大切なのは、「イノベーションのエコシステム」という土俵に乗る、つまり活用する、ということである。具体的には次の点である。

まずは「発想」。その第一は、「世界で最初、世界で最高、世界で非常に価値が大きいもの」に意識を向ける、ということである。そのような可能性がある技術シーズ。マーケットニーズ。人類の、社会のニーズ。ものの見方。アイデアから始まり、技術シーズ、事業モデルのシーズ。これらを見ていく。世界で最初、最高、価値が高いもの、こういう意識。イノベーションのエコシステムには、そのような意識が蔓延しているのだ。これが発想の第一である。エコシステムで時間を使えば、活動をすれば、否が応でも1日48時間、そういう意識に触れて触発される。

「発想」の第二。それは、それらを世界で最速で社会に送り出す。世界最速で世に送り出し、事業を育てることを考える。それだけを考える。他は全て制約条件ではない。こういう発想である。すると、自社で全部やる必要がないということになる、それは不可能である。資金調達、買収、売却。事業権のどこをどう自社で持つか、他を手放すか。どう事業資金上のリスクを分散させるか。一人、1社で全部など到底やらない。こういう発想である。スピードが最大重視。ありとあらゆるアライアンス、買収、売却は選択肢。

今度は、発想の次には「土台」に乗る、使う、ということが来る。どういうことか。

シーズの発見と入手は、イノベーションの「エコシステム」であるシリコンバレーかイスラエルから（またはボストン、ニューヨーク、スイス……）。これは常識として、次に、投資の仕方、事業権の確保、共同開発、またコ・インベストメント。部分売却も可能である。事業を一旦確保して海外市場分は再活用（転売、サブライセンス）していくことも可能である。これらはエコシステムの慣行を徹底的に習って活用するとよい。日本人離れした組み立て感覚、交渉感覚が必要となるが、オプション契約、ワラント契約と、段階的な投資の契約を組み合わせて、非常に戦略的な契約、動きができる。

日本人、日本企業は、一般的に情報入手力が弱く、検討スピードが遅く、決断力と、戦略判断力がない。だが悲観することはない。スピードや決断の遅さを、ギリギリ2年にまで縮めることができるならば、2年先の事業権を、オプション的な契約で入手することも考えられるのだ。このように、エコシステムという「土台」の動きを活用するのだ。

## イスラエルの活用はＭＵＳＴ

さて、「エコシステムという土俵」に乗る、と書いた。だが、そのエコシステムには、必ずイスラエルが入ってなければならない。でなければ日本企業が生きることはできない。その理由は、イスラエルなら日本人、日本企業は内側に入って信頼関係の輪を築くことが可能だからである。シリコンバレーでは無理、なぜならシリコンバレーはスタンフォード大学などを通して、アメリカ人、アメリカ企業との太い情報と人のパイプがある。だから日本がなくても困らない。

けれどもイスラエルは違う。そもそも大企業がジェネリックのＴＥＶＡくらいしかない。大企業の事業開発とのパイプが非常に細い。だから日本企業も歓迎してくれる。そのうえ、日本が好きであり、波長がなぜか合う。

さらにイスラエルは、大企業との情報パイプが狭いから、初期段階でのスタートアップのシーズの価値が非常に安い。シリコンバレーの半額以下。場合によっては数分の1という事例さえある。さらに、イスラエルは全土の情報網を網羅することが不可能ではない。全体をあたかも自社の研究開発の庭とできる。

イスラエルの活用は日本企業にとっては、こういうわけで、ＭＵＳＴなのだ。イスラエルを制さずに、世界のDisruptive Innovationの舞台で戦える日本企業が将来、生まれたとしたら、私にとってはもの凄い驚きとなろう。それは事実上、不可能だと思う。

一方、イスラエルを活用できて、世界の破壊的イノベーションの土俵の上で、トップクラスで戦える日本企業が生まれるシナリオには現実感がある。大変であることは間違いないが可能であろう。

## 役員会の進化はMUST & MUST——「攻めのガバナンス」

現在、日本企業の役員会にはガバナンスの意識が蔓延している。それでも大企業に不祥事が出る一方で、チェックと慎重の空気を創り出し、攻めの意識を矯めてしまっている。

だがチェックのガバナンスで避けられるリスクはたいしたリスクではない。企業にとって大きなリスクは、大きなチャンスを逃すリスクであり、Disruptive Strategy の波に洗われていくリスクである。それを避けるための、「攻めと Disruption のガバナンス」とでもいう機能がどうしても欲しい。

私が見てきた企業では、攻めの戦略が通るのは、一人の発案者と、それを支持するほんの一人か二人の意識。それが役員会の空気に影響を与えた場合である。ということは、現在の日本企業で、新たな攻めの戦略を通すのには困難を伴うが、実はそれほど難しいことではないのかもしれない。一人か二人が、攻め、Disruptive Strategy という意識を役員会に始終持ち込む役割を果たせば、かなり変わるのだろう。

## Disruptive Strategy への進化

まとめておこう。Disruptive Strategy の世界に入るには、まず自社をディスラプティブに改革しなければならない。

次に世界トップを意識に入れる。人類の進化への貢献。人類の進化には、環境も影響してくる。そして時代意識が関係してくる。人類社会の最先端への挑戦には、人類の深層意識での幸せや欲求の理解が無視できない、影響してくる。マーケティングの進化、戦略感覚の進化は皆、究極、人類社会の最前線での進化に向かっていく。

その最前線、本当のDisruptive Strategyの世界で成果を上げるためには、どうしてもその世界に入ってしまわないとならない。なかなか日本は、シリコンバレーでもボストンでもニューヨークでも入れなかった。イスラエルは米国外では唯一の、実質的に世界第2位のエコシステムである。ここならインサイダーとして入れる可能性がある。入った実績もあり、私は作った。イスラエルはテコとなりうる。

エコシステムでのスピード、意思決定、動き。また資金注入と事業権の関係。これらについては戦略発想が抜本的に変わってくる。粗っぽいが、理をなしている。これに対処するには、人が変わらなければならない、あるいは登用が変わらなければならない。それも可能である。少数だが、どの企業にも候補はいるのではないか。一人、二人、三人。数人に力を与えれば、動きを変えることはできる。「気づいていますか、どの企業でも、よしやろう、と声に出して言ったのは結局たった一人だったのですよ」。そうなのだ、だがそれでも動いたのだ。

宇宙論的な世界観。勝手に言わせていただくと、色即是空より「空」即是色。空とは、目に見えないエネルギー振動の海であり、それをフィールド、つまり場と呼ぶが、そこには、ビッグバン以降のありとあらゆる出来事、出会い、情報が畳み込まれている。そしてそれが現時点、いま瞬間の「色」、つまり現実世界に影響を与えている。創り出している。

世界最先端には、「空」のエネルギー振動と、共鳴共振が関係しているわけだ。だがそのような微細なエネルギー分野のことは私たちにはよく判らない。よく判らないが、共鳴共振を意識すれば、美しいもの、楽しいもの、出会って嬉しいことに意識を合わせていく。論理的にどう関係してくるのかわからないが、感謝と愛。アグレッシブに攻める意識として、美と、楽しさと、進化を意識し続ける。可能性を感じるハートの感覚は信じる。あらゆる失敗や障害が本当はヒントかもしれないという視点を決して忘れず、次元を変えて、攻め続ける。

## はじめに夢ありき

この本に何度か引用させていただいた斑目力曠真言宗大僧正は、あらためて紹介させていただくと、全くのゼロから出発して東証一部上場企業を創り上げた経営者である。日本人として始めてイスラエル企業を買収して経営再建した。また世界に電源メーカーが数千社もある中で、最大スピードでスイッチング電源を開発し、最高峰の品質と仕上がりの製品で世界を驚かせた。

だがＰｏＣは世に出せても、急増する需要に応じて製造工場を拡大し続ける資金などない。いまのシリコンバレーやイスラエルの企業と同じだ。だから、戦略的に外部資金の注入を図る。これをエコシステムと呼ばれるほどのものがあったかなかったかわからない時代にやったのだ。数多くの偶然や出会いを経て。

その斑目氏は、私が最初の経営書（『フロンティア突破の経営力』）をプレジデント社から上梓したとき、推薦文で「はじめに夢ありき」を説いてくれた。夢。エネルギー場。時代の最先端。これらを初めて私に教えてくれたのは、実は日本人だったのだ。

世界の最先端の歴史を追えば、たくさんの日本人がいて、日本企業がある。いまの時代の私たちにできないはずはない。この本を楽しいと感じた私たちにはできる。同じエネルギー振動を持っているからだ。ただ、はじめに「夢」ありきなのだ。

# おわりに

さて、この書は次の二つの大きな目的を持って執筆しました。

一つは、経営と経済の世界で日本がなぜ、どう遅れているのか。そしてどうしたら「世界の最先端」できるのか。そのことは、世界観の変化、心の変化、そして行動の変化とそのスピードだ、という世界をなるべく平易に描きました。

もう一つは、読者にとって頭でわかったというよりは、体の中に湧き上がる勇気を感じてほしい、自分でももっと攻めたい、機会が欲しい、機会や場を作りながらがんばりたい。そういう「心」を、実は私たち一人ひとりが皆、持っているということに気づいて欲しいということです。本書から行動が生まれたら本当にうれしく思います。

本書の内容は「経営戦略書」としてはいくつかの意味で世界の最先端です。戦略論も、マーケティングも、マーケティングから戦略を構築していくプロセスも、またファイナンスの考え方も、さらに「イスラエルのイノベーションを産み出すエコシステムを活かすための着眼点」も。基本的に事例が平易なので惑わされるかもしれませんが、内容的には、マーケティングと事業戦略とファイナンスを統合して書いた、最先端の教科書です。

ただ、最後のイスラエルのエコシステムの話だけは、現実感の無い方にはすこし理解に難しいところもあるかもしれません。ですがまた、この掴みにくい世界を、足で稼いだ現実感からここまでイノベーションを産み出す世界最先端のメカニズムやマクロ観を平易に書き落としたということも、違う観点からは世界で最先端と思っています。現実の理解と自分たちにとってイノベーションを進化させるためのヒントに満ちていると思います。お役にたてればいいなと願っています。

## あとがき

本書を最後までお読みくださいましてありがとうございました。まずは御礼を申しあげます。

さて角度を変えて見ると、本書は次のような性格を持ちます。

第一に、本書は私自身の半生記の自叙伝です。事例の多くは、私自身が現実に遭遇し体験し、また経営に関して全力で取り組んだものです。さらに、若いころのハーバード・ビジネススクール的、またはマッキンゼー的な戦略の世界から、徐々に「人の気づき」や「意識」の変容ということの重要性に重点がシフトしています。

第二に、したがって本書には哲学的なものの見方や生き方に関する内容がたくさん入っています。「気づき」は大変重要なのですが、この表現からスピリチャルな要素を感じ取る人も既にいらっしゃるでしょう。しかし時代はもう既に、セレンディピティなど難しい言葉を使わなくても、「偶然ではない偶然」にあとで気づく、ということくらい意識に入っていないと対処できないというわけではないけれども、人生の面白みが半減してしまうのではないか?

第三に、本書では、経営も人生もおもしろい、といことをふんだんに表現したつもりです。可能性は常にあるのですね。どんなに考えて経営が行き詰まっているようにあっても、まずは顧客の深層心理を確認するという本書の第二部で描いた基本をきちんと行えば、自社の戦略の誤りとともに、将来へのヒントが見えてくるものです。そういう証拠や証言の一部を掲載させていただきましたが、もっともっとそういう事実はたくさんあります。

ともかく、本書をお読みになっているとき、楽しいエネルギーをどこか感じとり続けていただけていたならば幸いです。経営も人生も、うまくいかないと苦しいけれども、心を開いて虚心坦懐に努力、行動していれば、必ず道は打開できるもの。できない状態は、自分の考え方の制約、古さ、心の壁、行動の欠如か偏り、さらに「気づいたことを試す勇気」「回りの仲間たちに声に出してやろうよと言う勇気」の欠如などから来ているのではないでしょうか。

第四に、人生の哲学書です。もっと言うと宇宙物理学と哲学を、実は自分の体験も踏まえながら、不遜ではありますが素人が統合してみた書でもあります。哲学を学んだことはありませんが、「ものの見方」「生き方」が現実を創っていることは、多くのクライアントと一緒に数多くのプロジェクトで感じてきました。

逆に、「ものの見方」「宇宙観」「人生観」が現実に壁も作ります。だから現実を進化させるためには「生き方」が進化しないとならないのですね。壁はいずれ意識の進化と共に崩れ溶けていきます。ですから本書では、進化できるよ、という世界を描きました。

このような内容は、人生でも経営でも本質的に重要なのですが、もしかしたらいまの時代ではまだ半分くらいの読者の方には距離があると感じられるかもしれませんので、宇宙論や物理学から見ても、もう解説されうるくらいにまでは来ているのだ、ということを本書から理解していただければ幸いです。

余談になりますが、いまの日本の教育システムで学ぶことって、受験の内容をみてみると、中高大学いかに難解に見えても「限りなく100パーセントが19世紀までの学問の結果」なのですね。入試による受験制度と文部省によるカリキュラム自体が日本を遅れさせている大きな原因でもあります。物理学、宇宙論、つまり世界観はすでに、叩けば動く、確率で動く、というニュートン力学の世界を大きく超えています。

最後に、本書はズバリ、経営を題材にした「エンタテイメント書」を意識して書きました。松林宗恵《しょうえ》監督といえば、龍谷大学ご出身の僧侶であり、戦地に赴いた海軍士官であり、戦後は松竹で「東京のえくぼ」を手始めに、社長シリーズや連合艦隊など67本もの映画を世に送り出した日本映画の全盛期を創った名監督の一人なのですが、こう語りました。「映画は楽しくないといけないんですね」、と。

連合艦隊では中井貴一扮する主人公が零戦で大和の沖縄出撃を見送りながら、「お父さん、お父さんより3時間だけ長生きできました」と言う。大和も特攻隊も消えた戦後、こんどは古手川祐子とその子供役の子が海岸で、波で遊んでいるシーンと音楽で幕が閉じるわけです。松林監督は戦争映画とそうでない娯楽映画を交互に混ぜて撮った。映画は楽しくないといけない。

けれども、目の前でそうおっしゃった生前の監督に、「それは映画が売れるためにという意味でしょうか」、「それとももっと人生や宇宙の本質的な意味があるのでしょうか」とはついぞ訊ねることができませんでした。ですがいま、私はこう思っています、本質的に人生は楽しいのだ、と。いろいろな苦難もあるでしょうがそれでも生きるに値します。ぼろぼろでも挑戦するに値します。なぜならその先に予想もしなかったおもしろいことがどうもありそうだからです。それらの世界を見たくて我々は生を受け、いまを生きているのではないだろうか、と。

では、エンタテイメントの要素は何でしょうか。

一つは、映画と同じで、いろいろな次元の物語が同時並行で進んでいくということです。日本の映画はときどき一本調子で進むことがあります。典型例は1990年代初めにフジテレビが日本の経済界の音頭をとってハリウッド映画に投資して大失敗した「太陽爆発」。ハリウッド監督の助言で宇宙船の中でのドラマだけでなく地球でのドラマという次元を増やしたけれども、それでも話の広がりと面白みにかけたというか、まったく売れずに消えていきました。

ハリウッドからはスターウォーズでは、宇宙船での戦いのほか、砂漠も人間ドラマも、フォースの世界観も織りまぜられていることが言われました。言われれば我々でもすぐに判ります。さらにいまのハリウッドでは、さらに次元もテンポもあげられていますね。

本書では、話の流れが乱れるリスクをあえて取って異なる次元の話を織り交ぜました。正直、迷ったのは軍事関係の話。ただこれらが経営戦略上の理解に効果的であり、かつ女性でも抵抗感が少ないことは、教え子たちの反応や効果からわかってはいました。

「異なる次元」を多用することで「韻を踏む」ことも、左脳での理解を超えて本質的な理解を助けるヒントを挿入することも可能とできることがあります。これがエンタテイメントという要素の一つ。

二つめは、ヒーリング効果です。ギリシャ喜劇とギリシャ悲劇。それは本質的には、我々が人生のバランスを取り戻すためにあるとされています。

これはエンタテイメント全般に言えます。私たちは、宇宙の美徳のエネルギーに反応します。たとえば美、勇気、挑戦、豊かさ、攻め、許し、感謝、……これらに接すると、私たちのエネルギーボディは共鳴して振動します。

さて、我々は意識のエネルギーに取り巻かれています。そこに美徳のエネルギーの衝撃やゆさぶりがくると、エネルギーの固まりのようなものが洗われていき、我々一人ひとりが「もともと持っている美しい部分」が表れてくる、という知見というかものの見方があります。そのため、本書では、特に最も訴えたかった「進化」と「勇気」の要素を、前半ではとくに意識しました。

ところで大切なのは、その共鳴共振や衝撃の大きさと頻度です。思考や意識は、1回や2回ではそうは変化しません。だから頻度は大切とされています。

この本は、半生記のまとめでもありますが、それ以上に日本企業が置かれている現実を考えると、もはやいろいろなことはすべて遠慮なく表現した方がいいと思って書きました。論理的な本を読んで人生が変わることはあまりイメージできません。けれども、衝撃的な体験は人生を好転させることがあります。

本書がもしおもしろかった、いいきっかけになりそうだとお感じになられたら、仲間や組織の方々に広範にお勧めいただければ幸いです。

このあとがきは、5月19日のスペイン行きの飛行機で書くことにしていましたが、その日、成田から引き返して父を見送った経緯があります。ですが、いま思うとその父の生き方やエネルギーがなければ、この本は生まれてなかったかもしれません。彼は、生涯を大分県の干し椎茸と、その生産者の方々への支援と励ましに捧げました。

以下は彼の人生の紹介ですが、内容が本書と軌を一にしています。

父は「父」なのですが、私はいつしか魂と魂というものの見方をするようになってきています。違う生では、親子が逆転したり、仲間だったり、赤の他人だったりいろいろなことがあるというのが仏教でもものの見方の中にもあるのではないでしょうか。

　今生、父の魂と私はどういう出会いだったのだろうか、と思って見ると、結論は、父は私の「師」だったのではなかっただろうか。まず、人生と戦略の楽しさは彼から感じとりました。どうしろ、こうしろと言われたことはありません。ところが人生を10年ほど生きて気づいてみると、その都度父の生き方に学ぶべきまったく異なる要素を発見して楽しかったです。

　いまもっとも思うことは、知識でも努力でも成果でもない。チームや２０００人の方々に対するリーダーシップでもない。いま感じていることは、人、一人ひとりが自分の体の中の夢に気づいて、行動する。それが励ませたらいいな、これに尽きます。おそらくそのためにこの本を書きました。

　父から聞いたことを一つ思い出しました。先祖は、比叡山から下ってきてその地に住み着き、それから20年間で20の寺を建立したのだと。それが始まったのは信長が山を焼き払って数年後のことです。

　ところがそれから20年が経つと、関ヶ原の戦いが始まります。それが地方に飛び火して戦火にみまわれます。その結果、1を残して町とともに19の寺が消失してしまった。この話を伝えてくれたとき、父は、20やって一つ残れば次につながる。人生は捨てたものではないということを教えてくれたように思っています。そういうつもりで彼は行動していたのではないだろうかと。

　奇しくも、この本でイスラエル関係のことに、つまりイスラエルのイノベーションを日本が活かして日本自体がイノベーション力を進化させるということのためにページを割いています。現実には過去3年、20を真剣に挑戦して、4～5はまだ挑戦中ですが、うち一つで一段階クリア、というところまで進展をみました。

　無から1。偶然がなければその1は生まれなかったはずなのですね。無から1に人生の味わい深さを感じます。しかし20のうち1。

人生は、夢を描いて努力するに値する。本書はこういう趣旨の書です。読者の皆々様のご健闘をお祈りして筆を置かせていただきます。

父、小川十二に捧げる

小川政信

# 参考文献

「Ｐａｒｔ２ マーケティングと経営の圧倒的な進化」には、次からの抜粋や加筆修正を含んでいる。

・ビジネスモデル学会会員論文発表「戦略とビジネスモデルを進化させる鍵 ①市場の立体感、②本当に手に入れたい未来への深層心理に迫れ」（２０１４年10月18日 秋期大会）
・「経営者・オフィサー自らが「市場の立体感」を感じとる～ これこそ ①戦略とビジネスモデルの進化、②役員会の活性化に有効な 経営改革の鍵 」（２０１５年３月５日 春季大会）
・『マーケティングは３人に聞きなさい！』（２０１３年 生産性出版）
・「経営者のための新・スピード戦略論」（産業新潮 連載 ２０１５年６月～２０１６年３月）

【著者紹介】

# 小川政信（おがわ・まさのぶ）

インスパーク株式会社　代表取締役

戦略経営コンサルタント。1959年生まれ。東京大学理科Ｉ類入学、国際関係論専攻で卒業。1989年ハーバードMBA。マッキンゼーなどを経て、1996年から現職。2018年にイスラエルにMII マルホ・イスラエル・イノベーション Fund & Labsを設立、マネジングディレクターに就任。

クライアント企業は一部上場企業や外資系企業を中心に200社弱。業界としてはエレクトロニクス、重電、機械、化学、バイオ、医療、食品、飲料、IT、エネルギー、総合商社、物流、TV局、広告マーケティング、ファッション、レジャー、金融、投資ファンド、総合研究所など製造業・サービス業のほとんどを経験してきた。経営プロジェクトも、マーケティング、製品開発、事業開発、R&D、海外事業、アライアンス、M&A、再建、などあらゆる戦略面に及ぶ。経営人材開発も多数。

著書に、『フロンティア突破の経営力』（プレジデント社）、『決定版！「ベンチャー起業」実戦教本』（共著、プレジデント社）、『未来を創る経営者』（共著、生産性出版）、『マーケティングは３人に聞きなさい』（生産性出版）、『心と体を癒やす世界のフラワーエッセンス』（廣済堂）など多数。

参考情報：www.inspark.jp
メールアドレス：info@inspark.jp

DISRUPTIVE STRATEGY
—ディスラプティブ・ストラテジー—
「破壊的イノベーション」と「進化の経営」

二〇一九年十二月二四日　初版第1刷発行

著　者／小川政信
発行者／髙松克弘
発行所／生産性出版
東京都千代田区平河町二—十三—十二
日本生産性本部
(〒102-8643)　電話(〇三)三五一一—四〇三四
https://www.jpc-net.jp/

印刷・製本／文唱堂印刷株式会社
カバーデザイン／株式会社hitoe


ISBN　978-4-8201-2083-4